SEVGİLİ OKUYUCULAR

"Bir kelebeğin kanat çırpması, dünyanın bir başka köşesinde büyük fırtınalara sebebiyet verebilir..."
(Kelebek Etkisi Teorisi)

Günümüzde "Kaos Teorisi" olarak da bilinen bu yeni anlayışa göre, evrende işleyen yasalar birbirleriyle görünmeyen bağlarla adeta bağlanmış durumdadır. Ve bu yeni anlayışa göre, evren bir bütündür ve bu bütünü oluşturan tüm parçalar birbirleriyle görünmez bağlarla irtibatlıdır. Evrenin bir parçası olan insan için de aynı durum geçerlidir.

Günümüzde ortaya çıkan ve birçok bilimadamını bu alanda araştırma yapmaya yönlendiren bu anlayış, aslında çok eski ezoterik bir anlayışın günümüzde yeniden hatırlanmasından ibarettir. Çünkü bu anlayışı ilk kez ünlü okültist Papüs şu sözlerle dile getirmişti:

"Bir sineğin kanat çırpması, evrenin bir başka köşesinde büyük değişimlere, oluşumlara ya da yıkımlara sebebiyet verebilir."

Yeni Çağ'ın yeni anlayışları, eskinin bilgeliğinin yeniden gün ışığına çıkacağı günlerin ürünü olacak diye daha önce söylemiştik. Gördüğünüz gibi her geçen gün, eskinin bilgeliğine ait yeni bir bulgu daha bilimsel çevrelerin araştırma alanına girmeye devam etmektedir.

Yayınladığımız bu kitabın da aslında dayandığı temel, bu prensiple ilintilidir. İnsanı oluşturan unsurların, insanı nasıl etkilediği, yüzyıllarca öncesine ait bir şifreleme sistemi ile ortaya konulmaktadır.

nın şifreleriyle de yoğun olarak ilgilenmişlerdir. Bu şifreyi kullanarak düzenli aralıklarla el yazmalarını yorumlamak, bunlara genel anlayışın dışında gizli anlamlar vermek gibi bir gelenekleri vardı. Sırlarını asla dışarıya sızdırmayan ve son derece mütevazi yaşam biçimleriyle dikkatleri çeken ve bu yüzden de ***"Sessiz İnsanlar"*** *olarak nitelendirilen Eseniler aynı zamanda yukarıda sözünü ettiğimiz özelliklerinden dolayı* ***"Şifre Kullananlar"*** *olarak da nitelendirilmişlerdir."*

Sevgili okurlar... İşte bu kitapla sizlere aktarılan şifreleme sistemi Eseniler'den günümüze kadar gelebilmiş bir sisteme aittir.

II. BÖLÜM

SAYILARIN GİZEMİ VE TARİHSEL SERÜVENİ

Kaderin İlginç Oyunu

Kitabımıza başlarken insanın iradesinden ve kozmik yasalardan bağımsız olayların gerçekleşmesinin imkânsızlığından bahsetmiştik. Tanımlayamadığımız rastlantılar, anlam veremediğimiz olaylar mutlaka bizim farkında olmadığımız bir bilgi ile açıklanabilir olaylardır. Ancak bir olayı yorumlayabilmek için elde bir takım verilerin olması, bilginin olması gerekmektedir. Bu eksiklikler bizi çaresiz hale getirmekte ve tek bir kavrama sarılmak zorunda bırakmaktadır. **ŞANS...**

İlginç tesadüflerin şaşırtıcı biçimde bir araya geldiği ve bizim de **ŞANS** diyerek geçiştirdiğimiz bir çok olay vardır. Bunların en ilgi çekici olanlarından bir tanesi Amerikan Başkanları'ndan **Abraham Lincoln** ve **John F. Kennedy** ile ilgili olanıdır. Birbirleriyle yaklaşık yüz yıl arayla yaşamış olan bu iki başkanın hayatları; benzer tarihler, benzer isimler, benzer rakamlar ve benzer sonlarıyla şaşırtıcı bir biçimde paralellik göstermektedir. Bu düşündüren olayları şöyle sıralayabiliriz:

Lincoln'*un kongreye girdiği yıl* ***1846,***
Kennedy'*nin kongreye seçildiği yıl* ***1946.***

Lincoln'*un ABD başkanı olduğu yıl* ***1860,***
Kennedy'*ninki ise* ***1960.***

İkisinin de yerlerine seçilen başkanların soyadları ***Johnson'****dı.*

Lincoln'*den sonra gelen başkan* ***Andrew Johnso****n'ın doğum yılı* ***1808.***
Kennedy'*den sonra gelen başkan* ***Lyndon Johnso****n'ın doğum yılı ise* ***1908.***

Lincoln'*un sekreterinin soyadı* ***Kennedy,***
Kennedy'*nin sekreterinin soyadı ise* ***Lincoln'****dı.*
Her ikisi de ***Cuma*** *günü süikaste kurban gitti ve başlarına isabet eden kurşunla öldürüldüler.*

İkisi de ***güneyliler*** *tarafından öldürüldü ve koltuklarına yine* ***güneyliler*** *oturdu.*

İki suikastçinin de ***15'****er harften oluşan* ***3*** *ismi vardı.*

Lincoln'*un süikastçisi* ***John Wilkes Booth'****un doğum yılı* ***1839,***
Kennedy'*yi vuran* ***Lee Harvey Oswold'****ın doğum yılı* ***1939'****du.*

Lincoln, ***Kennedy*** *isimli bir* ***tiyatroda*** *vuruldu.*
Kennedy ***Lincoln*** *marka bir* ***otomobilde*** *vuruldu.*
Lincoln'*u vuran* ***tiyatrodan*** *kaçtı* ***arabada*** *yakalandı.*

KADERİN ŞİFRESİ

İsim ve Doğum Tarihimizin
Görünmeyen Etkileri

Celalettin İPEKBAYRAK

SINIR ÖTESİ YAYINLARI

SINIR ÖTESİ YAYINLARI

KADERİN ŞİFRESİ

CELALETTİN İPEKBAYRAK

SINIR ÖTESİ YAYINLARI
REKLAM VE PRODÜKSİYON
HİZ. SAN. TİC. LTD. ŞTİ.

Hobyar Mah. Cemal Nadir Sokak No:24/117
Cağaloğlu/İstanbul
Tel/Faks: 0 (212) 415 18 30

www.sinirotesi.com
e-mail: info@sinirotesi.com

ISBN: 978-975-8312-56-6

- Genel Yayın Yönetmeni : Ergun CANDAN
- Pazarlama Müdürü : Zeynel YILDIRIM
- Editör : Sibel DEMİRCAN
- Redaksiyon : Gürsel CANİKLİOĞLU
- Dizgi Kapak Tasarım : SINIR ÖTESİ YAYINLARI
- Baskı : Deren Matbaacılık Ambalaj San ve Tic. Ltd. Şti.
  Beylikdüzü Osb Orkide Cad. No:9/Z
  Tel: 0(212) 875 48 86 - 87

8. Baskı: Nisan 2018

İÇİNDEKİLER

SUNUŞ

Nasıl ki evrende her şey birbiriyle bağlantılı ve evrendeki her şey birbirini etkilemekteyse, insanı oluşturan her unsurun da insanla doğrudan bir bağlantısı vardır. İnsanı oluşturan unsurların en önemlileri kuşkusuz ki, ruhsal, fiziksel ve biyomanyetik enerjilerdir. Ancak bu unsurlar arasına, ***"Doğum Tarihimiz"*** ve ***"İsmimizin Enerjetik"*** yapısı da dahildir. Ve bunsurlar da enerjetik yapılarıyla bizi etkilemektedirler. Çünkü ezoterik bir prensibe göre: *"Parça Bütün'e aittir ve parçayı ilgilendiren her etki, Bütün'e de aynı etkiyi gösterir."*

Binlerce yıl öncesinden gelen şifreleme sistemi

Doğum esnasında karşılaştığımız kozmik etkilerin ve ismimizin enerjetik yapısının bizim üzerimizde nasıl bir etkide bulunduğuna dair, çok eski geleneklerden kalma bazı bilgiler mevcuttur.

Bu kitapta ele alınacak olan bilgilerin kökeni ise, İsa Peygamber'in de mensubu olduğu bilinen Eseniler Topluluğu'na aittir.

Eseniler, sayılar ve değişik matematik sembolleriyle ilgili gizli bilimlerle yoğun olarak ilgilenmiş ezoterik bir topluluktur. Hatta Fisagor'un da Eseniler İnisiyasyonu'na ait matematiksel sembollerden yararlandığını ileri sürenler vardır. Eseniler Kabala da dahil olmak üzere diğer gizli el yazmalarının şifreleriyle de yoğun olarak ilgilenmişlerdir. Ve bu nedenden dolayı da *"Şifre Kullananlar"* olarak da nitelendirilmişlerdir.

İşte bu kitapla sizlere aktarılan şifreleme yöntemi, Eseniler'den günümüze kadar gelebilmiş bir sisteme aittir.

Bu prensibi gayet iyi bilen eski toplumlar yeni doğan çocuklarına gelişi güzel isim vermezlerdi. Hatta çocuk belli bir yaşa gelinceye kadar beklerler ve çocuğun karakteristik özelliklerini de dikkate alarak, ona uygun bir isim verirlerdi. Bu gelenek özellikle Kızılderililer'de ve Orta Asya Türkleri'nde hayli yaygın bir şekilde uygulanmaktaydı.

"Her şey sayılarda gizlidir!.."

Hem doğum tarihimiz, hem de ismimizin nümorolojik değerlerini hesap ederek, bazı bulgulara ulaşabileceğimizi ileri süren bu şifreleme sisteminin nasıl çalıştığını, kitabın ilerleyen sayfalarında sizlerle paylaşacağız.

Yüzyıllarca önce tarih sahnesinden silinmiş bir topluma ait olan bu şifreleme sisteminin günümüzde hâlâ çalışıp çalışmadığının yorumunu sizlere bırakıyoruz...

Sınır Ötesi Yayınları

I. BÖLÜM

ŞANS - KADER - KARMA

Şans... Bu gizemli sözcük, insanoğlunun geçmişten günümüze dek dilinden ve inançlarından düşürmediği kavramlardan biridir. Ve bu öyle bir kavramdır ki, gerçekten de bir çırpıda vardır ya da yoktur denemeyecek kadar karmaşık bir bilinmezlik topu gibidir. Hatta bu kavram öyle bir paradoksla bizi yüz yüze getirir ki, yoktur dendiğinde varolduğuna dair, vardır dendiğinde de yok olduğuna dair pek çok kanıt ortaya konabilir. Çünkü bu kavram içinde görünmeyen prensipleri ve ezoterik bilgileri barındırmaktadır.

Doğa üstü etken...

Konuyu adım adım takip ederek, açmaya çalışalım... Önce sözlük tanımıyla başlayalım.

Şans, sözlüklerde "rastlantıları düzenleyen ve insanlara iyi ve kötü durumları hazırladığına inanılan doğaüstü etken" olarak tanımlanır.

İşte bu tarifte geçen "doğaüstü etken" tanımlamasıyla,

şans kavramının içindeki görünmeyen prensipler ve ezoterik bilgiler derhal kendisini ön plâna çıkartır.

Şansın tesadüfle bir ilgisi yoktur. Şans denilen kavramın ardında, rastgele oluşan ve birtakım insanları diğerlerine göre kayırıp onlara ayrıcalık tanıyan ve varlığın iradesini hiçe sayan bir olgu değil, varlığın geçmişte ve şimdide; kendi iradesiyle yaptığı fiillerinin evrende işlemekte olan, Sebep Sonuç Yasası'na göre belirlenen sonuçların düzenlenmesi bulunur. Bu işleyişte *"Evrensel İdare Mekanizması"*nın görüp ve gözeticiliği çok önemli bir fonksiyon görür.

Evrensel İdare Mekanizması'nın hiyerarşik yapısı içinde gerçekleştirilen bu fonksiyon sayesinde, varlıkların kapasiteleri ve ihtiyaç durumları dikkate alınır. Varlıklara en uygun olacak biçimde yapılan bu düzenlemede en ufak bir haksızlık, adaletsizlik ya da ayrıcalık söz konusu değildir. Kişi her ne ile karşılamışsa o anda kendisine en uygun, en gerekli olan odur. Bu nedenle insanların şanssızlıktan talihsizlikten ve benzeri yakınmalarında hiç bir mantıklı dayanak bulunmamaktadır. Bu tür yakınmalar evrende işlemekte olan kozmik prensipleri ve ezoterik bilgileri bilmemekten kaynaklanmaktadır.

Kaldı ki, insanların yakındıkları bazı güç koşullarla karşılaşmaları, onlara ruhsal gelişimlerinde son derece yararlı sonuçları beraberinde getirebilmektedir. Çünkü dünya üzerinde yaşanılan güç koşullar, ruhsal gelişim açısından hızlı adımların atılmasını kolaylaştırıcı etkenler içerir. Bu etkenler, karşılaşılan zorlukların üstesinden gelmek için gösterilen çabayla birlikte oluşan iç enerjidir. Adeta fiziksel egzersizle gelişen kaslar gibi, bu zorluklara karşı gösterilen çabayla da, içsel dünyamıza ait ruhsal enerjimiz gelişmektedir.

Sebep Sonuç Yasası'nın işlemekte olduğu evrenimizde tesadüf diye bir kavram söz konusu değildir. Her olay Sebep Sonuç Yasası'nın işleyişiyle meydana gelir. Her olay, maddi veya manevi birtakım sebeplerin zorunlu ve doğal sonucudur. Evrendeki bu işleyişi ünlü bilim adamı Albert Einstein, *"Tanrı*

zar atmaz" sözüyle dile getirmiştir. Tesadüf olarak isimlendirilen olaylar, insanların sebeplerini bilemediği veya anlayamadıkları olaylara yaptıkları bir yorumdan ibarettir.

Olayların dili...

Dünya üzerinde meydana gelen olayları, sebep - sonuç ilişkisi içinde görebilen bir insan için tesadüf diye bir şey söz konusu değildir. Bu kişi için karşılaştığı tüm yaşam koşulları ve olaylar sebepsiz ve anlamsız değildir. Her olaydan çıkartılabilecek dersler vardır. İşte bunu yapabilmek için olayların ardındaki, dili anlayabilmek gerekir.

Olayların Dili'ni çözebildiğimiz takdirde dünya üzerinde meydana gelen her hareketin, her tezahürün ne tür bir anlam taşıdığını fark etmemiz mümkün olabilir. Olayların ardındaki anlamları idrak edebilme oranı, insanın ruhsal gelişmişlik düzeyini de gösterir. Bu alanda hem objektif gözlem yapabilmek hem de sezgilerimizi kullanabilmek gerekliliği vardır.

"Bir tek hareket bile boş ve anlamsız değildir. Her hareket gelişimin gerçekleşmesi için gereklidir. O halde her olay bir anlam taşır ve her olay bazı bilgilere ihtiyacı olan bireylere veya topluluklara, taşıdığı anlamın şekline göre küçük veya büyük, hafif veya şiddetli ve bazen de insanların kafasına vururcasına felaketli ve ıstıraplı karakterler arz ederek gelebilir."(*)

Bazı olayların içerdiği anlamlar, derece derece yükselen bir sembolizm de içerebilmektedir. İnsanın içsel-ruhsal gelişiminde yükselme meydana geldikçe gözlemlediği olayların içerdiği daha yüksek anlamları da idrak etmeye başlar. Gittikçe gözlemlediği olayların anlamlarını daha kapsamlı bir şekilde fark edebilir.

Alın yazısı...

Ezoterik ve metapsişik öğretilere göre kader, dışarıdan bizlere biçilmiş bir alın yazısı değil, bizim kendi irademizle muhtelif yaşamlarımız boyunca yaptığımız fiillerimizin Evrensel - Kozmik Yasalar'ın gereklerine göre beliren sonuçlarıyla karşılaşmamızı ifade eder. Yani bir kaderden söz ediliyorsa, bu kaderi yazan kalem bizim elimizdedir. Ancak bu kalemin ne yazacağını belirleyen etken, Evrensel - Kozmik Varoluş Yasalarıdır.

İnsanın iradesi dikkate alınmadan, tümüyle ezelden çizilmiş ve plânlanmış, varlığın iradi çabalarının değerlendirilmediği bir gelecek değil, insanın iradesiyle yapmış olduklarına göre, her an derece derece belirlenen bir gelecek söz konusudur.

İnsanın kaderinin belirlenmesinde, Evrensel-Kozmik Varoluş Yasaları'ndan biri olan Sebep Sonuç Yasası birincil derecede fonksiyon görmektedir. İnsanın yaptıkları nedenler, karşılaşacağı olaylar ise bunun sonuçlarıdır. Bu nedensellik prensibinin halkaları geçmişten şimdiye ve geleceğe doğru uzanır. Ancak bu zincirin halkaları birbirini takip eden basamaklar gibi olmayabilir ve çoğunlukla da bu zincir kaotik bir işleyişe sahiptir.

Burada insanın yaptıkları fiillerden kastedilen sadece fiziksel değil, aynı zamanda düşünce ve niyetleri de içine alan geniş bir skalaya sahiptir.

Ezoterik ve Metapsişik Öğretilere göre bu işleyişin düzenlenmesinde ve plânlanmasında *Evrensel İdare Mekanizması*'na bağlı olarak çalışan *Ruhsal İdare Mekanizması* denilen, gelişmişlik düzeyi yükselmiş ruhsal varlıklardan kurulu hiyerarşik bir organizasyon fonksiyon görmektedir.

(*) Türkiye'de Metapsişik çalışmaların öncülüğünü yapmış olan Dr. Bedri Ruhselman'ın "Mukadderat ve İcabat" isimli kitabından.

Yukarıdaki tanımlamaların ışığında Kaderi şu şekilde maddeler halinde tanımlamak mümkündür:

1- Kader, varlıkların iradeleriyle belirleyecekleri, Evrensel - Kozmik Varoluş Yasaları'nın sonuçlarından birine ya da diğerine tabi olmaları zorunluluğudur.

2- Kader, Evrensel - Kozmik Varoluş Yasaları'nın değişmeyen kurallarının bir sonucudur.

3- Başımıza rastgele geldiğini düşündüğümüz iyi ya da kötü her türlü olay, geçmiş bir zaman diliminde, bizim tarafımızdan yapılan bir eylemin Evrensel - Kozmik Varoluş Yasaları'nın gereklerine göre sırası gelmiş, gerçekleşme alanına çıkmış bir sonucudur.

4- Evrensel - Kozmik Varoluş Yasaları'na varlıkların uyum gösterip gösterememeleri, tamamen kendi yeteneklerine bağlıdır. Bu yasalara uyum gösteremeyen varlıklar için, hayli zorlu şartlarla yüz yüze gelmeleri, kaçınılmaz bir sonuç olarak ortaya çıkmaktadır. Bu nedenle varlık, bu yasalarca düzenlenen sonuçlara katlanmak durumunda kalmaktadır. İşte bu kaçınılmaz sonuçlar, onun kaderi olmuştur. Bunu kimse geri çeviremez.

5- Görüldüğü gibi kaderle ilgili işleyen süreçte bir cezalandırma, kindar üstün bir iradenin emriyle verilmiş bir emir söz konusu değildir. Her bireyin bizzat kendi iradesiyle yaptıklarının sonuçlarıyla karşılaşması söz konusudur. Ve tüm bu işleyiş varlıkların ruhsal gelişimine katkıda bulunan bir süreçtir.

6- İnsan gerek ruhsal, gerekse de fiziksel her eyleminden sorumludur. Buradaki sorumluluk payı varlığın şuurluluk kapasitesi oranındadır. Bir varlığın şuuru ne derecede açıksa, o derecede de sorumluluk payı artmaktadır.

Karmik Kader

Konumuzu biraz daha anlaşılır hale getirebilmek için, Doğu Ezoterizmi'nde kullanılan ve daha sonra Batı Ezoterizmi'nde ve diğer geleneklerde de buradan alınarak kullanılmış olan ***"Karma"*** Kavramı üzerinde de kısaca duralım...

Karma ismi, Sanskrit Dili'nde *"bir eylemde bulunmak, yapmak"* anlamına gelen ***"Kri"*** fiilinden türetilmiş olan bir sözcüktür. ***"Kri"*** fiilinden türetilen ***"Karma"*** sözcüğü, Doğu Ezoterizmi'nde birbirini tamamlayan dört ayrı anlamda kullanılmaktadır:

1- Sebep

2- Sonuç

3- Kader

4- Yasa

1- Bedensel ve zihinsel hareket. (Sebep)

2- Bedensel ve zihinsel hareketin oluşturacağı netice. (Sonuç)

3- Bireyin şimdiki ve geçmiş yaşamlarındaki hareketlerinin sonuçlarının toplamı. (Kader)

4- Ruhsal Alem'in kontrolündeki görünmeyen sebep sonuç zincirleri. (Yasa)

Birbirini tamamlayan bu dört anlamı nedeniyle Karma sözcüğü Doğu Ezoterizmi'nde farklı tanımlamalar içinde kullanılmaktadır:

"Karma Yasası", "Karmik Telâfi", "Bireysel Karmik Plân", "Toplumsal Karmik Plân", "Gezegensel Karmik Plân" vs...

Karma Yasası

Karma Yasası bu dünya ile öte dünya arasında birbiriyle ilintili bir şekilde işleyen evrensel sebep sonuç yasasıdır. Yani Karma Yasası insanın şimdiki yaşamında ve geçmiş yaşamlarında yaptıklarının sonuçlarıyla karşılaşmasını sağlayan evrensel bir adalet sistemidir.

Karmik Telâfi

İnsanın bugün bulunduğu durum, geçmiş yaşamlarındaki eylemlerinin sonucudur. Şimdiki yaşamında yapmakta olduğu fiziksel ve zihinsel eylemleri de, Öte Alem yaşamını ve gelecekteki enkarnasyonlarının niteliğini belirlemektedir. Yapılan kötü eylemler yüzünden yaşanması ve karşılaşılması gerekli hale gelen sonuçlar bütününe ***"Karmik Telâfi"*** denir. Doğu Ezoterizmi'nde *"Nirvanaya Ulaşmak"* olarak tanımlanan kavram, söz konusu Karmik Telâfiler'den arınmak anlamına gelir.

Kurtuluşa ermek, Nirvanaya ulaşmak ya da vaadedilen Cennet'e ulaşmak aynı anlamdaki farklı dinlerin kullandıkları tanımlamalardır.

Karmik Plân

Yapılan eylemlerin karşılığı olarak yaşanması kaçınılmaz olan sonuçların plânlı ve programlı biçimde düzenleniş haline ***"Karmik Plân"*** denir. Karmik Plân hem belirli hem de oluşum halinde bulunan dinamik bir olgudur. Her an oluşan şartlara göre değişim gösteren bir plândır. Çünkü birey, her an kendi iradesiyle yeni eylemler yapmakta ve her an Karmik Plânı'na yeni şekiller vermektedir.

Toplumsal ve Gezegensel Karmik Plân

Bireylerin olduğu gibi toplumların da Karmik Plânları vardır. Toplumsal Karmik Plân, bireysel karmik plânların toplamından oluşan bir bileşkeye benzetilebilir. Her bir toplumun karmik plânının oluşturduğu bileşke ise, o gezegenin üzerinde yaşayan insanların genel karmik plânını meydana getirir. Buna ***"Gezegensel Karmik Plân"*** ismi verilir. Dünya üzerinde yaşayan insanların genelinin ortak bir bileşkesidir. Bu aynı zamanda genel ruhsal gelişim plânının da bir göstergesidir. Makro seviyedeki bu karmik plânda, toplumların ve tüm dünya insanlığının ortak kaderi söz konusudur.

Konumuza Dr. Bedri Ruhselman'ın birkaç tanımlamasıyla devam edelim. Dr. Bedri Ruhselman *"RUH ve KAİNAT"* isimli eserinde tesadüfün, şansın bilinen anlamıyla gerçekte olamayacağını şu sözlerle adeta özetlemektedir:

"Bilgimizi teşkil eden ışık, o alanı aydınlattıkça soyut gibi görünen halkaların arasında, evellce varlığını aklımıza bile getiremediğimiz sıkı bir takım bağların da parlamaya başladığını görmekte gecikmeyiz".

"Sebepsiz hiç bir iş yoktur. Fakat sebeplerini bilemediğimiz sonsuz işler vardır. Ve insanları tesadüf hurafesine inandıran etken de işte bu bilgisizliktir".

"Akil olan bilir ki, hangi olay ile karşılaşılsa karşılaşılsın, o olay uzak ve yakın bir gelecekte kendisine mutlaka bir iyilik getirecektir. Biz dünyada hoşumuza gitmeyen bir olayı istediğimiz gibi değiştiremeyiz. Çünkü bu olay serbest ruh halimizdeki irade kudretimizin etkisi ile meydana gelmiştir. Maddeye bağlı varlığımızın iradesi onu değiştirmeye muktedir değildir".

Kelebek Etkisi

İşte kader dediğimiz olgu, böylesine grift bir şekilde işleyen ve her an düzenlenmekte ve değişmekte olan bir süreçtir... Ve bu öyle bir grift ve kaotik işleyen bir olgudur ki, bireylerin özel karmalarına hiç bir müdahale olmaksızın, tüm dünya insanlığının topyekün karmalarını yaşayabilmelerine olanak sağlayabilmektedir.

Bireylerin kaderlerini belirleyen Sebep Sonuç Yasası, Evren'in her noktasında işleyen bir yasadır. Bu nedenle Evren'deki ve Dünyamız'daki her olay, geçmişten geleceğe uzanan Sebep Sonuç Yasası'nın kaotik zinciri içinde birbirleriyle bağlantılıdır. Evrendeki her olayın diğerleriyle uzaktan ya da yakından bir ilişkisi vardır. Ünlü Okültis Papüs'ün ***"Bir sinek kanadının titreşmesi bile kainatta büyük değişimlere sebebiyet verebilir"*** demesinin altında yatan gerçek işte bu prensibe dayanmaktadır. Çünkü çok önemli ezoterik bir prensibe göre ***"Parça bütüne aittir ve parçanın başına gelen bütünü de etkilemektedir."*** Bu anlayış ***"Kelebek Etkisi Teorisi"*** tanımlamasıyla günümüz bilim çevrelerince de son yıllarda kullanılmaya başlanmıştır.

Nasıl ki evrende her şey birbiriyle bağlantılı ve evrendeki her şey birbirini etkilemekteyse, insanı oluşturan her unsurun da insanla bir bağlantısı vardır. Bu unsurlar arasına, doğum tarihimiz ve ismimizin enerjetik özellikleri de dahildir. İşte bu kitapta ele alınan konu budur.

Doğum esnasında karşılaştığımız kozmik etkilerin ve ismimizin enerjetik yapısının bizim üzerimizde nasıl bir etkide bulunduğuna dair çok eski geleneklerden kalma bazı bilgiler mevcuttur. Bu bilgiler arasında büyük bir paralellikler bulunduğu görülmektedir. Bu kitapta ele alınacak olan bilgilerin kökeni ise, İsa Peygamber'in de mensubu olduğu bilinen Eseniler Topluluğu'na aittir.

Doğum tarihimizin ve isimizin bizim üzerimizde nasıl bir etkide bulunduğuna geçmeden önce, kısaca Esenilerle ilgili birkaç hususa değinelim...

ESENİLER TOPLULUĞU

Eseniler sislerle kaplı bir tarihin içinden gelip, yine bu sislerle kaplı tarihin içinde, birden bire kaybolup gitmişlerdir.

Eseniler Ölü Deniz'in hemen Kuzeyi'ndeki Kumran Vadisi'nde yerleşmişlerdi. Eseniler'in yerleşmiş oldukları Kumran Vadisi yakınlarında bir mağarada bulunan ve *"Ölü Deniz Yazmaları"* olarak bilinen el yazmaları, Eseniler'le ilgili önemli bilgiler içeren tek tarihi belgedir. Ne yazık ki, Eseniler'le ilgili birçok sorunun cevabını beklediğimiz Klasik Tarih Sayfaları, bizleri şaşırtacak derecede boştur.

Varlıkları İsa Peygamber'in geçeceği yolu hazırlamaya adanan ve sayıları binleri bulan bu gizemli topluluk hakkında *"Klasik Tarih"* birkaç paragrafla yetinmiştir. Resmi Tarih Bilimi'nce göz ardı edilen bu topluluk, daha sonraları geniş bir araştırmaya tutulmuş ve Ezoterik Dinler Tarihi'ni inceleyenler için son derece önemli anahtarların elde edilmesine olanak sağlamıştır.

Özellikle İsa Peygamber'in ezoterik öğretisini ve bilinmeyen yönlerini araştırmak isteyenlerin başvuru kaynaklarının büyük bir bölümünü, bu gizemli topluluğun gizli bilgileri gün ışığına çıkartabilmiştir.

Bu gizemli topluluğun günümüzden yaklaşık 2000 yıl önce yaşadığını biliyoruz. Ancak ilk ne zaman ortaya çıktıkları ile ilgili elimizde hiç bir bilgi bulunmamaktadır. Kayboluşları gibi ortaya çıkışları da , tarihin sisli sayfaları arasında meçhul kalmıştır.

Eseniler Kumran merkezini M.Ö. 31'de terk etmişlerdir. Neden ve nereye gittikleri de kimse tarafından bilinmemektedir. Ancak çok ilginç bir şekilde İsa Peygamber'in doğumundan altı yıl sonra, yine aniden geri dönmüşlerdir. Merkezlerini yeniden kurmuşlar, daha geniş toplantı salonları inşa etmişlerdir. İsa Peygamber'in doğumundan altı yıl sonra tekrar geriye dönmüş olmaları son derece düşündürücüdür. Düşündürücü

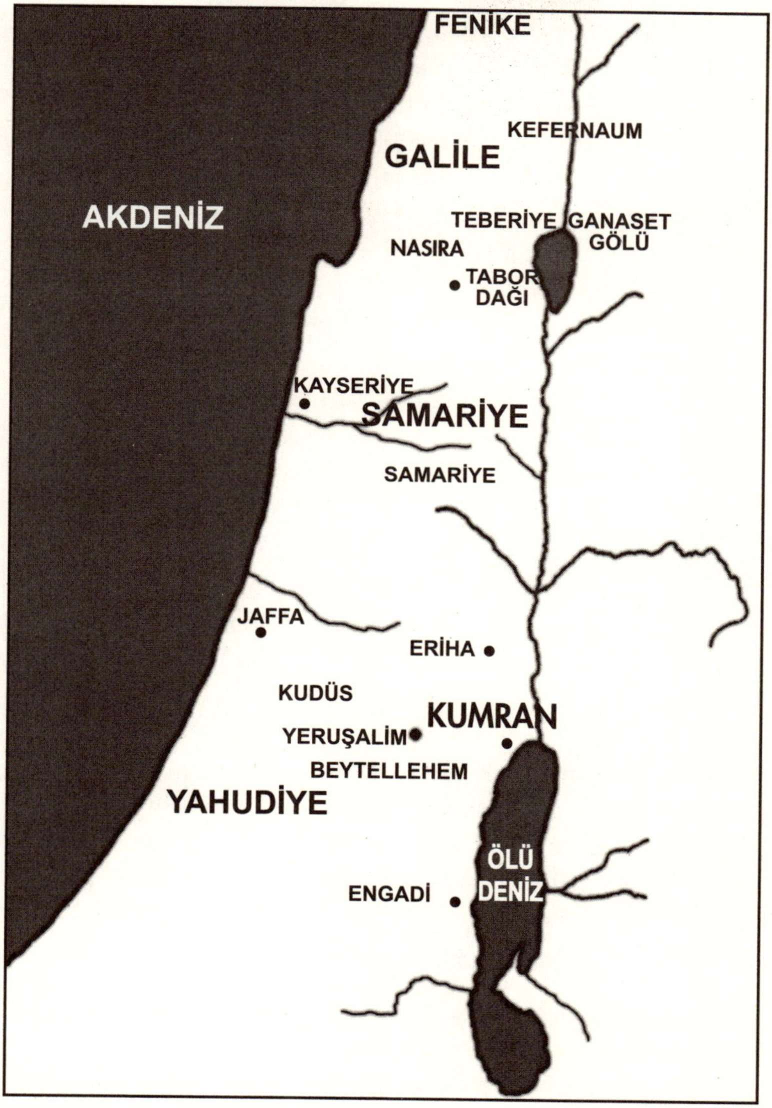

İsa Peygamber'in Döneminde Ortadoğu

olan bir diğer konu da İsa Peygamber'in doğumundan sonra belli bir sürenin kayıp olduğudur. Bu süre içinde İsa Peygamber'in nerede olduğu bilinmemektedir. Aynı Esenileri'in de bu süre içinde nerede olduklarının bilinmemesi gibi!... (*)

İsa Peygamber'in vazifesinin bitişinden birkaç yıl sonra yine arkalarında hiç bir iz bırakmadan bulundukları bölgeden ikinci kez aniden kaybolmuşlardır. O günden sonra da bir daha ortaya çıkmamışlardır. (**)

Eseniler tam anlamıyla inisiyatik bir topluluktu. Sadece İsa Peygamber'in yetiştirilişinde değil, başka kişilerin eğitilişinde de fonksiyon gördükleri tahmin edilmektedir.

Esenilerle ilgili yayınladığı *"The Essenes And Their Ancient Mysteries"* isimli kitabında Robert Chaney Eseniler'in Sayılar Bilimi hakkında önemli bilgilere sahip olduğundan bahsetmektedir:

"Öyle anlaşılıyor ki, Eseniler sayılar bilimi ve değişik matematik sembolleriyle ilgili bilimler de dahil olmak üzere, Ezoterik Öğretiler'le ilgili hiç bir unsuru ihmal etmemişlerdir. Hepsiyle eşit oranda ilgilenmişlerdir. Hatta Fisagor'un da Eseniler İnisiyasyonu'na ait matematiksel sembollerden yararlandığını ileri sürenler vardır. Klasik düşünmeye alışmış bir matematikçi bu sembollerin içerdiği gizli anlamları asla kavrayamazdı. Derinlerdeki anlamın kavranabilmesi için matematik bilgisinin sezgisel ve ruhsal şuurla desteklenmesi gerekiyordu. Eseniler sayılar ve matematiksel semboller konusunda ustalaşmışlardı."

"Eseniler Kabala da dahil olmak üzere diğer gizli el yazmaları-

(*) İsa Peygamber ve Eseniler'le ilgili ayrıntılı bilgi için bkz: "SON ÜÇ PEYGAMBER", Ergun Candan, Sınır Ötesi Yayınları: Sy 93-204. (YN)

(**) Ölü Deniz Yazmaları olarak bilinen Eseniler'in el yazmaları ve ezoterik gelenekleri ile ilgili bilgileri, Ayrıca İsa Peygamber ile ilgili çok ilginç ayrıntıları Sınır Ötesi Yayınları tarafından yayınlanan, Ergun Candan'ın "İSA PEYGAMBER'İN GİZLİ ÖĞRETİSİ adlı kitabında bulabilirsiniz. Türkiye'de ilk kez yayınlan bu belgelerin ilgiyle karşılanacağını düşünüyoruz.

Abraham Lincoln

John F. Kennedy

__Kennedy__'yi vuran __depodan__ kaçtı bir __tiyatroda__ yakalandı.

Her iki katil de davaları başlamadan öldürüldü.

Bu kadar tarihin, olayın ve ismin, bu derece düzenli olarak bir araya gelmesi, birileri tarafından plânlansa dahi çok zordur. Hatta imkânsızdır. O zaman buradan şöyle bir sonuç çıkarabiliriz: Bu ve bunun gibi çok sayıda olay bize evrensel bir düzenin varlığını hatırlatır. Bu düzenin en başta gelen sembolik anlatım şekli ise sayılardır. Bu yüzden sayılarla ve sayıların gizemi ile ilgili konularımıza geçmeden önce sayı kavramı üzerinde durmak, bu kavramın tarihsel gelişimi ile ilgili bir takım açıklamalar yapmak gerekir.

SAYILARIN GİZEMİ VE TARİHSEL SERÜVENİ

"Sayılar evrene hükmeder" diyen **Fisagor**, gerçeği sayılarda ve matematiksel sistemlerde aramıştır. Fisagor, kitabımızın esas konusunu oluşturan İsmimiz'in ve Doğum Tarihimiz'in tahlili için gerekli olan sayısal sistemlerinin ve sayısal külliyatın oluşturulmasındaki en önemli kişilerden birisidir. İnsanlar yüzyıllar boyunca onun temellerini attığı sistemleri geliştirmişler ve çok çeşitli sonuçlara ulaşmışlardır. Bu sonuçların bir bölümünü de sayılara özel anlamlar verip, rakamsal değerlerinin ötesinde etkiler yükleyerek; yaşantımızı, evreni ve insanı anlamak çabası oluşturmaktadır.

Bir çok insan Matematiğin bir aracı olan sayıların, insanın kişiliğinin gizli yanlarını gösterdiğini düşündü... Pek çok insan sayıların uğuruna ya da uğursuzluğuna inandı... Fisagorcular sayıların aklı, sağlığı, adaleti ve evliliği etkilediğini ileri sürüyorlardı. Hatta ruhsal yetenekleri de... Bununla da kalmıyorlar, evrenin gizeminin sayılarda gizli olduğunu ısrarla savunuyorlardı... Evrenin gizemine sayılarla ulaşılabilirdi...

Şimdi Fisagor'a ve onun sistemine tekrar dönmek üzere, sayılar ve sayı sistemlerinin gelişimini genel olarak inceleyelim.

Sayı Sistemleri

Sayı sistemleri farklı ritimlere göre oluşturulmuştur. Bunlardan bir tanesi Leibniz tarafından 1697 gibi çok erken bir tarihte geliştirilen ikili sistemdir. Bu sistem bu gün Bilgisayarın temelini oluşturmaktadır. Onlu sistem ise en yaygın sistem gibi gözükse de, diğer sistemleri de eşit derecede önemsemek durumundayız. Bunlar arasında en özellerinden bir tanesi eski Babil'deki altmışlı sistemdir. Bu 60'lı sistem; dairenin derecelerinde olduğu gibi, günün saatlerinde, dakikalarında, saniyelerinde de varlığını sürdürmektedir.

Sayma sistemleri ve sayılar oldukça basit bir biçimde 5 ya da 10 parmaktan türetilmiştir: Örneğin Roma sayılarının biçimlerine baktığımızda, parmak işaretleri esas alınarak oluşturulduklarını görürüz. Başparmağı hesaba katmamak 4'e kadar olan başka bir sayma biçimini oluşturur ve gerçekten de birçok uygarlıkta 4'ten sonra saymaya yeniden başlanır. Buna karşılık 10 parmak ayak parmaklarıyla birlikte yirmili bir sistem de oluşturmuş ve bu sistem özellikle Keltler, Basklar ve Avrupa'nın kuzeyinde ve batısındaki diğer halklarca kullanılmıştır. Bugün bile Fransa'da 80'e, *quatrevingts*, yani 4x20 denir. İngilizce skor da (yirmi sayısı) bize aynı şekilde eski yirmili sistemi anımsatır.

Temel parmak sayılarının parmak sayma tekniğiyle karşılaştırılması gerekir; bu sayılar eskiden öyle geliştirilmişti ki farklı parmak konfigürasyonlarıyla 100'e kadar sayılabiliyordu. Birler ve onlar sol elin parmaklarıyla, yüzler sağ elin parmaklarıyla belirtiliyordu. Ortaçağ İncil yorumcuları, özel anlamlarını bildikleri bu sayma biçimini tercih ediyorlardı: Örneğin sağ eli başparmağı ve işaret parmağının daire oluşturacak biçimde tutulması 100 anlamına geliyordu. Avrupalı tüccarlar bu sistemi Orta Çağ'ın sonlarına kadar kullandılar ve Orta Doğulu tüccarlar akıl almaz bir el çabukluğuyla bunu halen kullanmaktadır. Doğuda da, özellikle Çin'de, kullanılan küçük boncukları çubuk boyunca kaydırma ilkesiyle çalışan hesaplama aleti abaküs, en karmaşık işlemlerin bile büyük bir hızıyla yapılmasını sağlıyordu. Hesaplama (calculus) terimi çakıllarla saymaya gönderme yapan "çakıl"dan (calcule) türemiştir.

Sayıların İşaretleri ve İşaretlere Yüklenen Gizli Anlamlar

Her uygarlığın sayılar için kendi işaretleri vardır. İnkalar'ın renkli düğümlerini (quipus) veya borçların farklı türden kesiklerle oyulduğu çeteleyi (Almanca Kerbhoİz) ele alabiliriz. Günah işlemek veya yasadışı işler yapmak anlamındaki Almanca Etwas auf dem Kerbholz haben, *"birisinin çetelesinde olmak"*, ifadesi bize çetele hesabıyla saymayı hatırlatır. Fenikeliler ve geç dönem Romalılar dönem dönem ilkel sayı formları kullanırken, eski Mısır'da sayılar resimliydi. Daha karışık matematik işlemleri için, alfabenin harflerinin de sayıları temsil ettiği başka sayma sistemlerinin daha pratik olduğu kanıtlanmıştı. Bu yöntem Yunanistan'ın ilk dönemlerinde kullanılmış olup, İbranice ve Arapça'da halen mevcuttur. Arapça'da kullanılmasında, harflerin eski Sami dilleri esasınca dizilmesini izleyen Arap alfabesine Ebced denir ve her harfin iki anlamı olduğundan dolayı, isimler, anlamlı sözcükler ve sayılar arasında kolayca bağlantılar kurulabilir. Yüzyıllarca Kabala'da uygulandığı gibi.

Arapça sayıları inceleyecek olursak; Arapların İslamiyet'in ortaya çıkışından kısa bir süre sonra benimsedikleri Hint sistemi, daha karmaşık işlemlerin yapılmasına olanak sağlayan sıfırı içeriyordu. Hint kaynaklarında Sıfır'a shunya, *"boşluk"* deniyordu; bu öyle bir boşluktu ki sayılar arasındaki satırları dolduruyor ve böylece birler, onlar ve diğer basamaklardaki sayıların kolayca ayırt edilmesini sağlıyordu. Hint kaynakları sıfırla ilgili bu ifadeyi M.S. On altıncı Yüzyıl gibi erken tarihlerde kullanmıştır; Orta Doğu'da ilk olarak M.S. 662 tarihli bir Suriye kitabında dokuz adet Hint sayısına rastlanmıştır. Batının bu uygulamaları yapmasından uzun süre önce Arap bilginleri matematik çalışmalarında bunları kullanıyorlardı. *Muhammed ibn Musa El-Harezmi'nin Kitab El-Mıhtasar Fi hisab el-cebr ve'lmukabele (Cebir ve Denkleme Hesabı Hakkında Özetlenmiş Kitap)* adlı eseri M.S. 800 yılından hemen sonra yazılmış ve yaklaşık olarak 1143 yılında Latince'ye çevrilmişti. Arap sayılarıyla ilk tanışmayı sağlayan bu kitap Batıya ***"cebir"*** (el-cebr) kavramına girişini sağlamıştır. Bununla birlikte Arapça sayılar Avrupa'da oldukça yavaş da olsa alınmış ve kabul edilmiştir.

Önceki sayı sistemlerinde bilinmeyen sıfır, oldukça karışık bir yapıya sahiptir. Arapçası olan sıfr'dan, cifra, chiffre ve bir yandan Almanca Ziffer, öte yandan İngilizce zero türetilmistir. Kendi başına bir anlamı olmayan, ama kendisinden önce ya da sonra gelen sayılara anlam kazandıran bu sıfır, on beşinci yüzyıl gibi geç tarihlerde bile ***"karanlık ve engelleyici"*** olarak görülüyordu ve Almancası Null, nulla figura, *"gerçek"* bir rakam olmayandan türetilmişti. Ama sıfır, Hindistan ve oradan geçtiği İslâmi dünya ve en sonunda getirildiği Avrupa'yla sınırlı değildi; Mayalar ve belki de onlardan önce Olmekler, Hindistan'da bulunuşundan tamamen ayrı olarak ve anlaşıldığı kadarıyla da Hintlilerden önce sıfırı biliyorlardı. Yirmili Maya sisteminde 19 sayısını sıfır izliyordu. Bu sistemin Mayalarca ya nokta-çizgi kombinasyonları ya da baş biçimindeki yivlerde kullanıldığı artık bilinmektedir.

Bazı kültürlerde sayısal sözcükler sayılmış nesnelerle bağlantılıdır. 6 uzun parça için kullanılan ifade 6 inek veya 6 bitki için kullanılandan tamamen farklı olabilir. Hatta böylesi sınıflandırmalar daha yaygındır. Papua'da böyle 20 kadar sayı grubu bulunmaktadır; öyle ki bu sayı gruplarının her biri sayılmış nesnelerle bağlantılıdır. Batı kültüründe de bu tip sayma sistemlerinin izlerine rastlamak mümkündür. Örneğin kumaşlar yarda ile ölçülür, yükseklik *feet,* suyun derinliği *fathom,* gemilerin hızı *knots* (Knoten, deniz mili) ile. Sayı sözcükler; özellikle farklı hayvan türleriyle yaygın olarak kullanılır; örneğin Almanca'da köpek sürüsü *Meute,* yarış atı grubu, koyun sürüsü *Herde,* keklik sürüsü *Kette.*

Bütün bu sözcüklerin gerçek bir sayısal değeri vardır. Ve Almanca 2 Stück Vieh, iki *"parça sığır"* ya da İngilizce *"bir çift keklik"* denilmesi, bir dizi çevrilemeyen ve farklı hayvan türlerine gönderme yapan sayma sözcükleri olan İranlıları hatırlatır: *"yak zinjir fil"*, bir fil demektir, yoksa birebir çevirisinde olduğu gibi *"bir dizi fil"* değil.

Yukarıdaki ifadelerden hiçbirisinin gizemli bir anlamı

yoktur ve büyüyle de bağlantılı değildir, sadece ilk uygarlıklarda olduğu gibi sayıların, çevrelerinde bir manyetik bir güç alanı olması gibi bir gerçekliği vardır: Yani bu kavramlar "iş görürler." Veya eski Hindistan'da iddia edildiği gibi, sayı "Brahma-doğalı" anlamındadır, Tanrısala benzer. Gerçekten de, bazı eski Hint metinlerinde: ***"Selam olsun 1'e, selam olsun 2'ye, ... selam olsun 100'e...."*** ifadeler bulunurdu. sayıların özel karakterine dair böylesi hisler kuşaktan kuşağa geçmiştir ve görünüşte daha ciddi ve gizemcilikten uzak sayı sistemimiz bile 10 parmağa, ayın 4 aşamasına ve yılın 12 ayına indirgenebilir. Bütün bunların dışında sayılara her zaman bir gizem yüklenmiştir. Böylece sayılar, astrolojik kehanetler için uygun bir zemin hazırlar, özel ve gizli güçlere göndermede bulunurlar. Yaygın dinler bile belli sayıların dinsel önemini ve gizemli karakterini kabul ederler. Üstelik yalnızca Orta Çağ'da değil günümüzde de. Uygulayıcıların olaylar üzerinde kendi yararlarına ya da diğerlerinin zararına etkide bulunmak için belli formüllere başvurdukları büyüde, sayıların doğru kullanımı can alıcı bir rol oynar. Her sayı kendi güç alanı ve kozmik bağlantıları içinde gözükür ve böylece, ezberden yinelemelerin ve büyü formüllerinin, arınmaların ve tavaf etmenin doğru sayısının yanı sıra, doğru sayının kullanımının büyü konusunun başarısı için mutlak belirleyici olduğu düşünülmektedir.

Çinliler, Babilliler ve Mayalar

Dünyanın bir çok yerinde olduğu gibi, Çinlilerin de sayı sistemleri oldukça gelişmiştir. Ancak bu gelişme büyü ve gizemcilikten çok harfsayı kombinasyonlarının değişik uygulamaları şeklinde olmuştur. Ancak bütün bunlardan daha da gelişmiş olanı oldukça soyut olan Sümer ve Babil sayı sistemleridir. Gerçekten de eski Mezopotamya ilk zamanlarda astronomi ve matematiğin geliştirildiği yerdir ve bugün kullanmakta olduğumuz belli sayıların anlamlarının çoğunu Mezopotamyalılara borçluyuz. Ancak bütün bunların da ötesinde bir sistem var ki o sayısal sistemlerin en ilginci. Bu sistem çok büyük sayılar gerektiren astronomik hesaplamalarla uğraşan ve şaşırtıcı biçimde hatasız olan *Maya Sistemi*'dir. Gerçekten de Venüs gezegeninin güneş çevresindeki 65 synodik dönüşünü esas alan çok eski takvimleri, diğer takvim sistemleriyle karşılaştırıldığında hatasızdır. Daha ilginç olanı ise günümüzdeki fiziksel değişimlerden hareketle, bilimin ulaştığı bir takım sonuçları ve tarihsel çıkarımları, daha o tarihlerde takvimlerine işlemiş olmalarıdır.

Mayalar'ın Sayı Sistemleri ve Takvimleri

Mayalar'ın matematik sistemleri ve bunun sonucu olarak oluşturdukları takvimleri; günümüzü de yakından ilgilendiren kehanetleri içermektedir. Mayalar kullandıkları matematiksel sistemlerle çok uzun dönemli bir takvim oluşturmuşlar, yaptıkları hesaplamalarla göksel hareketleri neredeyse hatasız bir şekilde çözümlemişlerdir. Bunun sonucunda da Güneş'te çok uzun dönemli bir devresellik içerisinde manyetik değişikliklerin olduğunu gözlemlemişlerdir. Doğal olarak bu değişimlerin düzenli bir devresellikle dünyayı da belli dönemlerde etkilediğini ortaya çıkarmışlardır. Sonuç olarak da bu göksel hareketler ve sayı sistemleri yardımıyla bir takvim oluşturmuşlardır. Bu takvimin başladığı tarih; güneşteki manyetik hareketlerin etkisiyle dünyada meydana gelen manyetik kutup kaymasının olduğu ve büyük fiziki değişikliklerle yeni bir çağın başladığı tarih olmuştur. Takvimin bittiği tarih ise yine büyük fiziki değişikliklerin olacağı öngörüsüyle **22 Aralık 2012**'dir. Şimdi bunu açmaya çalışalım.

Mu ve Atlantis Uygarlıkları'nın bir uzantısı konumunda olan gizemli Mayalar, 2000'li yılların ilk çeyreğinde beklenen bu değişimler hakkında bilgi sahibi bir uygarlıktı. Hatta beklenen bu değişimler içinde önemli bir yere sahip olan, *"Dünyamız'ın Fiziksel Değişimi"* ile ilgili son derece kritik bilgilere de sahip olan Mayalar, bunları kendilerinden sonra gelecek olan kuşaklara (yani bizlere) aktarmışlardır. Hem de son derece kesin tarihler vererek...

Mayalar'ın yakın geleceğimize ilişkin kehanetleri, tüm ezoterik bilgilerle örtüşmektedir.

Tüm kahinlerin ve ezoterik bilgilerin bundan binlerce yıl önce söyledikleri teker teker gerçekleşmektedir ve hem ruhsal, hem de maddesel değişimlerin ön belirtileri ortaya çıkmaya başlamıştır. Ancak meselenin bir başka dikkat çekici yönü ise, tüm bu eski bilgilerin günümüz bilimiyle de büyük bir paralellik göstermesidir. Çünkü en son elde edilen bilimsel verilere göre, Dünyamız'ın hızla büyük bir fiziksel değişime doğru ilerlediği; örneğin kutuplarının manyetik olarak yer değiştirme olasılığının artık iyice belirginleştiği bilinmektedir.

Maya Kronolojisi'ne göre, yaşadığımız *"5. Çağ"* M.Ö. ***12 Ağustos 3114*** tarihinde başlar ve ***M.S. 22 Aralık 2012*** tarihinde biter. Mayalar 2012'de dünyanın katostrofik (ağır hasarlı) depremlerle karşılaşarak, büyük bir "Tufan"a sahne olacağına inanıyorlardı. Hatta inanmak bir yana geliştirdikleri matematiksel bilgilerle ve çok uzun dönemleri kapsayan takvimleriyle bunu biliyorlardı.(*)

Mayalar'ın Takvimi ve Yaşamımızın Döngüsü

Mayalar'ın binlerce yılları kapsayan ve düzenlilik gösteren olayları, binlerce yıl süren başlangıçları ve sonları ortaya koymuş olmaları gerçekten olağanüstü bir bilginin ürünüdür. Bu bilgi bizede konumuzla ilgili ilginç çağrışımlara neden olmaktadır: Bu devresellik; gök cisimleri ve bunların hareketle-

(*) Ayrıntılı bilgi için bkz: "Maya Kehanetleri" Sınır Ötesi Yayınları.

rinde gözlenebiliyor ve bir takım tarihsel sonuçlara ulaşılabiliyorsa ve *"Parça Bütünün Bilgisini Taşır"* prensibinden hareket edecek olursak, bizler için de yaşantımız boyunca devam eden başlangıçlar ve bitişler, inişli ve çıkışlı zamanlar, fırtınalı dönemler olması gerekir sonucuna ulaşabiliriz. Ancak bu nasıl tespit edilebilir. Bu zamanlar nasıl ortaya konabilir. İşte bizim bütün çabamız bunu açıklığa kavuşturmak içindir. Tarihin çok çeşitli dönemlerinde sayılarla dünyanın, evrenin ve insanın kaderinin bağlantılı olduğu konusunda ortaya konmuş pek çok bilgi bulunmaktadır. Ancak esas konumuz; tıpkı Mayalar'ın dünyanın kritik yıllarını hesap edişi gibi, yaşantımız boyunca bizi etkileyecek kritik tarihlerimizi ortaya çıkarabilmek, sayılarla ve taşıdığımız ismimizle şansımızın bağlantısını çözümlemek olacaktır. Yani ismimiz şansımızı nasıl etkiler? Uğurlu sayımız nedir? Gibi konuları ileriki bölümlerde detaylarıyla ele alacağız. Şimdi Fisagor'la sayıların tarihsel macerasına devam edelim.

Fisagor'un Bıraktığı Miras

Yahudi, Hıristiyan ve İslami kültürde, sayılara ve özelliklerine gösterilen ilgi esas olarak Fisagorcular'ın hazırladığı temellere dayanır. M.Ö. altıncı yüzyılda Samos adasında doğan Fisagor, söyleyeceklerini söylemeden önce dünyanın bir çok yerini görmüştü. Afrika'yı, Asya'yı, Menfis'i ve Babil'i gezmekle kalmamış, ayrıca buraların politikalarını ve inisiyasyonlarını da gözlemlemişti. Özellikle Mısır'da edindiği, Kadim Doğu'nun matematik bilgisinden çok şeyler öğrenmiş, kurduğu okul ve öğrencileri vasıtasıyla bunu gelecek nesillere aktarmıştır.

Fisagor, müritlerini matematikçiler diye adlandırıyordu. Çünkü onun öğretisi sayılar doktrini ile başlamaktaydı. Fakat bu kutsal matematik ya da diğer bir deyişle prensipler bilim, sadece bilim adamları ve filozoflar tarafından kabul edilen anlamına kıyasla çok daha aşkın ve yaşayan, canlı bir kavramdı. *Fisagor'un biliminde* ***SAYI****, soyut bir kavram olarak değil, evrensel ahengin kaynağı demek olan Tanrı'nın, yani yüce* ***BİR''****in esas ve aktif erdemi olarak anlaşılmalıdır.* ***Sayılar Bilimi****, hayata dair, yaşayan güçlerin bilimi demekti. Alemlerde ve insanda, yani makrokosmosda ve mikrokosmosta faal durumda bulunan ilâhi güçler bilimi demekti... Fisagor bu güçlerin sırrını anlatarak, onlara açıklık getirerek ve rollerini açıklayarak Teogoni (Tanrıbilimi) ya da Teoloji'den (İlâhiyat) başka bir şey yapmamış olmaktaydı.*

Her öğrenci, hipotenüsün karesinin diğer iki kısa kenarın karelerinin toplamına eşit olduğunu söyleyen Fisagorcu dik üçgen teoremini öğrenir. Bu formül matematik bilgimizin temel kısmını oluştursa da, Usta'nın ve öğrencilerinin diğer fikirleri, dinsel, edebi ve hatta büyüsel çalışmaları oldukça etkilemiştir. Fisagor'un düşüncesinin temeli düzen fikridir: Müziksel düzen, matematiksel düzen ve en sonunda etnik ve toplumsal düzen. Fisagor, titreşen tellerin görece uzunluklarına karşılık gelen müzik skalalarının aralıklarını (oktavları) keşfettiğini, bunun oranlarının 1:2, 2:3 ve 3:4 olduğunu söylemiştir. Böylece ilk dört tamsayı saptanmış oldu ve Fisagorcular bu tamsayıların önemini vurgulamaktan hiç vazgeçmediler.

Tellerin oranlarının ölçülmesiyle, müziksel armoni matematiksel formüllerle ifade edilebiliyorsa, öyleyse her şeyin özü sayılarla açıklanabilirdi. Gökyüzündeki düzenli hareketlerin gözlenmesi, *"Güzel bir biçimde düzene sokulmuş göksel kürelerin armonisi"* kavramının doğmasına yol açtı. Dünyanın evrimi sayıların evrimine paraleldi. Birlik, boşluk ve sınırdan oluştu; Bir'den sayı, sayıdan da bütün gök, bütün evren ortaya çıktı.

Tek Sayılar ve Çift Sayılar

Fisagorcular özellikle tek sayılarla çift sayılar arasındaki ilişkiden büyülenmişlerdi. Basit armoniler arasındaki oranların (1:2, 3:4) bu ilginin kaynağı olabileceği iddia edilmiştir. Fisagorcular evrendeki her şeyi iki kategoriye bölecek kadar ileri gittiler: ***Tek Sayılar*** *sağ tarafa ait olup, sınırlı, eril, kalanlı, doğrulu, ışık saçan ve iyilik dolu, geometrik terimlerle belirtilecek olursak kareyle bağlantılıydı.* ***Çift Sayılar*** *ise sonsuz gök küresine ait olup, sınırsız (sonsuzca bölünebilir), sol taraf, dişil, çok katlı, hareketli, yalan dolu, karanlık, kötü ve geometrik terimle belirtilirse dikdörtgendir.*

Tek ve çift sayılar arasındaki karşıtlıkla ifade edilen bir ve çok arasındaki karşıtlık daha sonra, özellikle gizemcilikte, bölünmemiş mutlak birliğin hedefi olarak vurgulanmıştır. Bu yaklaşımla tek sayılar inançlarda, hatta teolojik konularda önemli rol oynamıştır. Platon'a göre, bütün çift sayılar kötü yazgınındır. Vergil şunu iddia eder: "Tanrı tek sayıyla hoşnut oldu" ve aynı fikir İslâmi gelenekte de bulunur: *"Gerçek Tanrı tek sayıdır (vitr, yani "Bir"dir) ve tek sayıları sever."* Shakespeare de aynı şekilde *"Tek sayılarda tanrısallık vardır."* Demiştir.

Tek sayılara duyulan bu tutku, tek sayılı bir zamanda yinelenen ayinler, dualar, sihirler, vs.'den oluşan bir geleneğe yol açmıştı. Büyüsel törenler 3 veya 7 defa yapılıyor ve bir dua ya üç defa yineleniyor ya da üç defa *"amin."* denilerek bitiriliyordu. İlk zamanlarda hekimler ve büyücü-hekimler hastalarına tek sayıda hap verirlerdi. Büyü düğümleri tek sayıda bağlanmak zorundaydı. Yahudiler'in kitaplarından biri olan Talmud tek sayıların kullanımı için sayısız örnek veriyor ve çift sayılardan kaçınılmasını öneriyordu. Müslüman gelenek, Hz. Muhammed'in orucunu tek sayılı günlerde bozduğunu söylüyordu. Cadılık veya kara büyü yapılırken tek sayıda kişi mevcut olmalıdır ve bugün bile, birisine tek sayıda çiçek içeren buketler yollamak adettir. Hatta etrafınızda sayılabilen her şeyi tek olarak yemeyi adet haline getirmiş insanlara rastlamışsınızdır. Tek sayıda (1,3,5,7,9 gibi) zeytin yiyen, tek sayıda meyve yiyen ve bunun uğuruna inanan insanlar hala mevcuttur.

Mükemmel Sayı

Diğer kavramların yanı sıra Fisagorcular matematiğe, bileşenlerinin toplamı yine kendisini veren mükemmel sayı kavramını tanıttılar. Mükemmel sayıların ilki 6 (1+2+3) idi; ikincisi 28 (1+2+4+7 +14); en son olarak da 1971'de keşfedilenle birlikte mükemmel sayıların toplamı 23'e ulaştı. Bu mükemmel sayı kitabımızın ileriki bölümlerinde inceleyeceğimiz ismimizin rakamsal değerlerinin toplânmasına çok benzemektedir. İlgili bölümde detaylarıyla inceleyeceğimiz formülde de sonuca, ismimizi oluşturan harfleri toplayarak ve rakamı sadeleştirerek ulaşıyoruz.

Fisagorcular sayılarla geometrik formlar arasında daha ileri ilişkiler kurdular: 3, 6, 10, 15 üçgen sayılardı; 1, 4, 9, 16, 25 kare sayılardı (yani I2, 22, 32, 42, 52). Nokta l'e aitti, çizgi 2'ye; önce üçgende gözüken uzay 3'e ve 4 uzayın kuşattığı beden 4'e. Fisagorcu sistemdeki en mükemmel sayı 10'du, çünkü ilk dört tamsayının toplamıydı (1+2+3+4) ve eşkenar bir üçgen olarak gösterilebilirdi.

On sayısı mükemmel sayıydı, çünkü tekâmül edip yeni bir birlik ve bütünlük içinde bir araya gelmiş olan tüm prensipleri, yani uluhiyete özgü tüm prensipleri temsil etmekteydi. Böylece çokluk tekrar 10'da birlik oldu. Fisagorcular bu prensipten hareketle, kozmik düzenlerine uygun 10 göksel cisim keşfetmeye uğraşmışlar ve onuncunun mevcut olmadığını görünce de sistemi tamamlamak için 10'un yerini doldurmaya çalışmışlardır.

Fisagorcular, sayıların öğelerinin her şeyin öğeleri olduğu ve bütün göğün bir ahenk ve sayı olduğunu düşünmüşlerdir. Onlar göksel olaylar, göğün kısımları, evrenin tüm düzeni ile sayıların özellikleri ve müziksel skalalar arasında bulabildikleri bütün benzerlikleri toplayıp kendi sistemleri içine sokmakta ve eğer herhangi bir noktada bir boşluk kendini gösterirse, kuramlarının tutarlılığını sağlamak için o boşluğu dolduracak bir şey olması gerektiğini düşünürlerdi. Örneğin 10 sayısı mükemmel ve sayıların tüm doğasını içinde bulunduran bir sayı olarak göründüğünden, gökte hareket eden cisimlerin 10 tane olduğunu söylemektedirler. Ancak görünen gök cisimleri yalnızca 9 tane olduğundan bu boşluğu doldurmak üzere onlar bir onuncuyu, yani Karşıyer'i icat etmişlerdir.

Mükemmel Sayı ve Onuncu Gezegen

Fisagor'un gök cisimlerinin dokuz değil on tane olması gerekir demesinin ne anlama geldiği, o zamanlar anlaşılmış değildi. Çünkü ortada böyle bir cisim görünmüyordu. Ancak Fisagor'un oluşturduğu sayısal sistem bunun böyle olduğunu söylüyordu. Nitekim bu gün *"Onuncu Gezegen"* ile ilgili elde edilen bilgiler, bize Fisagor'un gökyüzünde hareket eden on cisim olmalı fikrini anımsatmaktadır.

Güneş Sistemimiz'e ait olan bu gezegenle ilgili ilk tarihi kayıtlar Sümerliler'e aittir. Sümerliler'in Nibura adını verdikleri bu gezegenin varlığı günümüzde NASA tarafından da tespit etilmiştir. Çok geniş bir eliptik yörünge izlediği için, Güneş Sistemimiz'in diğer gezegenlerinin çizdiği yörüngelerin yakınından yaklaşık 3500 yılda bir geçtiği tahmin edilmektedir. Bu gezegenin çizdiği yörünge, dünyamızın oldukça yakınından geçtiği için bu geçişi sırasında meydana getireceği kozmik değişimlerden Dünyamız'ın olumsuz yönde etkilendiği ileri sürülmektedir. Bu düşünceyi Sümerliler'in yazıtları doğrulamaktadır. Sümerliler belirli periyotlarla meydana gelen bir dizi doğal afetin nedenlerinden biri olarak bu gezegeni göstermektedir.

Konuyla ilgili 19. Yüzyılın sonlarında yapılan bilimsel araştırmalarda, Dünyamız'ın yakın geçmişte geçirdiği kozmik felâketle ilgili kanıtlara ulaşılmıştı.

İşte bu alanda yaplan ilk araştırmalar ve elde edilen katkılar:

Harvard Üniversitesi'nden Prof. R. Daly, bundan 3500 yıl önce, yeryüzündeki bütün okyanuslarda su seviyesinin aniden alçaldığını keşfetmiş ve bu alçalmanın yerkabuğunun ani bir şekilde batmasından dolayı olduğunu söylemişti. Hollandalı Prof. P. H. Kuenen de 1950 yılında yayınladığı *"Marine Geology"* (Deniz Jeolojisi) adlı kitabında, Dünya'nın çeşitli yerlerinde yapılmış ölçümler sonucu, deniz seviyesindeki bu alçalmanın kesin olarak tespit edildiğini bildirmiş ve bu büyük felaketin 3500 yıl önce meydana geldiğini doğrulamıştı.

Başta İsviçre, Almanya, Kuzey İtalya ve İskandinavya'da bulunan göller olmak üzere, Avrupa'daki pek çok gölün bu tarihlere denk gelen zaman dilimleri içinde bir yana doğru meyillendiğini, örneğin Eas-Sea ve Feder-See gibi göllerin sularının tamamen boşalacak derecede zeminlerinde büyük hareketlerin olduğu anlaşılmıştır.

Carnegie Enstitüsü'nden H. De de Terra ve Harward Üniversitesi'nden Peterson, yürüttükleri uzun süren araştırmalar sonucunda, Avrupa'daki bu büyük toprak hareketlerinin bir benzerini Himalayalar'da da tespit etmişlerdir. Bu felâketin Atlantis'in sulara gömülmesine neden olan felâket olmadığı ortadadır. Çünkü Atlantis'in sulara gömülmesinin bundan yaklaşık 12.000 yıl önce olduğu bilinmektedir. Demek ki, bu nasıl bir felâketse, belirli dönemlerde tekrarlıyor ve yeryüzünün belirli bölgelerinin alçalmasına neden olurken belirli bölgelerinin ise yükselmesine neden oluyor.

Göteborg'da bulunan Oseanografi Enstitüsü'nde Prof. H. Petterson'un denetiminde Atlantik, Pasifik ve Hint Okyanusları'nda gerçekleştirilen konuyla ilgili geniş incelemeler sonunda yapılan açıklamada yine aynı gerçeğe dikkatler çekiliyordu:

"Dünya'nın çehresini değiştirmiş olan büyük felâketlerin delilleri bulunmuştur. İklimsel felâketler ve tektonik felâketler neticesinde okyanus tabanlarının belirli bölgeleri, belirli dönemlerde yüzlerce,

hatta bazı yerlerde binlerce metreye varan çökmelere ya da yükselmelere maruz kalmıştır!..."

H. Pettersson, Pasifik ve Hint Okyanusları yataklarının büyük bir volkanik patlamayla oluşmuş çok miktarda volkanik küllerle kaplı olduğunun da bu araştırma sırasında tespit edildiğini bildirmiştir. Göteborg Oseanografi Enstitüsü'nce sürdürülen araştırmalar sırasında çok önemli bir başka keşifte

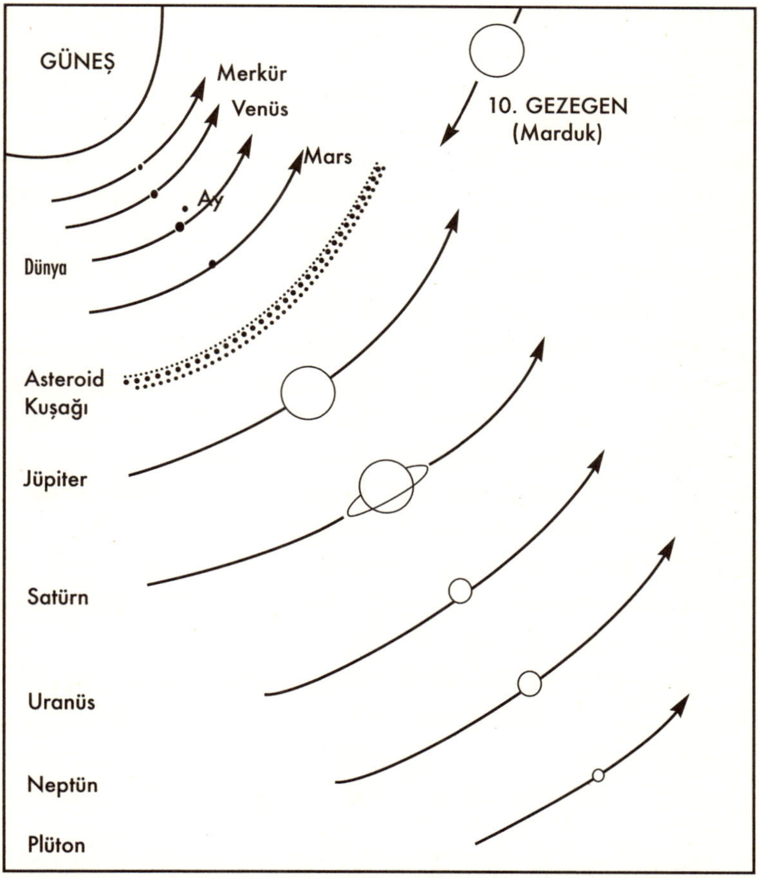

10. Gezegen'in diğer gezegenlerin aksi istikamette Güneş Sistemimize girişi.

daha bulunulmuştur. Prof. H. Pettersson, okyanus tabanlarındaki çamurda, büyük oranda meteor orijinli nikel bulunduğunu ve bu kadar çok meteor orijinli nikelin birikebilmesi için belirli bir dönemde çok yoğun meteor yağmurlarının yaşanmış olması gerektiğini açıklamıştır.

Birbirinden tamamen bağımsız hatta birçoğu birbirlerinden bile habersiz olarak araştırmalarını sürdüren, ancak elde ettikleri sonuçlar birbirleriyle paralellik gösteren çalışmalardan bir diğerini de, Colombia Üniversitesi'nden Prof. Ewing gerçekleştirmiştir. Prof. Ewing, Atlantik Okyanusu'nda yaptığı araştırmalarından elde ettiği sonuçlara göre, Okyanus tabanında kara parçalarına ait izlere rastlandığını belirterek: "Ya kara parçaları 3.2 km. ile 4.8 km. batmış ya da bir defada deniz, şimdiye nazaran 3.2 ile 4.8 km daha alçalmış olmalıdır. Bu neticelerin her ikisi de hayret vericidir"demiştir.

Almanya, İngiltere, İskoçya ve Norveç arasında bulunan Kuzey Denizi'nin tabanında, çeşitli bilim adamaları tarafından yapılmış bir başka araştırmada da ilginç sonuçlarla karşılaşılmıştı. Bir grup bilim adamınca gerçekleştirilen "çiçek tozu analizleri"nden, bu bölgede M.Ö. 1500 yılında büyük coğrafi değişimlerin olduğunu ve söz konusu denizin de aynı tarihte meydana geldiği anlaşılmıştır. Yine aynı araştırmalarda Kuzey Denizi'nin tabanında, kara parçası olduğu dönemlere ait sanat eserleri de bulunmuştur. Bu araştırmanın belki de en önemli tarafı, söz konusu felâketin yaklaşık, M.Ö. 1500 meydana geldiğinin saptanmış olmasıdır.

İşte yine o sihirli tarih bu araştırmada da karşımıza çıkıyor:

M.Ö. 1500 + M.S.2000 = **3500**

Daha sonra gelen ve günümüze kadar sürdürülen konuyla ilgili tüm araştırmalar yukarıda sizlere aktardığımız bu ilk araştırmaları doğrulamış ve yeni daha pek çok kanıt bulunmuştur. Bu gün artık kesin olarak bilinmektedir ki, Alp Dağları'nın buzullarının yaşı yine o sihirli tarihe denk gelen rakamları göstermektedir...

Alaska sınırındaki Bear Nehri'ne ait delta oluşumunun, azami 3600 yılda meydana geldiği de yine bilimsel bir kaşka kanıt olarak karşımızda durmaktadır. Bir zamanlar Dünya üzerinde yaşayan ancak bir anda ortadan kalkan mamutların da 3500 yıllık buzulların arasında bulunan cesetleri de bir başka bilimsel bulgu...

Bu konudaki örnekler oldukça fazla... Ancak bütün bu örnekler ilginç bir şekilde sihirli bir tarihe işaret ediyorlar.

M.Ö. 1500

Bu önemli bir tarih... Bu tarihte Dünyamız'da çok önemli fiziksel değişikliklere neden olan bir olayın olduğu ortada... Bunu bize düşündürecek yeterince kanıt var... Nitekim bunlardan sadece bir kısmını yukarıda sizlere aktardık.

Eldeki bulgulara bakılırsa, bu, büyük jeolojik ve iklimsel değişikliklere neden olacak kadar büyük bir olaydır, işte bu olayın tarihi bizler için çok önemli. Çünkü Dünyamız üzerindeki fiziki değişimlerin meydana geliş tarihleri daha önce de altını çizmiş olduğumuz gibi, **"devresel"** niteliklidir. Yani belirli periyotlarla tekrar eden bir özelliğe sahiptir. Tıpkı Mayalar'ın tespit ettikleri güneşteki hareketlerin devreselliği gibi. Tıpkı insan hayatındaki devresellik özelliği gösteren periyodik ve kritik zamanlar gibi.

Elimizdeki verileri bir araya getirip toparlayacak olursak:

1- 10. Gezegen 36 Yüzyılda bir bizim sistemimize girmektedir.

2- Bilimsel bulgular, Dünyamız'da en son yaşanan geniş çaplı doğal afetler zincirini büyük bir ihtimalle 3500 yıl öncesine dayandırmaktadır. Bunun tek nedeni kuşkusuz ki 10. Gezegen olmayabilir. Nitekim bu değişikliğe başka faktörler de neden olmuş olabilir. Bununla ilgili elimizde fazla bir bilimsel veri yok. Ama konuyla ilgili ezoterik kaynaklar ve eski tarihi metinlere baktığımızda bu olasılığın bir hayli fazla olduğunu görüyoruz. Eğer 3500 yıl önce yaşanan büyük doğal afetin nedenlerinden biri de, 10. Gezegen'in Güneş Sistemimiz'e girmesiyse önümüzde en fazla 100 yıllık bir süre var demektir. Ancak şunu da belirtmek gerekir ki, bu tür tarihsel hesaplamalarda +,- 100 yıllık yanılma payları her zaman için mümkündür. Sonuç olarak önümüzdeki 20 yıl ile 150 yıl içinde 10. Gezegen'in sistemimize girmesi beklenebilir.

Tabii beraberinde getireceği bir dizi doğal afetler de...(*)

Onuncu gezegenden bahsetmemizin sebeplerinden bir tanesi, bizleri yani tüm dünyayı yakından ilgilendiren hayati bir konu olmasından dolayıdır. İkinci ve konumuzla ilgili olan tarafı ise, bu gün sizlere Fisagor'un Onuncu Gezegen'i gök cisimlerini inceleyerek değil, sayı sistemlerini kullanarak varsaymış olmasıdır. Fisagor onuncu cismi ortaya koyarken sayısal bir düzenin ve devreselliğin varlığını da ortaya koymuş oluyordu. Bu sayısal düzen Evren'in sayılarla ifade edilebilen bir düzenlilik içerisinde çalıştığına işaret ediyordu. Bu konudaki ilginç örneklerden bir tanesi de, bu gün kimyada kullanılmakta olan Periyotlar Tablosudur. Aynı Onuncu Gezegen'de olduğu gibi periyotlar tablosu da bütünsel bir sistemin varlığına işaret ediyor, şu anda bilmediğimiz ancak olması gereken elementler hakkında da ilginç bir konuyla bizi karşı karşıya bırakıyordu.

(*) 10. Gezegen'le ilgili bölüm, Sınır Ötesi Yayınları'ndan yayınlanan, Ergun Candan'ın "Kıyamet Alametleri" isimli kitabından yararlanılarak hazırlanmıştır.

Periyotlar Tablosunun İlginç Dizilişi

Element'in yaratılamayan ve yok edilemeyen madde olduğunu belirten modern tanım, ilk kez Robert Boyle tarafından, 1661 yılında ortaya atılmıştı. Bununla birlikte, elementler ile atomlar arasındaki doğrudan ilişki, XIX. Yüzyıl başlarında, Dalton'un, kendi adıyla anılan atom kuramını ortaya koymasına kadar anlaşılmadı. Dalton, bir elementin bütün atomlarının, her bakımdan, özellikle de ağırlık bakımından özdeş olduğunu ileri sürüyordu. Bunu, farklı atom türlerinin bağıl kütlelerinin ya da atom ağırlıklarının belirlenmesi izledi.

1863 yılında Newlands, artan atom ağırlıklarına göre sıralanan element dizisindeki bir elementten sonra gelen sekizinci elementin, müzikteki sekiz notalı oktava benzer biçimde, o ilk elementin bir çeşit yinelenmesi olduğunu gördü. Newlands, elementlerin peryodik yasasının özünü bulmuştu. Ne var ki, Londra Kimya Derneği, çalışmasını yayınlamadı. Altı yıl sonra Mendeleev, kendi geliştirdiği peryodik yasayı ileri sürerek, bir elementin özellikleri ile atom ağırlığı arasında peryodik bir ilişkinin varolduğunu gösterdi. Bununla birlikte, bu ilişkiyi

Reihen	Gruppo I. — R^2O	Gruppo II. — RO	Gruppo III. — R^2O^3	Gruppo IV. RH^4 RO^2	Gruppo V. RH^3 R^2O^5	Gruppo VI. RH^2 RO^3	Gruppo VII. RH R^2O^7	Gruppo VIII. — RO^4
1	H=1							
2	Li=7	Be=9,4	B=11	C=12	N=14	O=16	F=19	
3	Na=23	Mg=24	Al=27,3	Si=28	P=31	S=32	Cl=35,5	
4	K=39	Ca=40	—=44	Ti=48	V=51	Cr=52	Mn=55	Fe=56, Co=59, Ni=59, Cu=63.
5	(Cu=63)	Zn=65	—=68	—=72	As=75	Se=78	Br=80	
6	Rb=85	Sr=87	?Yt=88	Zr=90	Nb=94	Mo=96	—=100	Ru=104, Rh=104, Pd=106, Ag=108.
7	(Ag=108)	Cd=112	In=113	Sn=118	Sb=122	Te=125	J=127	
8	Cs=133	Ba=137	?Di=138	?Ce=140	—	—	—	— — — —
9	(—)	—	—	—	—	—	—	
10	—	—	?Er=178	?La=180	Ta=182	W=184	—	Os=195, Ir=197, Pt=198, Au=199.
11	(Au=199)	Hg=200	Tl=204	Pb=207	Bi=208	—	—	
12	—	—	—	Th=231	—	U=240	—	— — — —

Mendeleev'in ilk periyodik tablosunun orijinali. Çizgilerle gösterilen boş alanlar, tablonun hazırlandığı tarihte henüz varlığı bilinmeyen elementlere ait. Dikey sütunların üzerinde yer alan sembollerse, 19. yüzyıl stilinde yazılmış molekül formülleri.

gösterecek bir çizelgenin düzenlenmesinde, peryodikliğin tam olarak korunması için, boşluklar bırakmak gerekiyordu. Mendeleev, bu boş yerlerin, henüz bulunmamış elementlere ait olduğunu belirtti ve bunların özelliklerine işkin bazı tahminler yaptı. Örneğin, periyodik çizelgede dördüncü sırada galyum ile arseniğin arasında ve tam silisyumun altında bir boş yer vardı. 15 yıl sonra bulunan ve germanyum adı verilen bu elementin birçok özelliğini, Mendeleev önceden ortaya koymuştu.

Düzeni oluşturan unsurlar ortada yokken bile, kâinatın düzeni hakkında bir takım ipuçları, ulaşabiliriz. Fisagor bunu sayılar vasıtasıyla yapabileceğimizi söylüyor.

GNOSİS DÜŞÜNCESİ VE KABALACILAR

Yaşam ölçülerini ve her şeyi barındıran bir uyumu araştırmayı sürdürürken, Fisagorcuları eleştiren Platon bile, sayıların doğanın gizemlerini çözecek belli anahtarlar içerdiğini kabul etmiştir. Fisagorcu ve Platoncu fikirler Yeni Platonculuğa ve gnostik (gizemci akım) sistemlere aktarılmış ve kısaca şöyle özetlenebilecek bir sayı gizemciliğinin doğmasına neden olmuştur:

Yaşam ölçülerini ve her şeyi barındıran bir uyumu araştırmayı sürdürürken, Fisagorcuları eleştiren Platon bile, sayıların doğanın gizemlerini çözecek belli anahtarlar içerdiğini kabul etmiştir. Fisagorcu ve Platoncu fikirler Yeni Platonculuğa ve gnostik (gizemci akım) sistemlere aktarılmış ve kısaca şöyle özetlenebilecek bir sayı gizemciliğinin doğmasına neden olmuştur:

1. Sayılar, düzene soktukları şeylerin karakterlerini etkilerler.

2. Böylece sayı, Tanrı'yla yaratılmış dünya arasında aracı olur.

3. Sayılarla yapılan işlemler izlenirse bu işlemler kullanılan sayılarla bağlantılı şeyleri de etkiler.

Bu şekilde her sayı, özel bir karakter, kendisine ait özel bir gizem ve özel bir metafizik anlam geliştirir.

Üç din, Yahudilik, Hıristiyanlık ve İslâm'daki gizemci eğilimleri derinden etkileyen Yeni Platoncu sistemden Platon şunları söylemiştir: "***Sayılar, onlar tarafından betimlenen nesnelerden önce vardılar. Duyu nesnelerinin değişikliği yalnızca ruha sayı nosyonunu anımsatır.***" Bu düşünce çizgisini sürdüren İskenderiyeli Philo, Eski Ahit'ten gelen fikirlerle Fisagorcu geleneği birleştirmiş ve Orta Çağın, ağırlıklı olarak sayı gizemciliğiyle belirlenmiş olan İncil yorumlarının temelini yaratmıştır. Bununla birlikte ortaçağ dünyasındaki en önemli Fisagorcu gelişim, hayli karışık bir sayı gizemciliğini esas alan, başlangıçsal Bir'in kendisini 10 sefirot'a (sajar, sayı'dan) böldüğü, bu sefirot'ların İbrani Alfabesi'ndeki 22 harfin onlar arasında "köprü" görevi görmesiyle birbirleriyle gizemli bağlantılar kurduğu ve birlikte çalıştığı Yahudi Kabalası'dır. En yüksek sefirah keter'dir (Taç), hokhmah'ın (Bilgelik) dışında olup binah'ın (Zeka) alt koludur. Dördüncü sefirah'a hesed (Sevgi) veya gedullah (Büyüklük) denir; beşincisi gevurah'tır (Adalet); altıncısı tiferet (Güzellik) ve yedincisi netsah'tır (Zafer). Bunlara ek olarak hod (İhtişam) sekizinci, yesod (Temel) dokuzuncu ve malkhut (Krallık ya da Gerçeklik) sonuncusudur. Belki de en iyi logoi ya da başlangıçsal fikirler denen 10 sefirot'tan sonra ilk ilahi çıkış dünyası, atsilut, gelir. 10 Sefirot'a bağlı olan üç dünya daha vardır: Yaratılış ve ilahi semalar dünyası, beriah; ruhlar ve melekler gibi ilahi alanla bağlantılı varlıkların temsili dünyası, yetsirah; ve son olarak maddi dünya, asiyah.

İbrani harfleri sayı olarak da kullanıldığından dolayı, sefirot figürü ve türetmeleri dünyanın farklı kısımları arasında büyüleyici ilişkilere yol açar.

Tevrat'ın Gizemi ve Şifresi

Tevrat'daki Tekvin-18'de geçen bir olay, Kabala Mistisizmi'nde kullanılan tekniğin ilginç örneklerindendir. Söz konusu Bap'ta şöyle söylenmektedir. ***"Ve Mamre meşeliğinde Rab ona göründü; ve o, günün sıcağında çadırın kapısında oturuyordu; ve gözlerini kaldırıp baktı ve işte, karşısında üç adam duruyordu."*** ifadesi gematria yöntemiyle hesaplândığında 701 toplamını vermektedir. Aynı şekilde, bunlar **"Mikail, Cebrail ve İsrafil"** dir ifadesi de, aynı toplamı vermektedir. Buradan çıkarılan sonuç, ibaredeki üç adamın söz konusu baş melekler olduğudur. Aynı yöntemle hesaplânan bir başka örnek ise şöyledir: Şeytanın sayısı 666'dır ve 6:66 ile numaralandırılmış tek İncil Yuhanna 6:66'dır. ***"Bunun üzerine şakirtlerden çoğu geri dönüp artık onunla gezmiyorlardı"***. Buradaki "O"nun şeytanı ifade ettiği düşünülmektedir.

Tevrat ve Tevrat'ın gizli bilgilerinin ortaya çıkartılabilmesi için yüzyıllar öncesinden başlatılan ve günümüze kadar Kabalistler tarafından sürdürülen çalışmalarda kullanılan gizli bilgiler, hiç bir zaman dışarıya sızdırılmamış, sır olarak saklanmıştır. Ancak yakın zaman önce ilginç tesadüfler, ilginç gerçekleri bir araya getiriyor ve ilginç sonuçlara sebep oluyordu.

Suikast Habercisi Şifre

1997 yılında ABD'de "Tevrat'ın Şifresi" ***(The Bible Code)*** ismiyle bir kitap yayınlanmıştı.

Kitabın yazarı Michael Drosnin Washington Post ve Wall Street Gazeteleri'nde uzun yıllar çalışmış bir gazeteciydi. Yazar, dünya tarihinde yaşanmış ve yaşanacak bazı önemli olayların şahıs ve yer isimleriyle beraber Tevrat'ta şifreli bir şekilde varolduğunu, şifrenin tam olarak çözülmesi halinde gelecekle ilgili bazı olayların önceden öğrenilebileceğini ileri sürmekteydi. Şifre'nin bugün kısmen de olsa çözüldüğünü, ilâhi mekânda binlerce sene öncesinden plânlanmış birçok olayın artık bilindiğini anlattığı kitabı, bir anda dünyanın birçok ülkesinde en çok satan kitaplar listelerinde baş sırayı alıverdi.

İşte, satış rekorları kıran kitabın yazılıp öyküsü ve ortaya attığı kehanetlerin bazıları:

Drosnin, işe Tevrat'ın dili olan eski İbranice'yi öğrenmekle başlar ve önde gelen matematik uzmanlarından Yahudi bilim adamı Dr. Eliyahu Rips'le beraber çalışır. Tevrat'ın İbranice metnini gelişmiş bir bilgisayara yükleyip şifreyi bilgisayardaki özel bir programla çözmeyi denerler.

Elde ettikleri ilk ipucu, bazı ifadelerin ve isimlerin belirli harf aralıklarıyla yazılmış olduğuydu. Kehaneti veren kelimenin harfleri arasında başka harfler vardır, esrarı gizleyen bu harflerin sayılan aynıdır ve doğru şekilde silindikleri takdirde **"kehanet/er"** ortaya çıkmaktadır. Ama zorluk şekilde görüldüğü gibi, gizli mesajların yani kehanetlerin sadece düz bir satır şeklinde değil yukarıdan aşağıya veya çapraz olarak yazılı olmasıdır.

İlk şifreyi 1994'te çözdüklerinde ve ekranda beliren cümleyi okudukları anda donakalırlar: **"Tevrat, o dönemin İsrail Başbakanı İzak Rabin'in ertesi sene bir suikastte can vereceğini yazmaktadır..."**

Michael Drosnin ekranda gördüğüne gerçi pek inanmamıştır fakat Başbakan Rabin'i bir mektupla uyarmaktan da kendisini alamaz. Elden gönderdiği mektupta şöyle dîyordu: *"İsrailli bir bilim adamıyla Tevrat'ın şifresini çözdük. Tevrat, sizin bir suikastte can vereceğinizi yazıyor. Hayatınız tehlikede. Bunun göz ardı edilmemesi gerekir, çünkü hem Enver Sedat, hem de John ve Robert Kennedy suikastları Tevrat'ta şifrelenmiştir. Sedat'ın ölümünde, suikastçının adı, soyadı, suikast tarihi, yeri ve nasıl yapıldı-*

ğı bile belirtilmiştir. Sanıyorum gerçekten tehlikedesiniz."

Gazeteci, beklediği cevabı bir yıl sonra alır ama cevap Rabin'den değil, televizyonların flaş haberlerinden gelmişti: 1995'in 4 Kasım akşamı bütün dünya televizyonları İsrail Başbakanı İzak Rabin'in bir suikaste kurban gittiğini duyuruyordu.

Michael Drosnin kitabında bu konuyla İlgili şunları yazmıştır:

"Rabin'in öldürülmesi Tevrat'ın şifresinde bulunan gerçeğin dramatik bir şekilde onaylanmasıdır; Tevrat'ın şifresi, Eski Ahit'te gizli bulunan bir kehanet metnidir.

Şifre, matematik alanına giren ve Kuantum fiziğinin temelindeki bir matematik dalı olan Grup Teorisi konusunda önde gelen uz-

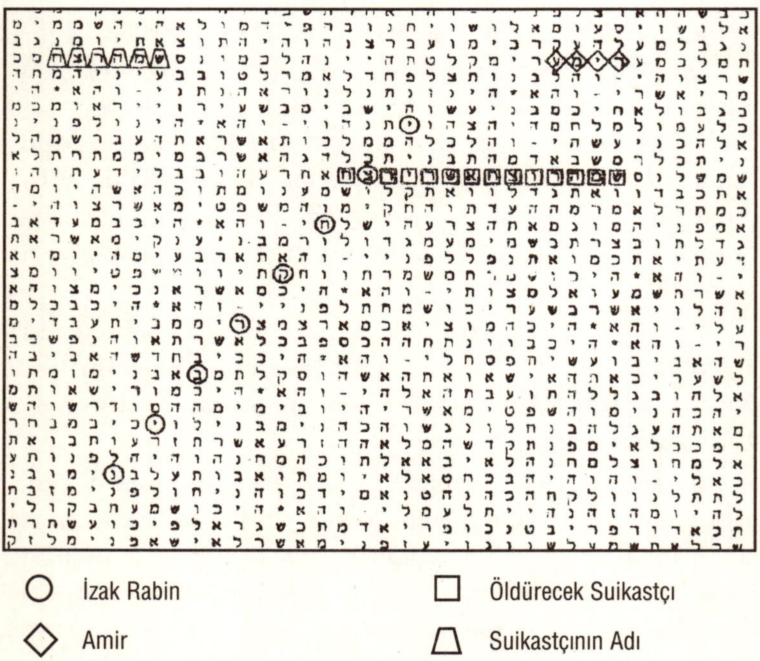

Tevrat'taki şifre, orijinal diliyle (İbranice) kelimelerin arasındaki boşluklar giderilip yan yana yazıldığında ortaya çıkmaktadır.

manlardan Dr. Eliyahu Rips tarafından keşfedilmiştir. Bu keşif, Harvard, Yale ve İsrail üniversitelerindeki ünlü matematikçiler tarafından onaylanmıştır. Amerikan Savunma Bakanlığı'nda şifre çözen yüksek rütbeli bir kripto görevlisi de bunu doğrulamıştır. Amerika'nın önde gelen matematik dergilerinden birindeki uzmanlarca üç aşamada kontrolden geçirilmiştir.

Rabin suikastı, bulunan ilk tarihsel olay değildir. Sedat ve Kennedy cinayetlerinin yanı sıra, dünyayı sarsan yüzlerce başka olay da Tevrat'ta şifrelenmiştir. II. Dünya Savaşı'ndan Watergate'e, Yahudi soykırımından Hiroşima'ya, Ay'a ayak basılmasından Jüpiter'le bir kuyruklu yıldızın çarpışmasına kadar.

Ayrıca Rabin suikastı önceden bulunan tek olay da değildir. Jüpiter çarpışması tam tarihiyle, meydana gelmeden önce; Körfez Savaşı'nın tarihleri de savaş başlamadan önce Tevrat'ta bulunmuştur.

Rabin öldürülene kadar bu şifreye tam olarak inanmıyordum. Tevrat'ın şifresinde onun öldürülmesiyle ilgili kehaneti kendim buldum. 1995'in sonlarında başlayan İbrani yılında öldürüleceğine dair çok açık bir uyarı vardı. Fakat bunun gerçekten olacağına hiç inanmadım. Kehanete uygun olarak, kehanet edildiği tarihte öldürüldüğünde, aklımdan geçen ilk şey, ***"Aman Tanrım gerçekleşti"*** *oldu. Bu kadar büyük bir rastlantı olamazdı."*

İlk şifrenin doğru çözüldüğünü, hatta Tevrat'ta katilin adının bile yazılı olduğunu gören Drosnin dehşet içinde kalmıştır. Bu gelişmeler üzerine yeni başbakan Şimon Peres'e yazar: Rabin'i nasıl uyardığını anlatır, Tevrat'ın yeni bazı şifrelerini çözdüklerini söyler, ***"Benimle görüşün... Size anlatacaklarım var"*** der ve Peres'ten hemen bir randevu gelir. Kudüs'teki buluşma sonrasında İsrail Başbakanı Tevrat'ın bazı sırlarından artık haberdardır ama kendi kutsal kitabının sözünü ettiği tehditlere karşı tedbir almaya zamanı yetmez. 1996'nın 29 Mayıs günü yapılan seçimleri kaybeder, yerini Benjamin Netanyahu'ya bırakır. Netanyahu ise Amerikalı gazetecinin bütün görüşme isteklerini ***"Ben mistik değil, bu dünyanın insanıyım"*** diyerek geri çevirecektir.(*)

(*) Ayrıntılı bilgi için bkz. Sınır Ötesi Yayınları Tevrat'ın Şifresi adlı kitap.

Kabala Mistisizmi'nde Kullanılan
Tanrı'nın 72 İsmini gösteren çark.

Michael Drosnin, Tevrat'ta yazılı olan şifrelerin bugüne kadar çok azını çözebildiklerini, kitabının sadece bir başlangıç olduğunu, gizli kodu aramaya devam ettiklerini ifade ederken, sayıların gizemine ilişkin ilginç bir örneği gözler önüne sermiş oluyordu.

ORTAÇAĞ'DA SAYI SEMBOLİZMİ

Ortaçağ Hıristiyanlığı, gnostik tarikatlar arasında sürdürülmüş olan aynı geleneği paylaşmıştır. Sevillalı Isidore'un miladi 600 civarında yazdığı gibi:

"Tolle numenim omribus rebus et omnia pereunt"

Bütün her şeyden sayılarını alın, hepsi nasıl da mahvolacak.

Astrolojik fikirlerle birleştirilmiş sayı sembolizmi ortaçağ düşüncesine de damgasını vurmuştu ve Kilise bunu bol bol kullanıyordu. Evrendeki hiçbir şey düzensiz olamaz ve böylece, eskilerin söylediği gibi; "sayılar, ilahi bilgeliğin formu, insan ruhunun tanıyabileceği şekilde dünyada varoluşudur." Sayıları esas alan semboller aracılığıyla yapılan İncil yorumları en azından on dokuzuncu yüzyıla kadar mevcudiyetlerini korumuşlardır.

Aritmoloji denen bilim, bir tür güç felsefesi ve belli tamsayıların erdemleri olarak bizim dönemimizin ilk yüzyılında geliştirilmiştir. Matematiksel yapıtlar arasında, Boethius tarafından popülarize edilen Gerasalı Nicomachus'un (yk. MÖ 100) *"Introductio Arithmetica"* (Aritmetiğe Giriş) Orta Çağ'da oldukça etkili olmuştur. Bunun yanı sıra yazar ayrıca bir de, günümüze yalnızca kimi parçaları ulaşan, sayı teolojisini düzenlemiştir. Başka önemli bir ortaçağ metni de, özellikle astrolojiyi ele alan, Firmicus Matemus'un (yk.346) Mathesis'idir. Beşinci yüzyılda yaşamış olan Kartacalı Martianus Capella'nın etkisi daha da büyük olmuştur. *"De nuptüs philofogiae et Mercurü"* (Filoloji ve Merkür'ün Evliliğine Dair) adlı eserinde, gelini 7 güzel sanatı sembolize eden 7 nedimeyle sarmıştı ve yedinci kitap *"Arithmetica"* ilk on tamsayının nasıl Yunan tanrılarıyla bağlantılı olduğunu göstermekteydi. Capella, 1 ile, yani Jüpiter'e karşılık gelen monad ile başlıyor ve Juno'nun 2'sinden (dişil, ayrılma ve bir araya gelmenin sayısı) iki başlı tanrı Janus'un 10'una kadar devam ediyordu. Diğer belli başlı ortaçağ sayı gizemciliği kitapları arasında şunlar vardı: Hrabanus Maurus'un De *"Numero"*su (Sayıya Dair) ve Sevillalı İsidore'nin *"Liber Numerorum qui in sanctis scripturis occurent"* (Kitab-ı Mukaddes'te Geçen Sayılar Kitabı).

Ortaçağ bilginleri sayıların aşırı önemli ve etkili olduklarına öyle inanmışlardı ki, yazılarını anlamlı sayı kombinasyonlarında düzenlemeye çabalıyorlardı. Augustine'in Tanrı Devleti bu eğilime çok iyi bir örnektir. Kitabın 22 bölümü İbrani Alfabesi'nin 22 harfine karşılık gelir ve Yasa'nın "yapmayacaksın...'ın on katlı bir ifadesi olarak 2 defa 5 çürütmeye bölünür ve hem 12 havariye hem de 4 İncil'de ifade edilen Teslis'e (3x4=12) karşılık olarak 3 defa 4 pozitif öğretime bölünür. Bunun daha da ince örneği, Teslis'in, Yani Hristiyanlık'taki Kutsal Üçlemenin 3'ünü esas alan Dante'nin ilahi Komedya'sında, incelikle işlenmiş olan sayı sembolizmidir.

Benzer anlamlı bölünme, en iyi örneğini El-Gazzali'nın 40 bölümlü *İhya-ı Ulumü'd-Din* (Din Bilimlerinin Canlandırılması) olan ortaçağ Müslüman teolojik eserleri arasında da bulunur. Kırk hazırlanış sayısıdır ve bu yapıtta kullanılması okuyucunun Yasa'nın yapıtları ve gizemci sevgi edimleri aracılığıyla, ölüm anında Rabb'le buluşmaya adanmış olan son bölüme ulaşmasını sağlar. Ortadaki yirminci bölümün İslam'daki temel şahsiyette, Hz. Muhammed'e adanmış olması önemlidir.

Gazzali'nin Hıristiyan dünyasındaki çağdaşı St. Victorlu

Hugo ve çevresidir. Kitab-ı Mukaddes'in sayı gizemciliği aracılığıyla farklı yollarla anlaşılabileceğinden bahseden Hugo sayıların önemini anlamanın 9 farklı yolu olduğunu iddia eder. İlk yol sıralama düzenidir: Örneğin 1 Birlikle bağlantılıdır ve ilk sayıdır, bütün her şeyin ilkesidir. Sırasıyla bileşimlerine göz atabiliriz. Örneğin 2 bölünebilir ve fani olana işaret eder. Bir diğer anlam genişleme boyunca keşfedilebilir: 7, 6'yı izler, bu da çalışmadan sonra dinlenme demektir. Sayıların ayrıca eğilimlerine uygun anlamları da vardır: 10 tek boyutlu olup doğru inanca işaret ederken, 100 enlemesine genişler ve böylece hayırseverliğin bolluğuna işaret eder ve 1000 boylamasına yükselir ve bu haliyle umudun yüksekliğinin ifadesi olarak alınabilir. Sayılar, onlu sistemdeki kullanımlarıyla bağlantılı olarak da ele alınabilirler, bu durumda 10 mükemmellik anlamına gelir. Bir sayının özel anlamını bulmanın başka bir yolu da çarpmadan geçer: 12 evrenseldir, çünkü maddi 4 ile ruhani 3'ün sonucudur. Parçaları da ayrıca ele alınabilir: 6, çok iyi bilindiği gibi mükemmel bir sayıdır, çünkü bütünsel bileşenlerinin toplamıdır. Bir sayıyı yapan birimlere de bakmak olanaklıdır. 3, 3 birim içeren Teslis'e (üçlemeye) işaret eder.

Böylesi tekniklerin neredeyse her yorumu kabul edilebilir kılacağı açıktır. Benzer şekilde belli bir sayının onlu sistemdeki konumu da kullanılabilir: Böylece 11, 10'ün ilerisinde yer aldığı için pozitif bir güç olarak kabul edilebilir, ama çoğu kez, 10'un kapalı sistemini ihlal ettiği için negatif bir sayı olarak görülür.

Sayıları İncil'de özellikle belirtilen hemen hemen her şeyin sembollere dönüştürülmesiyle, ayinlerde kullanımının onlara özel bir değer kazandırdığı gözlenmektedir. Dini yıl ve kilise ayini, büyük ölçüde simgesel olarak yorumlanan böyle sayıların kullanımıyla oluşmuştur. Mezmurlar'ın sıra sayıları bile sayıbilimsel kurallara göre açıklanmış ve sonra da yorumlarda kullanılmıştır. Başka bir etkinlik alanı da ortaçağın kutsal mimarisiydi; bu mimarinin sayıbilimsel temelleri, hayranlık verici bir matematiksel ve teknik bilgiyle mimar ve duvarcı atölyelerine dek ulaşmıştı.

Son yıllarda ortaçağ edebiyat yapıtlarının sayıbilimsel kurallara uygun yapısı fazlasıyla incelenmiş ve kimi zaman çarpıcı sonuçlara ulaşılmıştır.

Ne söylenirse söylensin sayı gizemciliğinin Ortaçağ ve Rönesans Avrupa'sında çok önemli bir rol oynadığı kesindir. Bu, Pek çok bilginin onaltıncı ve onyedinci yüzyılda bu konuda çalışmasından bellidir. Ancak sayıbilimsel ilkelerin kullanımı Orta Çağla son bulmadı: Örneğin Gülhaçlar kendi sayıbilimlerini geliştirdiler ve yazıları çok güçlü bir şekilde sayı gizemciliğinin etkisi altındaydı. Rönesans yazarları aynı ilkelerden ilham aldılar. İlk cildi, İsa'nın çarmıha gerildiği yaşa uygun olarak 33 bölüme ve ikinci cildi, On Emir'i ve Kutsal Ruh'un 7 armağanına gönderme yapan 17 bölüme (böylece sorunsuz bir şekilde yuvarlak 50 sayısına ulaşılır) ayrılmış olan Milton'un *Doctrina Christiana'sı* (Hıristiyan Öğretisi) bunlardan bazılarıdır. Benzer şekilde, Pıco della Mirandola'nın Heptaphis'i her biri 7 bölümlü 7 kitapta, yaradılışın 7 gününün 7 yorumunu verir. Ve John Donne, *"Bir Veda: Yasaklanmış Yas"* şiirinde kendisini *"başladığı yerde biten"* bir pergelle karşılaştırdığında, şiirin dairenin 360 derecesine karşılık gelen 36 dizeden oluşmasıyla bu sembolün ilginç anlatımlarındandır.

Böylesi formüllere bilgi oyunları da denmektedir. Ancak unutmamak gerekir ki matematiksel olarak düzenli bir dünyada, Kepler gibi zeki bir astronom keşiflerinin bir kısmını bu sayede yapmıştır. Yani insanlar, yeryüzü ve kozmos arasında bir uyum -sayıların hükmettiği bir uyum- olduğuna duyduğu sarsılmaz güven onun başlangıç noktasını oluşturmuştur.

Doğaldır ki bu düzen, Fisagorcu sayı mistisizminin köklerinden biri olan müziksel armonide de ifade edilebilir. En azından üçüncü yüzyıldan itibaren ortaçağ müzik kuramı *"Musica Coelestic"*i (semavi müzik) biliyordu ve altıncı yüzyılda Cassiodorus, gerçekten Fisagorcu tarzda, *"Musica Est Disciplina*

Quae De Numeris Loquitur" (Müzik Sayılarla Konuşur) diye yazıyordu. Böylece, ortaçağ ve hatta daha açık konuşmak gerekirse Rönesans bestecileri, kanon tekniğinde, kullanılan seslerin sayısında ve uzatmada, tanrısal ve gizemli sayıları kullanmaya başladılar. Üçlük akort formunda veya 3 sesli bir korodaki 3, özellikle Teslisle (Hıristiyanlıktaki Kutsal Üçleme) bağlantılıydı; 7 sayısı, 7 seslilerde olduğu gibi Bakire Meryem'in onuruna yapılan bestelerde çok kullanılırdı. On yedinci yüzyılda ve on sekizini yüzyılın başlarında çok yaygın olan sayıların böyle sembolik kullanımı, özellikle anlamlı sayılardan sınırlarına dek yararlanmak için farklı olanakları didik didik ettiği geç dönem çalışmalarına "büyük ölçüde müziksel matematik" denen J. S. Bach'ta çok yaygındı.

Sayıların düzenine duyulan kadim inanç, bir taraftan Kepler'de olduğu bilimsel buluşlara yol açarken, bir taraftan da sayı gizemciliğinin gelişmesine yol açmış ve sayı gizemciliğinin gücüne duyulan bu inanç bugüne dek varlığını sürdürmüştür.

Gerçekten bu konuya duyulan ilgi önemli artış göstermiştir. Bu alanda yönlendirilebilecek çok fazla şey vardır ve herhangi ad veya tarihin becerikli kullanımı umut verici sonuçlar doğurabilmektedir. Tarihleri oluşturan rakamlar ve adların sayılarıyla yapılan işlemler özellikle en şaşırtıcı sonuçları ortaya çıkarmaya yöneliktir. Bu açıdan sonuçların "mükemmel bir bilimsel" yolla elde edilmiş olduğu da düşünülebilir. I. Dünya Savaşı'nın sonunda Alman bilgin Oskar Fischer, *"Sayılarla Diriliş Umudu"* adlı kitabında, istatistik aracılığıyla Eski Ahit'teki belli sayı kombinasyonlarını yorumlamaya ve sonra da İsrail ve ilk Hıristiyanlık tarihi açısından çok kapsamlı sonuçlar çıkarmaya çalıştı.

Toparlayacak olursak tekrar Fisagor'u hatırlamamız gerekecek. Bugün modern biyoloji, kromozomlarda cinsiyet ayrımının erkekler için xy kalıbında ve kadınlar için bir çift sayı olan xx kalıbında olduğunu kanıtlamış bulunmaktadır. Bu da

2 ve bütün çift sayıların dişil olduğunu kabul ettiği için Fisagorcular'ı tekrar hatırlamamıza neden olmaktadır.

Biz yine İslâmi geleneğe dönecek olursak, burada ince Ebced hesapları yapma sanatının çok gelişmiş olduğunu görürüz. Örneğin yazılan bir çok kitabın başlığı bitiriliş tarihini içeriyordu. Örneğin *"Bagh-u Bahar"*ın (Bahçe ve Bahar) Farsça başlığı, sayısal değerleriyle (2+1+1000+6+2+54-1+2+ 200), İslâmi takvimle 1216 (Miladi takvimle 1801) yılında bitirildiğini gösterir. Benzer şekilde uygun sözcük ve cümleyle birisinin ölüm tarihi dahi verilebiliyordu. Eski ezoterik gelenekten gelen bu sanat Müslüman ülkelerde değişik şekillerde uygulanmıştır.

İSLÂMDAKİ SAYI GİZEMCİLİĞİ

Basra'daki Ön-İsmaili grubu Ihvan-Üs-Safa, Saflık Kardeşliği, ilk defa Yeni Platoncu ve Fisagorcu görüşleri geniş çaplı olarak kullanmışlardı. Onlara göre Fisagor, Harranlı bir bilgeydi ve Harran Sabiileri'ne yollanan peygamberin, Enoş, yani özellikle sayı gizemciliği konusunda çok bilgili olduğuna inandıkları Hermes Trismegistos olduğuna inanırlardı. Saflık Kardeşliği'ne göre sayıbilim, her şeyin temelini oluşturan birlik ilkesini anlamanın bir yoluydu. Doğanın üstünde bir bilimdi ve diğer bütün bilimlerin kökeniydi. Böylece Tanrı'nın dünyayla ya da Saf Varlık'ın varolmayla ilişkisi, 1'in diğer sayılarla ilişkisine eşitti. Ihvan-Üs-Safa, Kabala'nınkiyle karşılaştırılabilecek karmaşık bir sayıbilim sistemi yaratmadıysa da, müzikte ve kozmos düzeninde görüldüğü gibi, sayıların öneminin çok iyi farkındaydı. 7 ve 12 sayıları özellikle önemli bir rol oynuyordu Gezegenlerin sayısı olan yedi, 3+4, 2+5 ve 1-6'dan, yani bir zarın ters taraflardaki sayıların toplamından elde edilebilen ilk tamsayıydı. Dokuz ise göklerin sayısı ve ilk tek sayı karekökünden elde edilebildiği için önemliyken, burç sayısı olan 12 ya 3x4'ün ya da 5+7'nin sonucuydu. En son olarak 28 bütün sayıların en mükemmeydi: 12 ayın tam bir dönüşüne karşılık gelmekteydi ve böylece Arap alfabesindeki harf sayısına karşılık geldiğinden İslâm'la da özel bir bağlantısı vardı. Harfler ve sayılar arasında yer değiştirebilme olanağı, gizemci Müslümanlar arasında, Kur'an yorumlarında, kehanetle ve daha sık olarak şiirde, özellikle de Ebcedin yerinde kullanımında oldukça ince işlemler yapılmasına yol açmıştır.

Ebced Hesabı ve İslâm Toplumlarındaki Uygulamaları

Ebced, Arap alfabesindeki harflerin kolay öğrenilmesi için düzenlenmiş sözcüklerdir. Sekiz sözcükten oluşur. Bu sekiz sözcük içinde 28 harf bulunmaktadır. İlk dokuz harf 1-9'u, ikinci dokuz harf 10-90'ı, üçüncü dokuz harf 100-900 sayılarını ve son harf 1000'i gösterir.

Ebced ile; bir yandan harf ve sayılar arasındaki ilişkiler, öte yandan bunlara karşılık gelen simgeler sayesinde gizemli bir yol oluşturulmuştur. Bu hesaplama yöntemi birçok alanda kullanıldı. İslam dünyasında özellikle tasavvuf, astronomi, astroloji, edebiyat ve mimari alanlarıyla sihir ve büyücülükte kullanılıyordu.

elif	(ا)	:1	ye	(ي)	:10	kaf	(ق)	:100
be	(ب)	:2	kef	(ك)	:20	rı	(ر)	:200
cim	(ج)	:3	lam	(ل)	:30	şın	(ش)	:300
dal	(د)	:4	mim	(م)	:40	te	(ت)	:400
he	(ه)	:5	nun	(ن)	:50	se	(ث)	:500
vav	(و)	:6	sin	(س)	:60	hı	(خ)	:600
ze	(ز)	:7	ayn	(ع)	:70	zel	(ذ)	:700
ha	(ح)	:8	fe	(ف)	:80	dad	(ض)	:800
tı	(ط)	:9	sad	(ص)	:90	zı	(ظ)	:900
						gayn	(غ)	:1000

Ebced hesabında harflere verilen sayısal değerler.

Yukarıda da değindiğimiz gibi, İslam dünyasında kitap düzenlemelerinde Ebced'den oldukça yoğun bir şekilde yararlanılmıştı. Arap alfabesinin kullanıldığı ülkelerde kitapların başında eserden ayrı bilgiler verileceği zaman, bu kısım Ebced harfleriyle numaralanıyordu. Ayrıca, kitaplarda önsöz, sunuş, içindekiler ve dizin gibi kitabın asıl bölümlerinden ayrı olan sayfalarda sayfa numarası olarak kullanıldığı da görülür.

Ebced mimaride de kullanılıyordu. Mimar Sinan tarafından bu kelimelerin karşılığı sayılardan faydalanmak suretiyle, yapılardaki oranların belirlenmesinde ve modüler düzenin oluşumunda kullanılmıştır.

Mehmet Akif Ersoy'un Düşündüren İsmi

Ebced halk arasında da çeşitli maksatlarla kullanılıyordu. Bunlardan bir tanesi, doğum yılını veren harflerin bir araya getirilmesiyle ortaya çıkan kelimenin **çocuğa ad olarak konulmasıdır**. İleriki bölümlerde kitabımızın esas konusu olan isim ve doğum tarihinden geleceğimizle ilgili ipuçları bulma yöntemine değineceğiz. Ancak farklı bir yöntemle de olsa benzer sonuçlara, Ebced kullanılarak ulaşılmaya çalışılmıştır. Ebced'deki mantık doğum tarihinin bir kelime veya bir, iki isimle belirlenmesidir. Hangi isimler çocuğun doğduğu seneyi ebced hesabıyla verirse, o isimlerden biri çocuğa verilmiştir. Meselâ: H. 1311'de doğan çocuğa "Mahmud Bahtiyar", "Süleyman Hurşid", "Yusuf Mazhari', "Ömer Rıza" ve "Recep Servet" gibi isimlerden biri verilebilir. Çünkü bunların her biri 1311 etmektedir.

Örneğin; Ebced hesabına göre hicri 1290 (1873) yılında doğan Mehmet Akif Ersoy'un adı, babası tarafından bu usülle RAGIYF olarak konulmuş, fakat bu alışılmamış kelime, babasının ölünceye kadar RAGIYF demekte ısrar etmesine rağmen yakın çevresi tarafından Akif şekline dönüştürülmüştür.

Örneklerden de anlaşılacağı gibi bazı sözcüklerin sayısal değerleri, o sözcüklerin simgesi olarak kullanılıyordu; Bu konudaki başka bir örnekte ise Muhammed adının sayısal değeri olan 92, Hz. Muhammed'i çağrıştırıyordu. Benzer şekilde Mahbub (sevgili) sözcüğünün ve buna eş anlamlı olan diğer sözcüğün sayısal değeri 58'dir ve bu sayı kötü şeyleri anımsattığı için, "ellisekiz" sözü bir aşağılamayı içermektedir. Güneydoğu Anadolu'da hala öğrencilerin bu numarayı alması anne babası tarafından istenilmez. Argo olarak kullanılan "beşlik" kavramı da Arapçada sayısal değeri 5 olan harfin görünümüyle ilgilidir. Yuvarlak bir biçimi olan bu harfin görünümü, 5 sayısına farklı bir anlam yüklemiştir.

Ebced İle Tarih Düşürme ve Mezar Taşları

Tarih düşürme, herhangi bir tarih olayını Ebced'in sayı değerleriyle saptama işidir. Harflerin toplamı, belirli bir hicret yılını gösteren bir sözcükle, tamlamak bulmak da; tümce, mısra yada bir beyit düşürme yoluyla yapılırdı. Ebced hesabı, evlenme, ölüm, doğum, toplumsal olaylar, hatta günlük önemsiz olaylar için de kullanıldı. Bu yöntemle, tarihini belirlemek için rakamlar kullanmak yerine, rakamların karşılığı olan harflerle üzerine şiir yada özel bir yazı yazılıyordu.

Örneğin; Fransızların **1213** tarihinde Mısır'a girmeleri üzerine dönemin şairleri; ***"Hiyanetle Fança girdi Mısra"*** Çıkış tarihleri olan **1216** içinse, ***"Kahire fatihi Sultan Selim oldu yine"*** mısralarını kullanıyorlardı, ki bu mısraları oluşturan kelimelerin Ebced hesabındaki değerleri bu yılları veriyordu.

Mezar taşlarına da ölüm yılını yazmak yerine, Ebced hesabında bu yılı veren mısralar kullanılıyordu; örneğin 1231 Hicri yılında ölen birisi için mezar taşına Arapça harflerle. ***"Süleyman İzzet Allaha emanet"*** yazılıyordu. Bu tür örnek leri eski mezar taşlarında hala gözlemlemek mümkündür. Müslüman ülkelerde uygulanan sayılara anlam yükleme sanatı hayatın her alanında kullanılmış ve zaman içerisinde oldukça gelişmiştir.

Kısa bir süre önce yayınlanan bir kitap ülkemizde büyük bir yankı uyandırmıştı. Daha önce Ebced'in kullanılışı ve 19 rakamı ile ilgili bir takım teoriler ortaya atılmıştı. Ancak bu kitap şimdiye kadar anlattığımız sayı gizemciliğinin pek üzerinde durmadığı Kur'an'ı esas alıyor, ayetlerin arkasında matematiksel bir takım şifreler olduğunu öne sürüyordu. Ve bu şifreler de bir takım mesajlar içeriyordu. Peki bu şifreyle anlatılmak istenen neydi ve bu şifre nasıl çalışıyordu.

KUR'AN-I KERİM'İN ŞİFRESİ

"Allah, ayetleri birbirine benzeyen ve yer yer tekrar eden Kitabı, sözlerin en güzeli olarak indirmiştir."

39/23 Zümer Suresi 23. Ayetin başlangıcı...

Kutsal Kitaplarla ilgili araştırmalar ilerledikçe, elde edilen bulgular da artmaya başlamıştı. İlgili bölümde bahsettiğimiz gibi, özellikle Tevrat'la ilgli oldukça eskiye dayanan ve derin araştırmalar yapılmış ilginç sonuçlara ulaşılmıştı. Kur'an-ı Kerim'le ilgili ise, 1974 yılında Mısır'lı Reşad Halife, bilgisayarla gerçekleştirdiği çalışmasında Kur'an'daki 19 rakamı ile ilgili bir kodlamayı ortaya koymuştu. Kur'an-ı Kerim'in Müdessir Suresi'nin 30. Ayeti'de sanki bu iddia'yı destekliyordu:

"Üzerinde ondokuz vardır." (74/30)

Kısa süre sonra ilginç bir durum daha ortaya çıktı. Reşad Halife'nin 19 rakamı Kur'an-ı Kerim'de sadece bir yerde geçiyordu. Ancak Müdessir Suresi Kur'an'ın 74'üncü ayetiydi ve

19'la 74 rakamı biraraya geldiğinde, iddianın ortaya atıldığı 1974 yılını veriyordu. Bu ilginç benzeştirme dışında 19 rakamıyla ilgili bir takım çıkarımlar yapıldıysa da, sistemin ne anlama geldiğiyle ilgili çok da fazla bir şey anlaşılmadı. Sonrasında ise biraz sonra inceleyeceğimiz Kur'an'ın Şifresi çalışması ortaya konuldu.

Konunun belki de en ilgi çekici yanı, Kur'an'da tespit edilen gizli bilgilerle Tevrat ve İncil'deki gizlenmiş bazı bilgilerin birbirleriyle paralellik göstermesiydi.

Neydi bu gizlenmiş bilgiler şimdi bunlardan ilk tespit edilenleri görelim... Bu gizlenmiş bilgiler arasında hem astronomik bilgiler, hem tarihsel bilgiler, hem de geleceğe dair kehanetler bulunuyordu:

Hz. İsa ile ilgili bilgiler

Önce İncil'deki bir ayeti aktararak başlayalım...

İsa Peygamber'in göreve başladığı yaşı otuz olarak ifade edilir:

"İsa, hizmetine başladığı zaman, otuz yaşlarında idi..." (Luka Bab: 3/23)

Şimdi de Kur'an-ı Kerim'deki bu konuyla ilgili gizlenmiş anlatımı görelim:

İsa Peygamber'in doğumu ve Meryem'in çektiği ilk sıkıntıların anlatıldığı Kur'an-ı Kerim'de Meryem isimli bir sure vardır. 98 ayetten oluşan bu surenin 18 ile 36. Ayetleri bu konuya ayrılmıştır. Isa Peygamber'in sıra dışı mucizevi doğumunu konu alan bu ayetlerin 30. ile 33. Ayetleri bizzat İsa Peygamber'in ağzından anlatılanlara ayrılmıştır. Aşağıda göreceğiniz gibi bunların İsa Peygamber'in ilk sözleri olduğu Özellikle vurgulanmaktadır. Yani ilk kez konuştuğu sözler 30. Ayet'te başlamış ve Kur'an'da yer alan İsa Peygamber'in sözleri 33. Ayette sona ermiştir.

İşte Kur'an-ı Kerim'in İsa Peygamber hakkındaki gizli bilgisi bu ayetlerin numaralarında kendisini gizlemektedir. Çünkü yukarıda İncil'den yaptığımız alıntıdan anlaşılabileceği gibi, İsa Peygamber vazifelerine ve ilk konuşmalarına 30 yaşında başlamıştır.

Yine bir başka ilginç rastlantı da, İsa Peygamber'in sözlerine yer verildiği ayetlerin 33 numarada sona ermesidir ki, bu da İsa Peygamber'in 33 yaşında çarmıha gerildiği bilgisiyle karşılaştırıldığında son derece çarpıcı bir paralellik gösterdiği anlaşılmaktadır.

Bu anlattıklarımızı sözünü ettiğimiz ayetlerle karşılaştırdığınızda daha iyi fark edebilirsiniz:

18- Meryem: "Ben senden Rahman (olan Allah)a sığınırım Eğer Allah'tan korkuyorsan (dokunma bana)" dedi.

19- Melek: "Ben, sana temiz bir oğlan bağışlamak için, Rabbinin gönderdiği bir elçiyim dedi.

20- Meryem. "Benim nasıl çocuğum olabilir? Bana hiçbir insan dokunmamıştır. Ben iffetsiz de değilim" dedi.

21- Metek: "Bu, dediğin gibidir. Ancak Rabbin buyurdu ki: Bu (babasız çocuk vermek), bana pek kolaydır. Hem biz onu nezdimizden insanlara bir mucize ve rahmet kılacağız. Hem, bu önceden (ezelde) kararlaştırılmış bir iştir." dedi.

22- Nihayet (Allah'ın emri gerçekleşti) Meryem İsa'ya gebe kaldı ve o haliyle uzak bir yere çekildi.

23- Sonra doğum sancısı onu bir hurma dalına tutunup dayanmaya zorladı. "Keşke bundan önce ölseydim de unutulup gitseydim" dedi.

24- Melek, Meryem'e, aşağı tarafından şöyle seslendi. "Sakın üzülme, Rabbin alt tarafında bir ırmak akıttı."

25- "Hurma dalını kendine doğru silkele, üzerine devşirilmiş taze hurmalar dökülsün."

26- "Ye, iç, gözün aydın olsun. Eğer insanlardan birini görürsen, ben Rahman (olan Allah)a bir oruç (susmak) adadım. Onun için bugün hiçbir kimseyle konuşmayacağım" de.

27- Sonra Meryem onu (İsa'yı) yüklenerek kavmine getirdi. Onlar (hayretler içinde şöyle) dediler: "Ey Meryem! doğrusu sen görülmemiş bir şey yaptın."

28- "Ey Harun'un kızkardeşi! Senin baban kötü bir adam değildi, annen de iffetsiz bir kadın değildi."

29- Bunun üzerine Meryem çocuğu gösterdi. Onlar; "Biz beşikteki bir çocukla nasıl konuşuruz?" dediler.

30- Allah'ın bir mucizesi olarak İsa şöyle dedi: "Şüphesiz ben Allah'ın kuluyum. O bana kitap verdi ve beni bir peygamber yaptı."

31- "Beni, nerede olursam olayım mübarek kıldı. Hayatta bulunduğum müddetçe namaz kılmamı ve zekat vermemi emretti."

32- "Beni anneme hürmetkar kıldı. Beni zorba ve isyankar yapmadı."

33- "Doğduğum gün, Öleceğim gün ve dirileceğim gün selam ve emniyet benim üzerimedir."

34- İşte hakkında (Yahudilerle Hristiyanların) ihtilaf edip durdukları Meryem Oğlu İsa'ya dair Allah'ın sözü budur.

35- Çocuk edinmek asla Allah'ın şanına yakışmaz. O bundan münezzehtir. O, bir şeyin olmasını dilerse, ona sadece "ol" der, o da oluverir.

36- "Şüphesiz benim de Rabbim, sizin de Rabbiniz Allah'tır. O halde ona ibadet edin. işte dosdoğru yol budur."

(Meryem 19/ 18-36)

Hz. Muhammed'in Ömrü

Muhammed Peygamber'in ömrüyle ilgili Kur'an-ı Kerim'de bir bilginin ya da hiç değilse bir imânın bulunup bulunmayacağını merak konusuydu. Ancak bu konunun açıklanması açısından aşağıdaki ayet oldukça ilgi çekicidir.

Kur'an-ı Kerim'de Hicr Suresi'nde benzeri olmayan bir şekilde Hz.Muhammed'in ömrüne yani yaşayacağı yıl sayısına yemin edilmektedir:

"Resulüm! Ömrüne yemin olsun ki gerçekten onlar, sarhoşlukları içinde bocalayıp duruyorlardı."

(Hicr 15/72)

Buradan yola çıkarak Kur'an'da Hz. Muhammed'in yaşam süresinin verilip verilmediğini, araştırabiliriz.

Bu tür kehanet niteliği taşıyan bilgiler üstü kapalı bir şekilde verilir. Bunları ancak bazı ipuçlarını yakalayabilirsek gün ışığına çıkartabiliriz.

Şimdi ipuçlarını takip ederek devam edelim.

Hz. Muhammed'in ne zaman vefaat edeceği ölmeden önce Kur'an vasıtasıyla haber verilmişti.

Kur'an-ı Kerim'in her yerinde Peygamber'den Muhammed diye bahsedilir sadece 61. Sure'de (Saf Suresi) Muhammed yerine Ahmed ismiyle hitap edilir.

İpucu işte bu isim farklılığında kendisini gizlemekteydi. Bu ayetin geçtiği surenin numarası ise Hz. Muhammed'in bu dünyada yaşadığı yıllara denk gelmekteydi...

"Meryem oğlu Isa da: "Ey İsrailoğulları! ben size Allah'ın elçisiyim, benden önce gelen Tevrat'ı doğrulayıcı ve benden sonra gelecek Ahmed adında bir peygamberi müjdeleyici olarak (geldim;." demişti. Fakat onlara apaçık delillerle gelince "Bu, apaçık bir büyüdür." dediler."

(SAF 61/6)

İslam literatüründe Hz.Muhammed'in 63 yaşında vefaat ettiği söylenir ancak bu "Hicri Yıl" sistemine göredir. Bizim de kullandığımız "Miladi Takvim"e göre Hz. İsa'nın doğumu esas alınmıştır. Nitekim ayette de Hz. İsa'dan bahsedilmiş olması verilen yaşın Miladi Takvim'e göre olduğunun göstergesidir.

Hz.Muhammed Miladi Takvim hesabıyla 61 yıl yaşamıştır. (571-632) Yukarıda aktardığımız ayetin geçtiği sure numarası da 61'dir.

Sirius Yıldızı ve 49'un gizemi...

Yine ilginç ve tesadüf sınırlarını zorlayan ayet numarasında gizlenen sayısal bir şifreyle karşı karşıyayız...

Başta Türk, Mısır ve Roma Mitolojileri olmak üzere eski uygarlıkların inançlarında çok önemli bir yere sahip olan Sirius Yıldızı'ndan, Kur'an-ı Kerim'de sadece tek bir ayette söz edilmektedir. Bu ayet de Necm Suresi'nin 49. Ayeti'dir.

"Doğrusu Şi'râ Yıldızı'nın Rabbi O'dur."
(Necm 53/49)

Sirius Yıldızı'nın Arapça'daki karşılığı olan Şi'râ Yıldızı'nın sadece Kur'an-ı Kerim'in tek bir yerinde geçmesi ve bunun da 49. Ayet'e denk gelmesi ilk bakışta hiç bir şey ifade etmemektedir. Ancak Sirius Yıldızı ile ilgili bazı bilgileri göz önüne aldığımızda, bu yıldızdan 49 numaralı ayette söz edilmesinin son derece düşündürücü olduğunu görüyoruz.

19. Yüzyıl'da Sirius Yıldızı'nın hareketlerindeki sapmadan yola çıkılarak bir destekçisi olduğu saptandı. Çıplak gözle görülemeyen hatta normal teleskoplarla da görülemeyen bu yıldıza Sirius B ismi verildi.

Ve Sirius B ile Sirius A'nın birbirleri çevresindeki dönüş

süresi daha Önce de söylemiş olduğumuz gibi 49.9 yıl olarak saptanmıştı.

Sanırım bu bilgiler göz önüne alındığında; Sirius Yıldızı'ndan bahseden ayetin 49 numaralı olması bir başka anlam kazanmaktadır.

Nuh'un Gemisi Cudi'de...

"Ve gemi yedinci ayda, ayın on yedinci gününde, Ararat Dağlan Üzerine Oturdu." (Tevrat - Tekvin: S/4)

"Ey yer suyunu yut ve ey gök (suyunu) tut" denildi. (Gemi) Cudi'ye oturdu. "Haksızlık yapan kavim yok olsun" denildi. (Kur'an - Hud: U/44)

Tevrat'ta 6. Bab'da başlayan Nuh Tufanı ve Nuh'un Gemisi'nin başından geçenler, 9. Bab'a kadar dinsel semboller kullanılarak ayrıntılarıyla ifade edilmiştir. Aynı konu yine dinsel semboller kullanılarak Kur'an-ı Kerim'in Hud Suresi'nin 36. ila 49. Ayetleri arasında dile getirilmiştir.

Yukarıda da görmüş olduğunuz gibi Tevrat'ta Nuh'un Gemisi'nin Ararat Dağları üzerine oturduğu ifade edilmektedir. Ararat eski dönemlerde bugünkü Ağrı ili ve Ağrı Dağı'nın bulunduğu bölgeye verilen bir isimdir. Ağrı isminin de kökeni Ararat'tan gelmektedir.

Kur'an'da dile getirilen Cudi Bölgesi'dir. Bazı çevirilerde Cudi Dağı olarak ifade edilmişse de gerek Diyanet İşleri Başkanlığı'nın, gerekse de Prof. Dr. Süleyman Ateş'in Kur'an Mealleri'nde de görülebileceği gibi Cudi Dağı değil Cudi ismi geçmektedir.

Bizim kanımızca her iki kutsal kitap da aynı bölgeye işaret etmektedir. Bu düşüncemizi destekleyen en önemli kriter, Kur'an-ı Kerim'in yukarıda aktarmış olduğumuz Hud Suresi'nin 44. Ayeti'dir. Çünkü burada da tesadüf sınırlarını zorla-

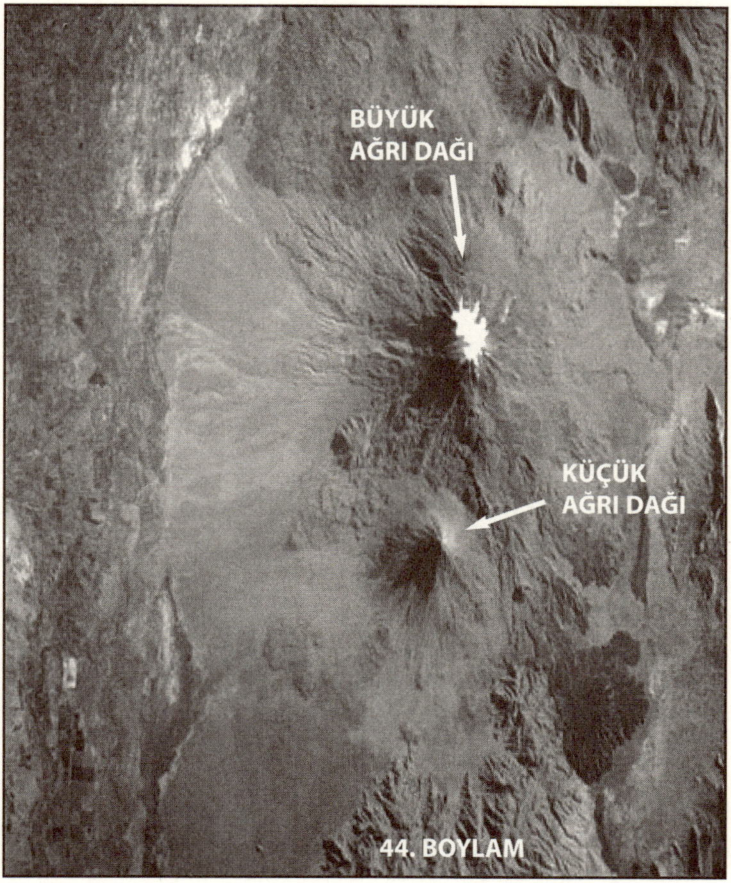

Ağrı Dağı'nın uydu aracılığıyla çekilmiş fotoğrafı.

DÜŞÜNDÜREN PARALELLİK

Kur'an-ı Kerim'in Nuh'un Gemisi'nin karaya oturduğu bölgeden bahsettiği ayet numarasıyla, Ağrı Dağı'nın da bulunduğu ve eski dönemlerde Ararat olarak ifade edilen bölgeden geçen 44. Boylam numarası aynı sayısal değere sahiptir. Her ikisi de 44'ü göstermektedir.

yan sayısal bir işaret bulunmaktadır. Haritadan da görülebileceği gibi, tarif edilen bölge (Ararat) ve Ağrı Dağı'nın bulunduğu bölge 44. Boylam üzerinde bulunmaktadır.

Nuh'un Gemisi ve Tufanla ilgili anlatımlara yer verilen Hud Suresi'nin konuyla ilgili son ayeti de sanki bu bilinmeyen gizli bilgiye işaret edermişçesine şu satırlarla tamamlanmaktadır:

İşte bunlar gayb haberlerindendir. Bunları sana vahiyle bildiriyoruz. Bundan önce bunları ne sen bilirdin, ne de kavmin. O halde sabret, akıbet muhakkak muttakilerindir. (Hud Suresi: 11/49)

Gelelim Kur'an-ı Kerim'in açıkça belirttiği, tarihi olaylarla İlgili kehanetlerine...

Mekke'nin Fethedileceği Kehaneti

Kur'an-ı Kerim gelecekte gerçekleşecek olan bazı olayları son derece açık bir şekilde şifresiz ve üstünü örtmeden önceden haber vermiştir. Bunlar Kur'an-ı Kerim'in açık olarak bildirdiği kehanetlerindendir.

Örneğin, Fetih Suresi'nin 27. Ayeti'nde, Müslümanlar'ın Mekke'yi fethedecekleri önceden şöyle bildirilmekteydi:

"Andolsun ki Allah, elçisinin rüyasını doğru çıkardı. Allah dilerse, siz güven içinde başlarınızı tıraş etmiş ve saçlarınızı kısaltmış olarak, korkmadan Mescid-i Haram'a gireceksiniz. Allah sizin bilmediğinizi bilir. İşte bundan önce size yakın bir fetih verdi." (Fetih Suresi: 48/27)

Dikkat edilirse ayette, Mekke'nin fethinden önce gerçekleşecek bir başka fetih de haber verilmektedir.

Gerçekten de ayette haber verildiği gibi Müslümanlar önce, Yahudilerin elinde bulunan Hayber Kalesi'ni fethetmişler, daha sonra da Mekke'ye girmişlerdir.

Konunun dikkat çekici bir başka yönü de Mekke'nin fethedileceğini Muhammed Peygamber'in önceden rüyasında görmüş olmasıdır.

Kur'an-ı Kerim'deki bu tür örneklerden bir diğeriyle daha Rum Suresi'nde karşılaşıyoruz.

Bizans'ın Galibiyeti

Kuran'ın gelecek hakkında verdiği haberlerden biri de Rum Suresi'nin hemen başındaki ayetlerde yer alır. Bu ayetlerde Bizans İmparatorluğu'nun bir yenilgiye uğradığı, ama çok kısa bir zaman sonra tekrar galip geleceği bildirilmiştir:

1- Elif, Lâm, Mim.

2- Yenilgiye uğratıldı Rum

3- Yeryüzünün en yakın/en alçak bir yerinde. Ama onlar yengilerinin ardından galip duruma geçecekler.

4- Birkaç yıl içinde. İş/oluş/hüküm, önünde de sonunda da Allah'ındır. Onların galibiyet gününde müminler ferahlayacaklar.

5- Allah'ın yardımıyla. Dileğine yardım eder O! Aziz'dir, Rahim'dir O.

Bu ayetler, Hıristiyan olan Bizanslıların, Persler karşısında çok ağır bir yenilgiye uğramasından yaklaşık 7 sene sonra indirilmişti. Ve ayetlerde Bizans'ın çok yakında galip geleceği haber veriliyordu. Oysa o sırada Bizans o kadar büyük kayıplara uğramıştı ki, değil tekrar galip gelmesi, ayakta kalması bile imkansız görülüyordu. Yalnız Persler değil Avarlar, Slavlar ve Lombardlar da Bizans Devleti'ne karşı büyük tehdit oluşturmaktaydı. Avarlar İstanbul önlerine kadar gelmişlerdi.

Bizans Kralı Heraklius, ordunun masraflarını karşılayabilmek için kiliselerdeki altın ve gümüş süs eşyalarının eritilip paraya çevrilmesini emretmişti. Hatta bunlar da yetmeyince bronzdan heykeller bile para yapımı için eritilmeye başlanmıştı. Pek çok vali Kral Heraklius'a isyan etmiş, İmparatorluk parçalanma noktasına gelmişti. Önceden Bizans toprağı olan Mezopotamya, Kilikya, Suriye, Filistin, Mısır ve Ermenistan, Persler'in işgali altına girmişti.

Kısacası, herkes Bizans'ın yok olmasını bekliyordu. Ama tam bu dönemde, Rum Suresi'nin ilk ayetleri vahyedildi ve Bizans'ın dokuz yıl geçmeden yeniden galip geleceği haber verildi. Bu galibiyet öylesine imkansız gözüküyordu ki, Müslüman olmayan Araplar bu ayetleri alay konusu yapacak kadar ileri gittiler. Kuran'da önceden haber verilen bu galibiyetin, asla gerçekleşmeyeceğini düşünüyorlardı.

Fakat Kur'an-ı Kerim'in Rum Suresi'nde önceden bildirilen galibiyet aynı söylendiği süre içinde gerçekleşti.

M.S. 627 yılının Aralık ayında, Bizanslılar'la Persler arasında Ninova harabeleri yakınında büyük bir savaş daha oldu. Ve bu kez Bizans ordusu, Persler'i yenilgiye uğrattı. Birkaç ay sonra da Persler işgal ettikleri yerleri Bizans'a geri veren bir anlaşma imzalamak zorunda kaldılar.

Dünyanın en alçak yeri...

Rum Suresi'nin 1. ve 5. Ayetleri arasında bildirilmiş olan bu kehanetin haricinde bir başka önemli unsur daha yine aynı yerde gizlenmiş durumdaydı. Bu gizli unsur çok daha sonraları, coğrafi bilgilerin ortaya çıkışıyla anlaşılabildi.

Rum Suresi'nin 3. Ayeti'nde, Rumlar'ın "Dünyanın en alçak yerinde" yenildikleri belirtilir. Arapçası "Edna el ard" olan bu ifade, bazı meallerde "yakın bir yer" olarak da tercüme edilir.

Ancak bu tercüme, orijinal ifadenin tam karşılığı değil, mecazi bir yorumudur. "Edna" kelimesi Arapça'da "alçak" demek olan "deni" kelimesinden türemiştir ve "en alçak" anlamına gelir. "Ard" İse yeryüzü demektir. Dolayısıyla "Edna el ard" ifadesi de 'Yerin (yeryüzünün) en alçak yeri" manasına gelmektedir.

Ne ilginçtir ki, Bizans İmparatorluğu ile Persler arasındaki savaş, yeryüzünün gerçekten en alçak noktasında. gerçekleşmiştir. Söz konusu savaşın yeri, Suriye, Filistin ve şimdiki Ürdün topraklarının kesiştiği bölgede yer alan Lut Gölü havzasıdır. Ve bilindiği gibi deniz seviyesinden 395 metre aşağıda olan Lut Gölü çevresi, yeryüzünün "en alçak" bölgesidir.

Yani Rumlar, tam ayette belirtildiği gibi, "yeryüzünün en alçak yeri'nde yenilmişlerdir.

Burada dikkat edilmesi gereken nokta, Lut Gölü'nün rakımının, yalnızca modern çağdaki ölçümlerle tespit edilmiş olmasıdır. Daha önce hiç kimsenin Lut Gölü'nün Dünya'nın en alçak bölgesi olduğunu bilmesi mümkün değildir. Ama bu bölge Kuran'da "Yeryüzünün en alçak yeri" olarak tanımlanmıştır.

Kuran'da anlatılan kıssalar ve bildirilen olaylar, genelde, Ortadoğu, Arap Yarımadası ve Mısır etrafında yoğunlaşır. İşte bu toprakların hemen ortasında Lut Gölü vardır.

Göl, Akdeniz'in yüzeyinden yaklaşık 400 metre daha alçaktadır. Gölün en derin yeri de 400 metre olduğundan, gölün tabanı Akdeniz'in yüzeyinden 800 metre alçaktadır. Bu, dünyanın en alçak noktasıdır: Dünyanın deniz yüzeyinden aşağı olan başka bölgelerinde alçaklık en fazla 100 metre kadardır. Lut Gölü'nün başka bir özelliği de suyundaki tuz yoğunluğunun çok yüksek olması, tuz miktarının %30'u bulmasıdır. Bundan dolayı gölde balık ya da yosun gibi herhangi bir canlı yaşayamaz. Batı dillerinde Lut Gölü'ne ***"Ölü Deniz"*** (Dead Sca) denilmesinin sebebi de budur.

Kur'an'daki Şifre

Yukarıda anlattığımız gibi Kur'an'da rakamlarla deşifre edilen bir çok gizem bulunmaktadır. Buna benzer yaklaşımları Hurufiliğin uygulamaları ve yaklaşımları içerisinde de görmek mümkündür. Hurufiliğe göre, varlığın özü sesten oluşur. Evren, sesin ortaya çıkması ile var olmuştur.

Özü oluşturan ses, canlılarda eyleme dönük *(bilfiil)*, cansızlarda gizilgüç *(bilkuvve)* olarak vardır. Ses, canlılarda istem ve istekle ortaya çıkar.

Tanrı gizli bir hazinedir (Kenz-i Mahfi). Tanrı'nın ilk belirişi **"Söz"** *(Kelam)* ile olmuştur. "Söz" ilk nedendir ve Tanrı'nın soyut bir ***"İç Konuşması"*** *(Kelam-ı Nefsi)* niteliğindedir.

Kesin bir gerçek olarak görülen bu soyut söz, bazı öğelere ayılır ve bu öğeler de dışsal bir nitelik kazanır. Aslında sözün ayrıştığı bu öğeler Arap alfabesinin yani Kur'an'ın 28 ve Fars alfabesinin 32 harfidir.

Söz bu dış öğeleri edinince, soyut durumunu yitirerek, ***"Söylenmiş Söz"*** *(Kelam-ı Melfuz)* biçimine dönüşür. Söylenmiş sözün birleşik görüntülerinden duygu ve şuurlu evren meydana gelir. Hurufiler, evrenin sonsuzluğuna ve sürekli döngüsel devinimine, bu devinimden doğal olayların oluştuğuna inanırlar. Burada farklı kültürlerde benzer sonuçlara ulaşıldığını gözlemleyebiliyoruz. Mayalar'ın takvimlerindeki devresellik, Fisagor'un mükemmel düzenin devresel hareketlerine ilişkin fikirleri ve daha bir çok uygarlıktaki ***"devreselliğe"*** ilişkin ifadeler bize aynı şeyleri düşündüklerini çağrıştırıyor.

Hurufilere göre Tanrı, kendisini insanın yüzünde **"söz"** biçiminde görünür kılmıştır. Sözün öğelerinin sayısal bir değeri vardır. İnsan yüzündeki burun *"elif"*, burnun iki yanı *"lam"*, gözler de *"he"* harflerini verir. Böylece insanın yüzünde simetrik yazılmış iki Allah sözcüğü ortaya çıkar.

İnsan yüzünde ayrıca çeşitli hatlar vardır: iki kaş, dört kirpik ve saçtan oluşan yedi çizgiye *"Ana Hatlar"* (Hutut-ı Ümmiye) denir ve her insan yüzünde bu çizgilerle doğar.

Bu yedi çizginin dört öğe (ateş, su, hava ve toprak) ile çarpımı Arap alfabesinin 28 harfini verir. Ayrıca erkeklerde ergenlikte ortaya çıkan yedi çizgi daha vardır. Bunlar sağ ve sol yanlar ayrı ayrı sayılmak üzere iki sakal, iki bıyık, iki burun kılı ve bir çene altı kılı olarak toplam yediye ulaşır ve *"Baba Hatlar"* (Hutut-ı Ebiye) adını alır. Böylece yetişkin bir erkeğin yüzündeki çizgilerin sayısı on dörde ulaşır.

Kur'an-ı Kerim'in Şifresi de, Hurufilik'te olduğu gibi simetrik bir temele dayanır. Ancak Kur'an'daki gizemin esas konusunu oluşturan şifre matematiksel bir formülle açıklanmaktadır. Bu formülün genel olarak çalışma prensibi Kur'an-ı Kerim'deki her bir sure içinde tekrarlanan ifadelerin geçtiği ayet numaralarının oluşturduğu ***"Simetrik Sayı Dizisi"*** ne dayanmaktadır. Tekrarlanan ayetlerin numaraları, simetrik bir sayı dizisinin parçalarıdır. Buradaki amaç bu simetrik sayı dizisindeki eksik sayıları bularak diziyi tamamlamaktır.

Bunun nasıl yapıldığını daha kolay açıklayabilmek için ***"Simetrik Sayı Dizisi"***'ne yukarıda açıkladığımız gibi insan yüzü örnek gösterilmektedir.

Burnu merkez alarak kabul edecek olursak: Sol gözün buruna uzaklığı ile sağ gözün buruna uzaklığı aynıdır. Aynı şekilde sol kulağın burna uzaklığıyla, sağ kulağın buruna uzaklığı da aynıdır.

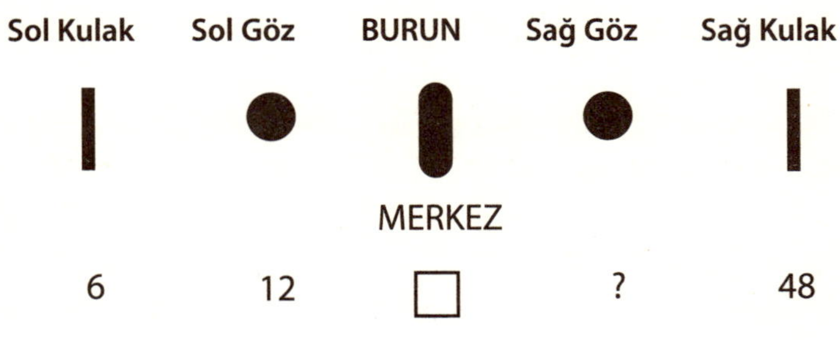

Yukarıdaki *"**Simetrik Sayı Dizisi**"*nde sağ göze denk gelen sayı eksiktir. Burada amaç sağ gözü bulmak ve yerine yazmaktır. Bunu yapabilmek için önce merkez sayının bulunması gerekmektedir.

Merkez Sayı = (İlk Sayı + Son Sayı) / 2'dir.

Yani:
(6 + 48)/2 = 27'dir.

Elde edilen merkez sayıyı, *"Simetrik Sayı Dizisi"*nin tam ortasına yazıyoruz.

Sonra da merkez sayıya olan uzaklıklarına göre eksik sayıları bulup *"Simetrik Sayı Dizisini"* tamamlıyoruz.

Örnekte sadece tek bir eksik sayı bulunmaktadır:

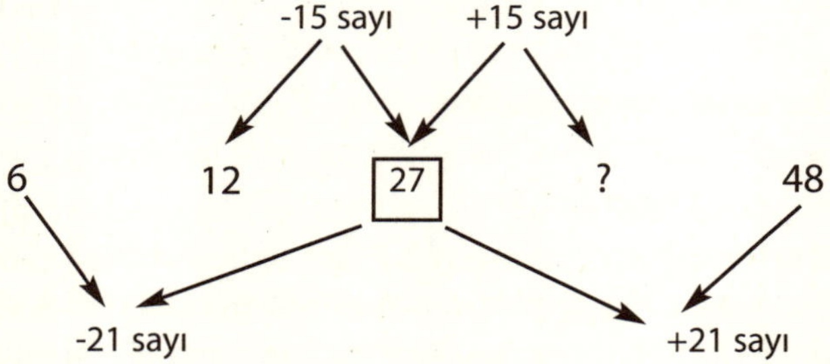

Merkez sayısı olan 27'ye 12'nin uzaklığı 15 sayı olduğu için, soru işaretinde ki (sağ göz) sayı değerinin 27'ye uzaklığı da 15 olmalıdır. Bu nedenle 27'yle 15'i topluyoruz.

27 + 15 = 42

Bulunan 42 *"Simetrik Sayı Dizisi"*ndeki aradığımız eksik olan sayıdır. Yani soru işaretinin yerine gelecek olan sayıdır. (? = 42)

6 12 [27] 42 48

Kur'an-ı Kerim'in Şifresi ile ilgili daha bir çok kombinasyon ve şifrenin detayları bulunmaktadır. Ancak genel bir fikir olması açısından temel prensip şöyle özetlenebilir: Surelerde belirgin bir şekilde tekrar eden kelimelerin ayet numaralarının genel olarak yukarıdaki formülde olduğu gibi tespit edilmesi ve elde edilen sayı ile, surede geçen ifadelerin karşılaştırılması şeklinde olmaktadır. Bu yolla örneğin bir savaştan bahsediliyorsa, o savaşın ne zaman olduğu ya da olacağı. Bir elementten bahsediliyorsa o maddenin atom numarası bulunabiliyor ya da geleceğe ilişkin bir takım sonuçlara ulaşmak mümkün olabiliyordu.

Kur'an'daki İlginç Rakamlar

Kur'an'da birbirleriyle ilişkili sözcüklerin tekrarlanış sayılarını incelediğimiz zaman çok ilginç bir manzara ile karşı karşıya kalıyoruz. Bu da Kur'an-ı Kerim'in matematiksel bir sisteme sahip olduğu ihtimalini ve aynı zamanda bu sayıların rastgele değil bir düzen içinde kullanıldığında gerçek bir etki yaptığı fikrini güçlendiriyor.

Bu nedenle, ismimizi oluşturan harflerin rakamsal değerleri, doğum tarihimiz ve bu rakamların arkasındaki negatif ya da pozitif bir takım güçlerin olabileceği konusu bizde daha da çok merak uyandırıyor. İşte Kur'an'daki birbiriyle bağlantılı kelimelerin tekrarlanış oranları:

Yedi Gök: 7 - Gökler'in Yaratılışı: 7

Dünya: **115** - Ahiret: **115**

Şeytan: **88** - Melek: **88**

De: **332** - Dediler: **332**

Gün: **365** - Günler: **30** - Ay: **12**

Bitki: **26** - Ağaç: **26**

Ceza: **117** - Affetmek: **2x117**

Zekat: **32** - Bereket: **32**

Rahmet: **79** - Hidayet: **79**

İyiler: **6** - Fecirler: **3**

Yaz Sıcak: **5** - Kış Soğuk: **5**

Sizi yarattı: **16** - Kulluk: **16**

Şarap: **6** - Sarhoşluk: **6**

Zenginlik: **26** - Fakirlik: **13**

Sayılar ve sayıların şaşırtan oyunları!

Buraya kadar sayılar ve onların hem gizemcilikte, hem de felsefenin temelinin oluşturulmasında üstlendikleri rolü incelemeye çalıştık. Ayrıca sayılar ve sayı sistemlerinin tarihler boyunca uygulanış biçimlerini aktarmaya çalıştık. Bu güne geldiğimizde ise şöyle bir tanımla karşı karşıya kalıyoruz: *"Evrensel* *ahengin varlığına işaret eden ve bu ahengi sayısal olarak ortaya koyup bundan sonuçlar çıkaran inceleme alanına **"Sayı Bilimi"** ya da **"Numeroloji"** adı verilmektedir".*

Şimdi günümüzde kullanılan Sayıbilimi konusunu incelemeye çalışalım. Daha sonra da pratik formüllerin uygulamalarına geçebiliriz.

III. BÖLÜM

SAYILAR BİLİMİ VE İSİMLERİMİZİN ÜZERİMİZDEKİ ETKİLERİ

"Omnia in numeris sita sunt"
(Latince... "Her şey sayılarda gizlidir")

"Sayılar Bilimi" olarak Türkçeleştirdiğimiz Numeroloji: Evrenin sayısal ve matematiksel bir kurgu içerdiğini, evrendeki oluşum ve olayların rastlantıya dayanmayıp, sayısal bir düzen içinde meydana geldiğini ileri sürmekteydi. Bu sayısal kurguyu idare eden de evrende kozmik yasalar vardı. *"Sayılar Bilimi"* ile uğraşanlar, sayılardan hareketle evrendeki bu kozmik yasa ve prensiplere ulaşmaya çalışıyorlardı.

*"Ezoterik Sayılar Bilimi"*ni Batı'da ilk oluşturan kişi, daha önce de değindiğimiz gibi Mısır mabetlerinde eğitilen Fisagor olmuştur. Fisagor sayılar hakkında şöyle diyordu:

"Sayı Tanrı'nın asli ve aktif erdemidir. Sayılar Bilimi ise yaşamsal güçler ve ilahi güçler bilimi demektir."

Son derece gelişmiş bir *'Sayılar Bilimi"* sistemine sahip

olan Afrika yerlilerinden Bambaralar'ın sayılar hakkında söyledikleri, hem Fisagor'un görüşünü desteklemekte hem de konuya farklı bir yaklaşım getirmektedir.

"Kelamın bir ifadesi ve ortaya çıkışı da sayılarla olur."

Bambaralar'ın bu tek cümlelik tanımlamasında geçen **"Kelam"** sözcüğü, konunun bir başka tarafına da işaret ediyordu.

Ezoterizm'de ve Teoloji'de geçen **"Kelam"** sözcüğü **"Vahiy"** anlamına gelmektedir. Böylelikle vahiy sistemiyle gelen bilgilerin içinde **"Sayılar Bilimi"** ile ilgili önemli ipuçları bulunduğunu çok eski çağlardan beri Ezoterizm'le uğraşanların bildiklerini anlıyoruz. Zaten Fisagor da sayılar bilimini **"İlahi Güçler Bilimi"** olarak tanımlayarak, aynı noktaya dikkatleri çekiyordu.

Ayrıca buradan çıkan bir başka sonuç da; **"Kelam"** kelimesinin etkisiyle kendini gösteriyor. Eğer **"Kelam"** kelimesinin ardında bir etki sözkonusuysa, isimlerimizin de bir **"Kelâm"**dan ibaret olduğunu umutmamak gerekir. İsimlerimizin etkisini bu açıdan da değerlendirmekte fayda olacaktır.

SAYILARDAKİ GİZEM

"Kozmos, matematiksel olarak düzenlenmiş bir bütündür. Sayılar üzerine kuruludur ve sayısal bir sembolizm içerir."

Sayılar Bilimi"nin dayandığı temel, işte bu tanımlamada gizliydi...

1

*"Sayılar Bilimi"*nin en önemli sayısıdır. Matematikte birinci sayıdır. Diğer rakamlarda olduğu gibi kendinden önce

gelen bir rakam yoktur. Ve yine diğer rakamlarda olduğu gibi farklı rakamların toplamından meydana gelmez. Aksine diğer tüm rakamların oluş nedenidir. O hem bir başlangıç, hem de başlangıçtan sonraki rakamların varoluşlarının birincil nedenidir.

Bir rakamı işte bu özelliğiyle Mistisizm'de ve Ezoterizm'de ilk nedeni, her şeyin ilk kaynağını, hareket noktasını, başlangıcı, merkezi, tekliği, var edeni; Tek Tanrılı dinlerde ise Tanrıyı sembolize etmiştir.

Fisagor *"Yüce Monad"* terimiyle ifade ettiği ilk nedenin sembolü olarak da 1 rakamını göstermişti.

Mistik anlamıyla 1 rakamı geometrik sembolizimde bazen daireyle bazen de tek bir noktayla ifade edilmiştir. Nokta da zaten en küçük daireydi ve aynı zamanda dairenin merkezini ifade ediyordu. Ve merkezde her şey birdi...

Gelelim meselenin ***"Sayılar Bilimi"*** ile ilgili bir diğer paralelliğine...

Sayılar ve harflerin birbirleriyle ilişkilendirildiği ***"Sayılar Bilimi"***nin çeşitli uygulamalarında 1 rakamı alfabenin birinci harfiyle karşılanır.

Allah sözcüğü, Arap ve Fars Alfabelerinde sayısal değeri 1 olan "Elif" harfi ile başlar.

Elif harfi; Arapça'da ve Latince'deki 1 rakamı gibi dikey çizgiden oluşur. Elif harfinin İbranice'deki karşılığı *"Alef"*, Yunanca'daki karşılığı ise *"Alfa"*dır.

Alfabelerdeki bu birinci harf, şekil itibariyle de bazen dikey bir çizgiyle bazen de üçgeni andıran şekliyle *"Yüce Tesir"*'in yukarıdan aşağıya inişini sembolize etmektedir.

2

İlk çift rakamdır. Fisagor'a göre ***"Monad"*** (Tek Olan) **"Diyad"** (İki Olan) halinde faaliyete geçer. İlk hareketi verir. Bu, Taoizm'de ***"Bir İki'yi Oluşturdu"*** sözüyle ifade edilir.

İki rakamı eski inisiyatik çalışmalarda, sembolizmde ve *"Sayılar Bilimi"*nde evrendeki birbirini tamamlayan iki temel enerji olarak nitelendirilir.

Evrenin her köşesinde işlemekte olan "Zıtların Birliği" ve "Düalite Prensibi"yle dengelerin oluşumunu ifade eder.

Evrende çeşitli biçimlerde ortaya çıkan: Işık-karanlık, aktif-pasif, pozitif-negatif, siyah-beyaz, vicdan-nefsaniyet ya da bir diğer deyişle evrendeki temel enerjinin iki zıt kutbunun evrensel sembolüdür.

Evrensel değil de dünyasal boyutta bu sembol ele alındığında, iki rakamı birin karşıtı yani çoğalmanın değil ayrılmanın sembolü olarak değerlendirilir ve negatifliğin sembolü olarak görülür.

Yine buna benzer bîr yaklaşımla iki sembolü aynı zamanda ruh-madde şeklinde ifade edilen prensiplerden karanlık ve pasif olan prensibin, yani ruhun etkide bulunduğu maddenin sembolü olarak değerlendirilir.

3

*"Sayılar Bilimi"*nde Tekliği ve Birliği ya da bir diğer deyişle Tanrı'yı sembolize eden 1 rakamı ayrıcalıklı tutularak sayılmadığı için sayılar dizisinin ilk tek rakamı olarak kabul edilir.

Göğün, ilâhiliğin, ışığın, aktif ve eril prensibin sembolüdür. İlk tek rakam olan üç, hiyerarşik bir yapı oluşturarak yayılan ilâhi tesirin ilk kademedeki sayısal tezahürüdür.

Kendisinden önceki sayıyla toplandığında 5'i meydana getirir ki, bu da yer ile göğün mistik evliliği ve yer ile gök arasındaki kopmayan ve her an süren irtibatın sembolü olarak değerlendirilir. Buna az sonra döneceğiz. Şimdi bir sonraki sayıyla devam edelim.

4

Evrensel varoluşun dört temel enerjisinin sembolü olarak,

Ezoterizm'de çok önemli bir yere sahiptir. Bu dört farklı enerji: ***"Ruh"***, ***"Madde"***, ***"Zaman"*** ve ***"Hayat"*** enerjileridir. Ve bu enerjilerin her boyuttaki tezahürü farklı boyutlardaki varoluşun ana nedenini oluşturur. Evrende varolan her şey, bu dört temel enerjinin birbirleriyle oluşturdukları varyasyonların bir sonucudur.

5

Birleşme sonucu ortaya çıkan ilk sayıdır. Bu bakımdan tezahür sonucu ortaya çıkan yaşamın sembolüdür. Yerle gök arasındaki irtibatın sonucunda ortaya çıkması da onun bu özelliğini göstermektedir.

Yer: 2 + Gök: 3 = **5**

Ruhsal yapısıyla gökyüzüne, maddesel (bedensel) yapısıyla yeryüzüne ait olan insanın da *"Sayılar Bilimi"*ndeki rakamsal karşılığı **5**'dir. Çünkü İnsanda bu iki unsur bir arada bulunmaktadır.

Tasavvufi Çalışmalar'da insana ***"mikro-kozmos"*** denmesinin nedeni de buna dayanır.

7

"Sayılar Bilimi" nin en önemli ve en çok kullanılan rakamlarından biridir. Ezoterik bilgilere göre Kozmik Enerji'nin hiyerarşik kademelenmesi yani aşamalar göstererek yayılması, yedili sistemler içinde cereyan eder. Mitolojilerde ve dinlerde sözü edilen 7 kat gök kavramının çıkış noktası da işte buna dayanır.

Yedi rakamı müzikteki notalarda ve ışığın içinde de kendisini gösterir. Müzik yedi notasıyla tüm melodilerin temel oluşum prensibini oluşturur. Saflığın ve birliğin sembolü olan beyaz renk ise bünyesinde yedi temel rengi de taşır. Işığın prizmadan geçmesiyle yedi temel renk ortaya çıkar. Aynen Evrende tek olan prensibin yedi farklı boyutta (yedi katlı gökte) tezahür etmesi gibi.

Yedi aynı zamanda ruhsal ve maddesel gelişimin periyodik değişimlerin yasasını da ifade eder. Bu aynı zamanda dünyanın geçirmekte olduğu yedi çağa, denk gelir ki, bu da İnsanlığın ruhsal ve fiziksel gelişim süreciyle bağlantılı olan bir diğer konudur.

3 İle 4'ün toplamından oluşan yedi rakamı evrensel varoluşun sembolüdür.

3 + 4 =7

Bu iki rakamın çarpımından oluşan 12 ise, gelişimin ve evrensel faaliyetin sembolü olarak karşımıza çıkmaktadır.

3x4= 12

12

Senenin 12 aya bölünmesi ve her biri 2160 yıldan oluşan Zodiak'ın 12 Burcu da yine bu anlayışla bağlantılıdır.

Dünyamız'ın yaklaşık 26.000 yılda tamamladığı bu 12 Burç, *"insanlığın Ruhsal ve Fiziksel İlerleme Süreci"*ni belirleyen bir döngüyü meydana getirir.

Yanda görmüş olduğunuz 12 bölümden oluşan bu çark, Dünyamız'ın geçirmekte olduğu çağları ifade etmektedir. 12'li bir sistem içinde yürümekte olan evrensel sürecin nasıl işlemekte olduğunu genel hatlarıyla gösteren bu şekil, dünyamızla ilgili ruhsal ve fiziksel gelişimin şematik bir özetidir.

12'şer saatlik zaman dilimleri

Evrensel faaliyet ve gelişimin sembolü olan 12 rakamı zaman dilimlerinde de kendisini gösterir.

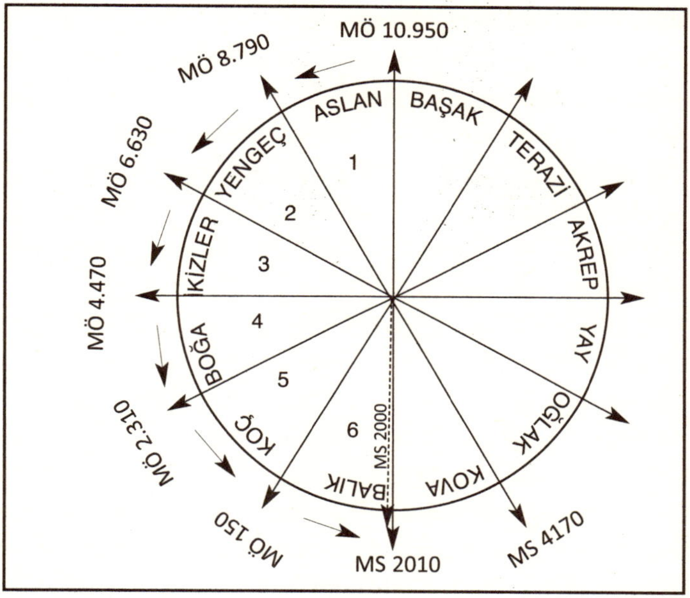

Bu anlayışla bağlantılı olan bir diğer uygulama da gündüz ve gecenin de 12'şer saate bölünmesidir. Günümüzde halen kullanılmakta olan 12'şer saatlik bu dilimlerin ilk kez nasıl ve niçin kullanılmış olduklarını biraz açalım:

Güneş ile aynı sırada doğup batan yıldızların Güneş'in doğduğu sıralardaki doğuşuna ***"Heliak Doğuş"*** adı verilir. Bir yıldızın ***"Heliak Doğuşu"*** ile ***"Güneş'in Doğuşu"*** arasındaki zaman farkı, yılın belirli bir gününde sıfırlanır ve o günden sonra yıldız, Güneş'ten daha önce doğmaya başlar. Bu iki doğuş arasındaki zaman farkı başlangıçta, bir iki hafta boyunca bir saati geçmez. Fakat fark giderek açılır ve yıldızın doğuşu gece yerine gündüze denk gelmeye başlayınca, ışığı Güneş'in güçlü ışığı yanında sönük kalır. Böylelikle her yılın belirli bîr döneminde bu yıldızın artık görünmesi mümkün olamaz.

Bu kısa açıklamadan sonra gelelim zamanın 12'şer saatlik dilimlere neden bölündüğüne...

Sirius Yıldızı'nın Heliak Doğuşu

Bunun nedeni Sirius Yıldızı'nın Heliak Doğuşu'yla bağlantılıdır.

Arkeologlara göre, Mısırlılar'ın yılda 70 gün göklerinde göremedikleri Sirius'un *"Heliak Doğışu"*yla ilgili saptamalar yapmak İstemeleri, geceyi 12 saate, yılı da 36'ya bölmelerine neden olmuştur.

Mısırlılar'ın geceyi 12 saate bölmeleri bir tür Zodyak gibi, gökyüzünü açılar halinde bölmelerinden kaynaklanmıştır. Fakat bu açısal bölümler sadece iki Takım Yıldızı baz alınacak şekilde yapılmıştı. İşte konunun dikkat çekici yanı da burada gizliydi. Diğer yıldız ya da takım yıldızların Heliak Doğuşları dikkate alınmamıştı, özellikle iki takım yıldız Mısırlılar tarafından bölünen bu 12 açı içinde izlenmekteydi. Bunlar ***"Sirius Yıldızı"*** ile **"Orion Takım Yıldızları**'ydı...

Dünya çapında yapılan araştırmalar sonucunda; Mısırlılar'ın yılı 36'ya bölmelerinin nedeninin de, Sirius'un Heliak Doğuşu'nun yaklaşık 10 gün kadar sürmesinden kaynaklandığı anlaşılmıştır.

22

22 Sayısı Sayılar Bilimi'nde ***"Üstat Sayısı"*** olarak nitelendirilir. Bunun çeşitli nedenleri vardır.

"Sirusyen Kültür"'le çok yakın İrtibatlı olduğu bilinen Afrika'daki Dogon Kabilesi'nde 22, Sirius Yıldızı'yla ilişkilendirilen bir sayıdır. Peki neden 22 sayısı Sirius'la ilişkilendirilmiş ve bu sayı ***"Üstat-Öğretmen Sayısı"*** olarak kabul edilmiştir. Aşağıdaki Astronomik bilgiler sanırım bu soruya gerekli açılımı getirebilecektir:

Sirius B'nin yarıçapı Güneşinki'ne oranla 0.022'dir. Sirius A'nın kütlesel birimi ise astronomlara 2.2 x 2 x 1033 gram olarak hesabedilmiştir.

22 sayısı Atlantisli bilge Thot - Hermes tarafından Mısır'a getirilmiş Siriusyen öğretiyle de ilişkilendirilmiştir: Eski Mısır'daki *"İsis Misterleri İnisiyasyonu"*nda 22 sır, 40 sütunlu bir odada 22 sembolle temsil edilirdi.

Siriusyen Kültür'den çok açık olarak bahseden Zerdüştçülüğün kutsal kitabı Avesta da 22 duanın derlemesi olan 22 bölümden oluşmuştur.

Orta Çağ Simya Literatürü'nde, inisiyelerce bilinen temel sırlara *"Arkan"* denirdi ki, bunların da sayısı 22'ydi.

Mısır'a gelen Atlantisli bilge Thot'un gizli Öğretisini sembolleştirerek iskambil kağıtlarına benzer kartlara şifreli bir şekilde sembolleştirerek aktaran Mısırlı Rahipler'in oluşturdukları ve adına da Tarot denilen kartların da sayısı 22'dir.

Kabalistler, İbrani Alfabesi'nin 22 harfini 3+7+12 olarak gruplayarak; harfler, sesler ve sayılarla ilgili kahinlik ve gizli yasaları keşfetme çalışmaları yaparlardı. Kabala'ya göre varlığın zaman ve mekanda tezahürü olan 22 sayısını karşılayan 22 harf, evrenin bütününü ifade eder.

23

22+1=23

22'ye en kutsal sayılan 1 rakamının eklenmesiyle elde edilen bir sayıdır.

Kur'an-ı Kerim'in de 23 yılda indirilmiş olması, İslam Düşünürleri arasında bu sayıya verilen önemi arttırmıştır.

40

Bütün toplumların geleneklerinde 40'ın bir bekleme, hazırlık, sınanma ve ceza ile ilgili bir süreyi belirten sayı olarak karşımıza çıktığını görüyoruz. *"Sayılar Bilimi"*nde sabır ve bu sabrın sonunda gerçekleştirilen *"ilâhi bir vazifeyle"* İlişkilendirilen sayıdır.

Bunlardan bir kısmını aktaralım:

Buda, Musa ve Muhammed Peygamber; peygamberlik görevlerine 40 yaşlarında başlamışlardır.

İsa Peygamber'in de yaşamında kırk sayısıyla ilgili çeşitli olaylar bulunmaktadır.

Bunlar arasında: İsa Peygamber doğduktan sonra 40 gün tapınağa götürülmesi, şeytan tarafından çölde sınanmasından önce 40 gün oruç tutması, 40 vaazı, mezarda 40 saat kaldıktan sonra çıkışı ve Hristiyanlık inancına göre göğe çıkışını izleyen 40 gün sonra havarilerinin İsa Peygamberi görmesi.

Şamanlar'ın ölüm ve ölüm ötesiyle ilgili inançlarında da 40 sayısı yine ön plândadır. Orta Asya Şaman geleneklerinden Anadolu'ya kadar gelen ve İslami bir hüviyete büründürülen bu inanca göre, ölüm olayı gerçekleştikten 40 gün sonra ruh daha önce yaşadığı ortamlardan ilişkisini tam olarak kesebilmektedir.

Ölenin kırkının çıkması ve ardından okunan mevlit ritüelinin de dayandığı çıkış noktası budur.

İslamiyet'te beş vakit kılınan namazdaki farz ve sünnet rekatlarının sayısı da 40'dır.

41

Özellikle Türk toplumlarında ön plâna çıkan bir sayıdır. Sabrın sonunda gelen süreci ve bu sabrın sonucunda elde edilecek başarıyı simgeler. 40'dan sonra gelen ilk sayı olması nedeniyle böyle bir anlam yüklenmiştir.

Anadolu halk inançlarında *"41 kere maşallah"* sözünün de çıkışı bu sayının böyle bir anlamı ve süreci ifade etmesinden dolayıdır.

50

"Sayılar Bilimi"nde (7X7) + 1 = 50 şeklinde elde edilen bir rakamdır.

Sirius Yıldızı ile bağlantılı olan önemli sayılardan biridir.

Sirius Yıldızı ile bağlantılı olmasının nedeni Sirius A ile Sirius B'nin birbirleri çevresindeki dolanım süresiyle ilgilidir. 49.9 olan bu dolanım süresi *"Sayılar Bilimi"*nde yaklaşık olarak 50 yıl olarak kabul edilmiştir.

Eski uygarlıkların birçoğunda bu özelliği hep ön plâna çıkmış olan bir rakamdır. Örneğin İsa Peygamber'in de irtibatta olduğu gizemli topluluk Esenilerʼde bir dönemin kapanıp yeni bir dönemin başlangıcında, 50 yıllık periyotlar kullanmaktaydılar.

Eski uygarlıklarca kutsal bir yıldız olarak nitelendirilen Sirius'un "yay-ok" ve "kurt-köpek" sembolleriyle ifade edilmiş olduğunu göz önünde bulundurarak, bu uygarlıkların mitolojilerini incelediğimizde 50 sayısının sıklıkla bu sembollerle birlikte kullanılmış olduğu görülür.

Türk, Sümer, Babil, Yunan, Roma, Mısır ve Maya Mitolojilerinde bunlarla ilgili çok sayıda örnek vardır.

GÜNÜMÜZDE NUMEROLOJİ

Numeroloji sayıların bilimi, psikolojisi ve felsefesidir. Yaşam konusunda (geçmiş, şimdi, gelecek) bizi bilgilendiren ve hayatı daha iyi anlayabilmemizi sağlayan oldukça eski bir metodudur. Numeroloji'ye göre yaşam birden dokuza kadar olan sayıların olduğu daireler içinde gelişir. Rakamlar ne kadar büyük olursa olsun her sayı bir ve dokuz arasında bir sayıya indirgenebilir. (İleriki bölümde inceleyeceğimiz bizim sistemimize ait olan 11 özel sayısını burada ayrı tutuyoruz.)

Numeroloji bir bilim dalıdır. Bir fizikçi ve matematikçi olan Sir İsaac Newton düzen sistemine inanırdı. ***"Güneş yarın doğacaktır, çünkü dün doğmuştur ve bugün de doğdu"*** Gerçekte bilim, uyum ve dengenin karmaşada ortaya çıktığını, ihtimal ve şansın dünyayı etkisi altına aldığını keşfetmiştir. Numeroloji düzeni, karmaşanın içinden çıkartan sistemin adıdır. Esas olarak harflere sayısal değerler vererek bize ait sayıyı bulmayı ve karakterimiz hakkında edineceğimiz bilgileri içerir. Bu sayede kendi rakamlarınızın farkına varıp hayatınızdaki dengesiz gidişatı gözlemleme imkânına sahip olabilirsiniz. Bu sayede düzensizlik ve karmaşanın içinden çıkaracağınız ipuçları ve deneyimler sizi kuvvetlendirecektir.

Numeroloji size pratik olarak kişisel gelişiminiz konusunda da yardımcı olabilir. Amerikalı Numerolog Florenca Campbell şöyle demektedir: ***"Ruh ya da bilincimiz, geçmişten edindikleri ile şimdiki ihtiyaçlarını belirler. Geçmiş, şimdimiz üzerinde söz sahibidir. Geçmiş deneyimler, şimdinin oluş biçimi ve geleceğin muhtemel yapısı, evrensel ahengin içinde, dolayısıyla sayılarda saklıdır."***

Genel olarak baktığımızda Numeroloji'de olabilecek bütün psikolojik karakterler bir ile dokuz sayıları arasında rakamlar içerir. Numeroloji sayılara dayanan bir tür kategorik anlatımdır. Adımızın harflerinin sayısal değerlerinden elde ettiğimiz veriler bizim genel davranış biçimimizi ortaya koymaktadır. Doğum tarihlerimiz ise; adımıza ait rakama oranla şansımızı belirlemekte, yaşayacağımız kritik yıllarla ilgili ipuçları vermektedir.

İSİMLERİMİZİN ÖNEMİ

Eski Mısırlılar, insanı oluşturan unsurları şu şekilde tanımlamışlardı.

Khat: Fiziksel Beden,
Ren: *Kişinin ismi. Kişisel sonik,*
Khabit: Eterik Beden,
Ka: Astral Beden,

Ab: Mantal Beden,
Ba: Kozal Beden,
Khu: Ruhsal Beden,
Khabas: İlâhi Beden.

Bütün bu bedensel ve ruhsal tanımlamaların arasında, insanın rastgele konduğunu düşündüğü isminin de olması oldukça ilginçtir. Çünkü Mısırlılar'ın tanımlamalarındaki unsurlar, insanı ruhsal uzantısından alarak bedensel yapısına kadar bir bütün olarak algılıyorlar. İnsanın isminin de varlığı tanımlarken bir etken olarak kullanılması, Mısırlılar'ın isimlere verdikleri önemin bir göstergesidir. Çünkü o isim, bütün bu özelliklerini kapsayan ve bir titreşim olarak o özellikleri yansıtan bir şifredir.

İsimlerimiz, Numeroloji'den alacağımız sonuçlar açısından birinci derecede önemlidir. Taşıdığımız isimler, adeta bize ait bilgilerin şifrelendiği titreşimlerdir. Bu açıdan isimlerimizin bizimle uyumlu etkiler taşıması son derece önemli bir meseledir. Bu konuya Eski Türkler'de ve Anadolu Geleneklerinde oldukça önem verildiğini görüyoruz. Eski Türkler çocuklarına rastgele isim koymazdı. Dede Korkut hikâyelerinde anlatılan ***"Boğaç Han"*** ve **"Bamsı Beyrek"** hikâyeleri konuyu şöyle işlemektedir:

Boğaç Han

Dirse Han'ın oğlu 15 yaşına geldiği halde bir adı yoktu. Bayındır Han'ın da "sert taşa boynuz vursa un gibi öğüten, erkek develerle güreşen" bir boğası vardı. Altı kişinin sağından ve solundan zincirlerle zaptedebildiği boğayı bir gün, çocukların aşık oynadığı bir meydana bırakırlar. Bütün çocuklar kaçar, Dirse Han'ın oğulcuğu kaçmaz. Yumruğunu boğanın alnına dayar, bir ileri bir geri defalarca gider gelirler ve her ikisi de alabildiğine yorulurlar. Bunun üzerine oğlan boğanın alnından yumruğunu çeker; boğa o hızla gider düşer ve oğlan bıçakla boğayı keser.

"Oğuz beyleri gelip oğlanın başına toplandılar". "Aferin" dediler. "Dedem Korkut gelsin, bu oğlana ad koysun, beraberine alıp babasına varsın, babasından oğlana beylik istesin, taht alıversin" dediler.

Çağırdılar, Dedem Korkut gelir oldu. Oğlanı alıp babasına Vardı. Dede Korkut oğlanın babasına söylemiş, görelim Hanım ne söylemiş.

"Hey Dirse Han beylik ver bu oğlana, Taht ver, erdemlidir".

"Boynu uzun büyük cins at ver bu oğlana, Biner olsun, hünerlidir".

"Ağıllardan on bin koyun ver bu oğlana, Etlik olsun, hünerlidir".

"Develerden kızıl deve ver bu oğlana, Yük taşıyıcı olsun, hünerlidir".

Boğaç Han tasviri

"Altın başlı otağ ver bu oğlana, Gölge olsun, erdemlidir".

"Omuzu kuşlu elbise ver bu oğlana, Giyer olsun, hünerlidir".

"Bayındır Hanın ak meydanında bu oğlan cenk etmiştir, bir boğa öldürmüştür senin oğlun. Adı "Boğaç" olsun; adını ben verdim, yaşını Allah versin" dedi.

Dirse Han oğlana beylik verdi, taht verdi.

Yukarıdaki hikâyede çocuğa 15 yaşına kadar isim konmadığı özellikle belirtiliyor. Çocuk henüz bir hüner göstermemiş, kendisi hakkında bir ipucu vermemiştir. Dolayısıyla ona isim koymak için elde referans yoktur. Çünkü konacak ismin çocukla birlikte hayatı boyunca yaşayacağını biliyorlar ve konacak ismin titreşimlerinin onu olumlu ya da olumsuz etkileyeceği düşünüyorlardı. İleriki bölümlerde inceleyeceğimiz adımızdaki harflerin titreşimi ve seslerin etkisi bölümünde konu daha iyi anlaşılacaktır. Ancak buradaki temel mesele çocuğa verilecek ismin onunla uyumlu olması gerekliliğidir. Uyumlu olabilmesi için de çocuğun anlatıldığı gibi kendini kanıtlaması ve onun hakkında fikir sahibi olunması meselesidir.

*"Bamsı Beyrek"*in hikâyesinde de yine benzer anlatımlarla karşı karşıya kalıyoruz:

"Bamsı Beyrek"

Bay Pürenin oğlu beş yaşına girdi, beş yaşından on yaşına girdi, on yaşından on beş yaşına girdi. Dönüp baksa çalımlı, kartal hünerli bir güzel, iyi yiğit oldu.

O zamanda bir oğlan baş kesmese kan dökmese ad koymazlardı.

Bir gün Pay Pürenin oğlu ava çıkar ve bir ara yakınlarından biri tarafından misafir edilir. O sırada kara Derbent ağzında konmuş olan bezirganları ve Evnük kalesini basar, yağmalarlar. Bu baskından kurtulan bir bezirgan, Oğuz hududunda bulduğu Oğuzun bu güzel yiğidinden yardım ister. O zaman şarap içen oğlan, altın kadehi yere çalar, giyinir, koç atına biner ve yiğitleriyle beraber, yağmaladıkları akçeleri bölüşen haydutlara baskın yapar. Baş kaldıranı öldürür, gâzâ eyler, bezirganların malını kurtarır. Meğer bu bezirgânlar Oğuzeline mal getiriyorlardı ve Bay Püren'inin **"Bamsı"** lakaplı oğluna da üç hediye getiriyorlardı. Hediyeleri Hana sunmak isterken, onun yanında kendilerini kurtaran yiğidi görüp ona hürmet etmişler, babasına da durumu açıklayınca:

Bay Püre Bey der: *"Bre, benim oğlum baş mı kesti, kan mı döktü?"*

"Evet baş kesti, kan döktü, adam devirdi" dediler.

"Bre, bu oğlana ad koyacak kadar var mıdır" dedi.

"Evet sultanım fazladır", dediler.

Pay Püre Bey kudretli Oğuz beylerini çağırdı misafir etti. Dedem Korkut geldi, oğlana ad koydu.

Der: *"Ünümü anla, sözümü dinle Pay Püre Bey. Allah sana bir oğul vermiş. Ak sancak kaldırınca arkasından gelen olsun. Karşı yağan kara karlı dağlardan aşar olsa Allah senin oğluna aşıt versin. Kanlı kanlı sulardan geçer olsa geçit versin. Kalabalık düşmana girince, Allah senin oğluna fırsat versin".*

*"Sen, oğlunu "Bamsam" diye okşarsın Bunun adı boz aygırlı **Bamsı Beyrek** olsun".*

"Adını ben verdim yaşını, Allah versin" dedi. Kudretli Oğuz beyleri el kaldırdılar, dua kıldılar. *"Bu ad bu yiğide kutlu olsun dediler".*

Bu konuda Eski Türk geleneklerine ait bir çok örnek bulunmaktadır. *Kocaeli Üniversitesi Türk Dili ve Edebiyatı Bölümü Öğretim Üyesi Yrd. Doç. Dr. Işıl Altun, "**Kandıra Türkmenleri'nde Doğum, Evlenme ve Ölüm**"* isimli araştırmasında, Anadolu'nun birçok yöresinde, çocukların tehlikelerden korunması amacıyla inanış ve geleneklere bağlı olarak bazı yöntemler uygulandığını dile getirmişti.

Uğurlu sayılarla tedavi

Çalışmasında ölmek üzere olan, hastalanan, uyumayan veya zayıf kalan çocukları yaşatmak ve normale döndürmek için pratik yöntemlere başvurulduğunu ortaya koyan Altun çalışmasını şöyle özetliyordu: ''*Öleceği tahmin edilen çocuğu yaşatmak için bazı sayılara, adlara ve mistik güçlere başvuruluyor. Sayılar, adlar, renkler, büyücülükte önemli sayılıyor ve pek çok pratikte araç olarak kullanılıyor*''.

Altun'un çalışmasındaki ifadeler şöyle devam etmektedir: ''*Türk halk adet ve inanışlarında 1,3,5,7,9,40,41 kutsal sayılar olarak bilinir. 1 asli varlığın sembolü, 2 kutupsallık ve bölünmedir, 3 kuşatıcı sentezdir. İyi şeyler üç kere olur. 5 hayatın ve sevginin sayısıdır, 7 ise bilgeliğin... 9, büyütülmüş kutsal güçtür. 40, hazırlık ve tamlıktır*''.

Sayılara özel anlamlar katma, en eski uygarlıklardan bu yana birçok kavmin ortak geleneklerine girmiştir. Birçok adet ve inanışlara sayıların katıldığını, çocukların 3,5,7,9 gibi tek sayılı yaşlarda sünnet ettirildiğini, fallarda niyetlerin de üç vakte kadar olacağı inanışının yaygın olduğunu biliriz. Loğusanın mezarı 40 gün açıktır, 41 kere maşallah deriz. Ekmek ve Kuranı üç kez öperiz. Bu sayılara öyle bir uyarız ki sayı adetini yerine getirmezsek, bir başarısızlık nedeni sayarız''.

7 ve 40 Rakamlarının Gizemi

Yrd. Doç. Dr. Işıl Altun, çalışmasının bir bölümünde geleneksel uygulamaları şöyle ifade ediyor: ''*Sivas ve Kastamonu'da, 40 evden toplanan parçalardan dikilen gömlek çocuğa giydirilir. Evinde* ***Mehmet*** *adında kimseler olan 7 evden yağ toplanıp kete pişirilir, çocuğun boynuna takılır. Evinde* ***Mehmet*** *adında biri* *olan 7 evden toplanan gümüşten küpe yapılıp çocuğa takılır. Kocaeli'de ise, **Fatma** adında 7 kadından bez alınır, gömlek yapılıp çocuğa giydirilir.''*

Çocuğa Konulan İsimlerin Önemi

Çocuğun yaşaması için isimlerdeki **"büyüsel güçten"** de yararlanıldığını ifade eden Altun, *''Çocuğun yaşama gücünün artması için **Yaşar**, **Durmuş**, **Dursun** ve **Duran** isimleri verilir. Ölümü şaşırtmak, kötü ruhları çocuktan uzaklaştırmak için çocuk satma yöntemine de başvuruluyor. Çocuk, doğumdan sonra cami avlusuna bırakılır, biri alır götürür. Sonra baba gider, çocuğu satın alır. Çocuklara çirkin isimler vermek, erkekse kız elbisesi giydirmek, kötü ruhları şaşırtmak için başvurulan yöntemlerdir. Bitlis ve Erzurum'da, bazı çocukların isimlerinin çocuğa ağır geleceğine, değiştirilmezse çocuğun öleceğine veya delireceğine inanılır''* diyor.

Dünyanın bir çok yerinde olduğu gibi Anadolu'da ve Türkler'in daha eski geleneklerinde isimler ve rakamlarla ilgili inanışlar varolmuş ve bu uygulamaların izleri günümüze kadar ulaşmıştır. Kimi zaman belli rakamların uğuruna inanılmış, kimi zaman belli isimlerin insana şans getirdiğine düşünülmüş. Doğru ismi bulmak için çeşitli geleneksel uygulamalara başvurulmuştur.

Prof. Işıl Altun'un yaptığı çalışmada ve diğer araştırmalarda görüyoruz ki, Anadolu'da ve daha başka yerlerde isimlere özel bir önem veriliyor. İsimlerin manyetik ve etkili bir gücü olduğuna inanılıyordu.

Uygulanan bunca yöntem hayatın içinden deneye yanıla çıkmış, halkın yaşantısının bir parçası haline gelmiştir. İnsanlar bu bilgilerle hayatlar geçirmişler ve mutlaka bir bilgiden hareketle faydalar elde etmişlerdir. Bu gün bir çok gelenek esas amacından sapmış ve sadece şekli olarak uygulanıyor olsa da, bir zamanlar başvurulmuş olan bu yöntemlerin arkasındaki prensiplerin iyi anlaşılması gerekmektedir.

Şimdi konunun bir başka yönüne dikkat çekmek istiyoruz. İnceleyeceğimiz bu konu, ismimizin neden bizi etkilediğiyle ilgili bir takım ipuçları verecektir. Çünkü ismimiz ses ile varlığını ortaya koymakta, eğer bir etkisi varsı onu sesler ve titreşimler aracılığıyla meydana getirmektedir.

SES TİTREŞİMLERİ VE İNSAN ÜZERİNDEKİ ETKİLERİ

Herhangi bir telli müzik aletinin tellerinden bir tanesine dokunduğunuzda, sadece dokunduğunuz telin hareket ettiğini görürsünüz. Diğer tellerde hiçbir hareket olmaz. Ancak, dokunduğunuz telin notası bir başka tel ile aynı notaya sahipse o tel de titreşmeye başlar. Yani bir başka tele dokunmanıza rağmen ve o tele hiçbir temas olmadığı halde tel kendiliğinden hareket etmeye, titreşmeye başlar. Örneğin gitarın üstten beşinci teli olan la telinin beşinci perdesine bastığınızda alttaki boş tele ait olan re notasını çalmış olursunuz. Başka hiçbir sesin etkisiyle hareket etmeyen dördüncü re teli, la telinin beşinci perdesine bastığınızda kendiliğinden titreşmeye başlar.

Toparlayacak olursak; doğru ya da ilgili hedeflere yapılan her hareket ilgili olduğu diğer bir unsuru, hiçbir ilişkisi yokmuş gibi gözükse de harekete geçirir. Tıpkı harflerin ve isimlerimizin bizim üzerimizdeki etkilerinde olduğu gibi. Evrendeki tüm sesler gibi, ismimizi oluşturan harflerden çıkan sesler mutlak etkileri olan titreşimlerdir. Bunların sembolleri ise, isimlerdeki her bir harfle bağlı olan sayılardır. Sayıbilim'de her harf bir anahtar sayıya tekabül eder.

Sesin Büyüsel Etkisi

Sesin büyüsel bir güce sahip olduğu çok eski çağlardan beri ileri sürülmüştür. Ezoterik bilgilere göre eski toplumlar, ağır taş blokları kaldırmada, şifa çalışmalarında, farklı bir şuur haline geçtikleri mistik deneyimlerinde ve çeşitli psişik çalışmalarında sesin büyüsel gücünden yararlanabiliyorlardı.

İnsan kulağı yaklaşık 16 Hz'den (saniyede 16 titreşim) daha düşük ve 20 KHz'den (saniyede 20.000 titreşim) daha yüksek frekanslı sesleri duyamamaktadır.

Bizim duyabildiğimiz ve duyamadığımız tüm sesler fizikte açıklandığı gibi sadece hava ve su gibi yoğun ortamlardaki titreşim dalgalarından ibaret değildir. Sesin fiziksel ortamın yanı sıra astral plânda yayılan dalgaları da vardır ki, bu titreşimlerin insan üzerindeki etkisi, fiziksel titreşim dalgalarının etkisinden çok daha önemlidir.

Belirli bir frekansa sahip her bir müzik notası ve alfabelerde harflerle ifade edilen her ses tınısı, fiziksel ortamda meydana getirdiği dalgalanmalara benzer dalgalanmaları astral ortamda da meydana getirir. Bu nedenle birçok sesin bileşiminden oluşan ve bir titreşimler skalası oluşturan her sözcüğün, her cümlenin söylenişinde veya her bir melodinin çalınışında astral ortamda bir takım karmaşık, fakat ahenkli dalgalanmalar ve çevreye etkide bulunan birtakım tesir girdapları yaratılmış olur.

Yani harflerden oluşan ismimizin de bir nevi bir melodisi vardır. Her müzik türünden herkes hoşlanmaz. Size uygun olmayan ses dalgasının üzerinizdeki etkisi kuşkusuz olumsuz olacaktır. Bu yüzden bize uygun olan ve bizim özel titreşimlerimize yatkın isimlere sahip olmamız çok önemlidir. Seslerin insan üzerindeki etkilerini görmek için bu gün bilimsel gözetimle yapılan müzikle tedavi konusunun incelenmesinde fayda vardır. Ancak konuyu daha fazla dağıtmamak için seslerin büyüsel etkilerini incelemeye devam edelim.

Ses Büyüsü: *"Bu seslerin tek tek astral özelliklerinin ne olduğunu, bileşimlerinin nasıl etkiler yarattığını, bu etkilerin canlı ve cansız nesneler üzerinde hangi sonuçları meydana getirdiğini, yine bu etkilerin en üst boyutta olabilmesi için çıkarılan seslerin ne şekil-*

de çıkarılması gerektiğini yani sesin tonu, şiddeti, telaffuzu, nefes ve düşüncelerle uyum ilişkisini inceleyen kökeni çok eskilere dayanan bir bilimdir."

Okült ve Ezoterik kaynakların; bazı ilâhi kökenli isimlerin, kutsal mantraların ve tasavvufi çalışmalardaki zikirlerin özel biçimlerde telaffuz edildiklerinde bir takım majik etkiler yarattığını söylemelerinin asıl nedeni budur.

Hatta bir işe başlarken ilâhi bir isim zikredilme geleneğinin de asıl kökeni buna dayanır. Örneğin İslâmiyet'te *"Bismillahirrahmanirrahim"* diyerek bir işe başlamak gibi...

Bir zamanlar mabetlerin duvarlarının arasından sızdırılmamaya özen gösterilen *Maji Bilimi*'nin sırları ve düşünce gücünün inanılmaz etkileri, artık günümüz Parapsikoloji çalışmalarında bilimin ışığında araştırılmaktadır. Günümüzde yapılan birçok Parapsikoloji deneyinde, düşünce gücünün neler yapabileceğiyle ilgili çok çarpıcı delillere ulaşılmış durumdadır. Birçok telekinezi medyomu, düşüncelerini konsantre ederek, Parapsikoloji laboratuvarlarında gerçekleştirilen deneylerde, bir kurbağanın kalbinin bu yöntemle rahatlıkla durdurulabildiğini ya da çatal ve bıçakların yine bu yöntemle rahatlıkla eğilip bükülebildiğini ispatlamışlardır.

Ve böylelikle neden bu bilgilerin herkese açıklanmadığı da daha iyi anlaşılmıştır. Çünkü siz, metoduna uygun bir konsantrasyon ve imajinasyonla karşınızdaki bir kimsenin böbreğinde oluşmuş bulunan taşı parçalayabileceğiniz gibi, beynindeki kılcal damarları da çatlatabilirsiniz. Yani sizin bilgi ve yeteneğinizi hangi amaca yönlendirdiğiniz önemlidir. Hemen belirtelim ki, Atlantis'te ve daha sonra bu bilgilerin aktarıldığı başta *Tibet* ve *Babil* olmak üzere dünyanın birçok bölgesinde bu bilgi ve yeteneklerini insanların zararına kullanan çok sayıda kişi çıkmıştır.

Bu şekilde isimlerimizdeki tınıların neden olduğu olumlu ve olumsuz etkilerin niçin insanlar tarafından bilinmediği de aydınlanmaya başlamış oluyor. Geçmiş dönemlerde isimler üzerinden de majik çalışmalar yaparak bir başka insana etki edilmekteydi.

Geleneksel uygulamalarda olduğu gibi çevremizde de bir çok isim değiştirme olayına rastladığımız olmuştur. Kötü şansın kırılması diye adlandırılan bu olayı gerçekleştiren ve ismini değiştirdikten sonra, hayatındaki bir çok olumsuzluğun olumluya doğru döndüğünü ifade eden, çok insan bulunmaktadır. Bu daha önce de belirttiğimiz gibi geleneksel uygulamalarda yaşaması şüpheli çocuğun isminin değiştirilmesi şeklinde uygulanırdı.

Çocuğa Kırk Gün İçinde Yeni Bir İsim Koyma

İsim sadece sosyal bir kişiliği temsil etmez, majik anlamda bir kudreti de ifade eder. Bu yüzden de daha önce belirttiğimiz gibi Eski Türkler'de çocuğa rasgele bir isim verilmezdi. Bu gelenek Anadolu'da da kısmen değişikliğe uğrayarak yaşatılmıştır. Anadolu'da yeni doğan çocuğa bir isim verilirken, o ismin gelecekte o kişinin karakterini, toplum içindeki yerini ve başarısını şekillendirecek sembolik bir öz taşımasına dikkat edilirdi. Yani ismin içerdiği anlamı ve niteliği sahibine geçirdiğine, inanılmaktadır ki burada da Analojik düşünceyi tüm etkinliğiyle görmekteyiz.

Eski toplumların birçoğunun geleneklerinde, herhangi bir kişinin ismini bilen o kimseye majik etki yapabilme kudretini de elde etmiş sayılırdı. En eski dinsel metinlerden olan Popol-Vuh'ta da bu açıkça ifade edilmiştir. Örneğin bir Kızılderili, beyaz olan birine ismini söylerse, bu çok büyük bir itimadın işaretiydi. Çünkü isim de o kişinin bir parçasıydı ve hatırlanacağı üzere parça bütüne atti...

Konuyu toparlayacak olursak, Anadolu'daki yaşaması şüpheli olan çocuğa kırk gün içinde yeni bir isim konmasıyla ilgili adetin ortaya çıkış sebebini şöyle özetleyebiliriz:

İsim insanın bir parçasını teşkil ettiğine göre, isim üzerine yapılacak bir etki, *"parçanın başına gelen bütünün de başına gelir" prensibine göre o ismin sahibini de etkileyecek demektir"*.

O halde yaşaması şüpheli olan bir çocuğun ismi değişirse, yeni isminin enerjisi ona taze yapıcı bir güç olarak geçecek demektir. İşte hedeflenen asıl gaye buydu...

Dolayısıyla sayıbilimde de hedeflenen işte aynen budur. Bize ait tüm özelikleri taşıyan ismimizin gerçekten bizimle uyumlu bir etkiye sahip olması.

IV. BÖLÜM

KADERİN ŞİFRESİ

Buraya kadar sayıların ve sayı sistemlerini tarihsel bir sürecini özetledik. Sayıların kutsal kitaplarda işaret ettiği gizemli bilgileri ortaya koymaya çalıştık. En sonunda da ismimizin üzerimizdeki etkisinin gizem perdesini aralamaya çalıştık. Şimdi ***İsmimiz***'in ve ***Doğum Tarihimiz***'in bizim üzerimizde nasıl etkili olduğunu açmaya çalışalım. Daha sonra da formüllerle ismimizin ve doğum tarihimizin sayılarını nasıl bulduğumuzu ortaya koymaya çalışacağız.

Öncelikle şunu belirtmek gerekir ki; gerek sayıların gizemli anlamlarıyla, gerekse ismimiz üzerindeki etkileriyle ilgili çok çeşitli çalışmalar yapılmıştır. Kitabımızın önceki bölümlerinde bunlara ilişkin örnekler verdik. Ancak bizim uygulayacağımız yöntem, İsmimize ait titreşimlerin sayısını bulmak, *ŞANS*'ımızı etkileyen rakamı doğum tarihimizi referans alarak belirlemek ve hayatımız boyunca bizi etkileyen kritik yılları tespit etmek olacaktır. Bizim yöntemimizin temeli, aşağıda aktaracağımız sayısal veriler ve tahliller, kitabımızın başında da belirttiğimiz gibi Eseni Topluluğu'na dayanmaktadır.

Bu topluluğun mirası olarak kalan uygulamaları hayatımızda pratik olarak kullanabileceğimiz şekilde ve mümkün olan en basit şekliyle anlatmaya çalışacağız. Bu hesap bilimi; isimleri oluşturan harflerin rakam değerleri ve bu rakamların toplamlarının sadeleştirilmesi işleminden ibarettir.

Sistem'in Kısa Tarihçesi

Eski Mısır'ın eski Roma'nın Düşünür ve bilim adamları bu hesap tekniğini çok iyi kullanıp uygulayabiliyorlardı. Fakat daha sonraları bu bilgileri sadece kendilerine saklamayı tercih ettiler. Belki de bu ve bunun gibi gizli bilgilerin yanlış ellerde ve kötü amaçla kullanılmasını istemiyorlardı.

Bu bilgilerin en önemli konularından bir tanesi, yeni doğan çocuklara doğdukları günden itibaren ŞANSLI olabilecekleri uygun isimlerin takılmasıydı. Bu bilgileri kullanan zamanın bilge kişileri, yukarıda anlattığımız sebeplerden olsa gerek, bu bilgilerin sayılı insanlarda, daha doğrusu sadece kendilerinde olması gerektiğini düşünüp sır olarak kalmasına karar verdiler. Bu bilgilere ancak belli bir inisiyasyon sürecinden geçmiş kişiler sahip olabiliyorlardı. Eski Mısır ve Roma'nın yüzlerce yıl boyunca diğer ülkelere kıyasla güçlü ve zengin ülkeler olmaları, diğer ülkeleri de egemenlikleri altına almaları, ellerindeki bu ezoterik bilgiler sayesinde olmuştur. Bu ülkelerdeki mutlak güç her zaman bu kişilerin elinde bulunmuştur.

Daha sonraları ise bu durum biraz değişti. Bilgiler gücü ve dünyayı idare eden insanların eline geçince amacının dışında kullanılmaya başlandı. Yine insanlardan saklanıyordu. Ancak bu sefer insanlığın ruhsal gelişimi ve insanı anlamak çabasının dışında kullanılmaya başlanmıştı.

Bu noktada Eseniler'in konuya bakışı biraz farklıydı. Ezoterik geçmişten miras kalan bu bilgiler, Kenan Diyarı'nda yaşayan Eseniler için saklanması gereken bir şey olarak görülmüyordu. Bu topluluğun tek amacı bu bilgileri tüm insanlara ulaştırıp öğretmekti. Çünkü tüm insanların mutlu ve huzurlu olmaya hakları vardı. Romalılar bu bilgileri Eseniler'den öğrenip, gerçekle karşı karşıya kaldıklarında bunun büyük bir güç olduğunun farkına varmışlardı. Bu güç onların iktidarının devamı için gerekli olan bir güçtü. Bu yüzden de kendilerine saklamaya karar vermişlerdi. Fakat herkesin öğrenmesi gerektiğini düşünen Esensiler, buna karşı çıktıklarsa da bir kere karar verilmişti. Bu bilgiler sır olarak kalacaktı.

Büyük baskılar ve entrikalar sonunda, bu defa Eseniler kendileri sır bir topluluk olarak gizlenmek zorunda kaldılar. Çünkü onlara hayat hakkı tanımıyorlardı. Kendilerini tarihte kaybolmuş bir topluluk olarak gösterip gizlenmeleri gerekiyordu. Böyle de yaptılar. Ancak çok önemli durumlarda ortaya çıkıyor, daha sonra tekrar ortadan kayboluyorlardı. Tarih sahnesinden silindikleri sanılan Eseniler, gerçekte hiç yok olmadılar. Gizli bir topluluk olarak günümüze kadar varlıklarını devam ettirdiler.

Mısır'ın fethi sırasında, bilinçsizce yakılan İskenderiye Kütüphanesi'nde bulunan binlerce değerli kitaplar arasından çok azını kurtaranlar, *(Bunlar arasında İdris Peygamber'in İlm-i Nücum ya da İlm-i Kader Kitabı'da vardı.)* Eseniler Topluluğu olmuştur. Bu olayların ardından baskılar devam edince kendilerini tamamen gizlemişlerdir. Kader Bilimi gerçekte Ebced, Yıldızname ve Astroloji'nin temelini oluşturan bunları da kendi içinde barındıran bir bilimdir. Daha doğrusu Ebced, Yıldızname ve Astroloji, Kader Bilimi'nden ayrılmış birer parçalardır. Bunlar üç parçaya bölünmüş bir haritaya benzerler. Bizim yapacağımız haritanın üç parçasını bir araya getirerek, gerçek haritayı ortaya çıkarmaktır. Bu seferki harita, yön bulma haritası değil, Kader belirleme haritası olacaktır.

Şans

Kader konusunu ve insanlar arasındaki farklılıkların temel nedenlerini kitabımızın başında açıklamaya çalışmıştık. Bütün bu bilgilere sahip olsak da yaşantımız içerisinde insanlar arasındaki eşitsizlik, haksızlık ve imkânların eşit olmaması yakınmamıza, hatta zaman zaman isyan etmemize neden olmaktadır. Hep sorarız aynı şartlarda işe başlamışlardı biri büyüdü zengin oldu. Öbürü ne yaparsa yapsın karşısına çıkan engelleri aşamadı. Halbuki ikisi de zeki insanlardı. Neden böyle oldu. Onun farkı neydi.

Bu konuda; yetenek, çalışma, çaba, bilgi, düzenli tertipli olmak ve daha bir çok unsur etkili olabilir. Ancak biz yine de bütün bunların dışında, sebebi bir kelimenin arkasındaki anlamda ararız. **ŞANS**. İşte bu kitabın konusu, **ŞANS** diyerek tanımladığımız fakat üzerinde durup düşünmediğimiz şeyin nasıl gerçekleştiği ile ilgilidir. Daha doğrusu Eseniler'den gelen bilgi ışığında bu konunun formüle edilmesidir.

Şansı etkileyen faktörler yüzyıllardır bilinen ancak saklı kalmış bir bilgide gizli olabilir mi? İsmimizi oluşturan harfler rakamsal değerle ifade edilip bizi etkileyen enerjileri çözümlememize yardımcı olabilir mi? Doğum tarihimizde karakterimizi ortaya koyan bilgiler var mı? Bunlar geleceğimizle ilgili bir takım veriler taşıyor mu?

Başımıza gelen iyi ya da kötü olayların yani Şansımız'ın önceden kestirilmesi, karşılaşacağımız olayların önceden önlenmesi mümkün mü? Bu bilgilere göre evet mümkündür.

İsmimizin Etkileri

Çocukluğumuzdan beri dedelerimizden bizlere kadar gelmiş bir bilgi tam da bunu söyler. Bu bilgi bir kişinin ismini taşıyıp taşıyamadığı ile ilgilidir. Geleneksel uygulamalarda üzerinde durduğumuz gibi, eskiden çocuğun kendisine takılan ismi taşıyamadığına ve bu nedenle sağlığına kavuşamadığına inanılırdı. Buna benzer geleneksel uygulamaların eski tarihlerden günümüze, kulaktan kulağa geldiğine bir çoğumuz şahit olmuşuzdur. Bu uygulamaların ardında çok eski tarihlerde bilinen bir takım rakamsal gerçekler bulunmaktadır.

Tüm insanların bilmesi gereken, ancak asırlardır kendilerinden saklanan gizli bilgiler; insanın taşıdığı isim, doğum tarihi ve kaderi arasındaki bağlantıdır. Aslında çok basit bir hesaplama şekli olan bu uygulama, gizlenen bir çok bilgi gibi insanlardan saklanmış ya da bir şekilde yaygınlaşması mümkün olamamıştır. Çok zor olduğunu düşündüğümüz şeylerin aslında ne kadar kolay olduğunu, nedense türlü zorluklara katlandıktan sonra anlayabiliyoruz.

Binlerce yıldır insan yapısı ve insanın gelecekte karşılaşacağı olaylarla ilgili yorumlar yapılmıştır. Ancak yine de hep bir şeyler eksik kalmaktadır. Örneğin astrolojiye göre aynı burca sahip insanların, hatta ikiz kardeşleşin nasıl olup da birbirinden çok farklı hayatlar yaşadıkları, şans ve imkânlar konusunda neden farklı seçeneklerle karşılaştıkları merak konusu olarak kalmıştır. İkizlerden birinin hayatı çok başarılı, mutlu ve huzurluyken, nedense diğer kardeşin hayatı tüm uğraşmasına rağmen başarısızlıklarla dolu olabiliyor. Bunu sadece Şans diyerek kestirip atılım mı? Ya da Şans dediğimiz şeyin arkasında bir takım gerçekler mi arayalım?

İsmimiz Doğum Tarihimiz ve Dönemsel Kritik Yıllar

Şans diyerek yorumladığımız olguyu yukarıda olduğu gibi iki kişi arasındaki görünen tezatlarla açıklamak mümkündür. Peki bizim dönemsel olarak yaşadıklarımız için ne söyleyebiliriz? Düşüncelerimiz aynı duygularımız aynı olduğu halde, hayatımızın belirli dönemlerinde kendimizi şanssız ya da şanslı kabul etmez miyiz? Belirli dönemlerde yaşadığımız bu iniş ve çıkışların arkasında rakamsal bir takım formüller olamaz mı? Bu formüller binlerce yıldır bilindiği gibi, ismimizde ve doğum tarihimizde gizli olamaz mı?

Hayatının yarısını büyük başarılarla geçirmiş bir insanın bir süre sonra tüm kazandıklarını kaybetmesini veya iflas etmesini başarısızlık olarak değerlendirmek eksik bir yorum olacaktır. Ya da şanssızlıklarla geçmiş bir hayatın sonunda birden bire ortaya çıkan mucizevi imkânları da sadece başarı olarak yorumlamak yanlış olacaktır. Başarılı bir döneme girilmiştir. Ya da şanssız bir dönem yaşanmaktadır.

Evliliklerde de bu gibi dönemsel iniş çıkışları bir çoğumuz gözlemlemişizdir. Belli bir süre çok mutlu giden evlilikler bir an geliyor, hiçbir sebep yokken yıkılıveriyor. Birbirlerini çok seven ve çok iyi anlaşan çiftler sebepsiz bir şekilde anlaşamaz duruma geliyorlar. Ancak bu sıkıntılı dönemi atlatabilirlerse tekrar birlikte mutlu olma şansını yakalayabiliyorlar. Belli bir dönem birbirlerini düşman gibi gören çiftler, bir bakıyorsunuz o dönemi atlattıklarında birbirlerine bambaşka gözlerle bakabiliyorlar.

Bu durumda kesinlikle bilinmesi gereken şey; insan hayatında inişlerin, çıkışların bulunduğu, *şanslı ve şanssız yılların olduğudur*. Daha da önemlisi bu yılların önceden hesaplanıp ona göre önlem alınabileceği bilgisidir. Hayatı başarılarla geçmiş bir insanın kullandığı en önemli bilgi, *şanssız bir yıla girmek üzere olduğunu bilip ona göre önlemini almasıdır*. Bu kişi sonucu belli olmayan bir yatırıma girmez. İlişkilerinde daha sakin ve kararlı davranır, ani kararlar vermekten kaçınır. İş sahibiyse yapacağı yeni yatırımları bir süre için erteler, risk almamaya gayret eder. Hatta uygun görüyorsa o dönemi mümkün olduğu kadar küçülerek geçirir. Kafasında plânladığı tüm işlerini bir sonraki yıla erteler, en azından elinde hazır olanlarla çok rahat bir şekilde şanssız dönemini atlatabilir. Tıpkı gelecek olan bir fırtınayı önceden haber alan sahil kasabasının insanları gibi... Buradaki insanlar gelecek olan fırtınadan haberdar olurlarsa, afet bitene kadar elindeki imkânları kullanarak, bu dönemi en az kayıpla atlatabileceklerdir. Fakat elimizdeki maddi imkânların ya da mutlu giden ilişkilerimizin ani bir krizle altüst olduğunu kendimizde ve çevremizde birçok defa gözlemlemişizdir. Çünkü gelen felâket bizi hep hazırlıksız yakalar.

Kritik Yıllar ve Kurban

Kritik yıllarda yaşayacağımız olumsuzlukların sebeplerinden bir tanesi, yukarıda değindiğimiz gibi olaylara karşı hazırlığımızın olmayışımızsa, bir diğer önemli unsur da bizim negatif tesirlerin etkisi altında oluşumuzdur. Benzer benzeri çeker prensibiyle; üzerimizdeki negatif tortular ve negatif birikimler vasıtasıyla, olumsuz tesirlerin etkisi altında bulunabiliriz. Hele bu durumumuz, Kritik yıllarımıza denk geliyorsa, bu durum daha da içinden çıkılmaz bir hale bürünebilir.

Genellikle olumsuz-negatif tesirlerin başka yöne çevrilmesi ya da nispeten zararsız hale getirilmesi, çeşitli metotlarla mümkündür. Bu metotlardan biri de kurbandır...

Kurban törenlerinin ezoterik açıklamasında, bu konunun önemli bir yeri vardır. Kurban keserek hedeflenen amaç, gelen negatif tesirlerin polarize edilmesidir. Çünkü kanla etrafa yayılan *"yarı esiri-psişik enerjilerin"* negatif tesirleri nötralize etme özelliği vardır. Ve bu özellikten uzun yıllar faydalanılmıştır. Dünyanın hemen her yerinde binlerce yıldır uygulanan kurban şekillerinden bazıları şunlardır:

Eski Amerika'da, İnsan kurbanları son derece yaygındı. Özellikle Azteklerde insan kurbanları hat safhaya ulaşmıştı.

Eski Yunanlılar'da, bir insanı kurban olarak sunma geleneği son derece yaygındı. En büyük kurbanları Zeus'a sunarlardı. Felâket dönemlerinde ilâhları hoşnut etmek için kesilen kurbanlar, aristokrat ailelerin fertleri arasından seçilirdi. Genellikle boğa, bazen domuz da kurban edilirdi.

Hititler'de tanrılara her türlü gıda maddesi, bira ve şarap kurban olarak sunulur; koyun, keçi, sığır, bazen de insan bile kurban edilirdi.

Hinduizm'de güzel amellerin beş maddesinin başında ölenler için kurbanlar kesmek gelir.

Çinliler her mevsim değişimlerinde özel merasimle kurban keserler.

Japon dinlerinden olan Şintoizm'de tanrılara pirinç takdimi bir çeşit kurban sayılmıştı.

Yahudiler'de kurban, temel ibadetlerden biridir. Hayvan ve meyvelerin yanında eskiden insan da kurban ediliyordu. Tevrat'ta kurban hakkında geniş bilgi vardır.

Eski Mısırlılar'da insan kurbanı çok yaygındı.

Müslümanlık'da kurban, ilâhi emirleri yerine getirmek, nimetlere şükretmek ve fakirlere yardım şeklinde nitelendirilir. Koyun, keçi, sığır ve deve kesilir. Ancak buna karşılık Müslümanlık'dan önceki, Arabistan'daki Sami kavimlerinde insan kurbanı son derece yaygın bir şekilde kullanılmaktaydı. Müslümanlık bu uygulamaya son vermiş ancak insanların kurban kesme adetini o devrin şartları gereği tamamen ortadan kaldırmamıştır.)(*)

Görülüyor ki hemen hemen bütün toplumlarda ve dinlerde kurban, önemli bir yer işgal etmiş ve halen de etmeye devam etmektedir.

Kurban konusunun kökenindeki asıl bilgi unutulmuş olsa

(*) Kurban konusunda ayrıntılı bilgi için bkz. Sınır Ötesi Yayınları'ndan Ergun Candan'ın "Son Üç Peygamber" isimli kitabı, S.297-302.

da, bu uygulama otomatik bir şekilde günümüzde de hala uygulanmaya çalışılmaktadır... Örneğin, Anadolu Halk Gelenekleri'nde uzun süre uygulanmış olan ve halâ uygulanan; önemli bir işe başlarken ya da yeni bir ev, yeni bir araba alındığında kesilen kurbanın kökeninde yatan bilgi bu olmasına rağmen, genellikle işin özü unutulmuş sadece şekli uygulaması kalmıştır.

Ancak hemen belirtmek gerekir ki, negatif enerjilerden sakınmanın başka yolları da vardır. bunun en kolay yolu, zihnen sürekli pozitif enerji üretmektir. Sürekli pozitif tesirler üreten bir kişinin çevresinde kendiliğinden büyük bir manyetik koruma kalkanı oluşur. Şunu kesinlikle unutmayalım ki; zihnimizde negatif hiç bir düşünce taşımasak; dışarıdan negatif bir tesirin etkisine maruz kalmamız asla mümkün değildir. Ancak bu gerçekleştirilemediği için, tarih boyunca bunun cezasını çoğunlukla hayvanlar çekmiştir.

İskenderiye Kütüphanesi, Eseniler ve Gizli Bilgiler

Şimdi çok eski zamanlardan beri, çok çeşitli yerlerde uygulanan bir Gelenek'ten söz etmek istiyoruz. Aslında bir bilim dalı olmasına rağmen geniş kitlelere yayılmadığı, daha doğrusu yayılması her nedense istenmediği için çok sınırlı kalmış bir gelenekten. Bu gelenek sınırlı sayıda insanlar tarafından sır olarak kabul edilmiştir. Bu sır *Doğan çocuklara doğdukları tarihle uyum sağlayabilecek ve şanslı olmalarını sağlayacak uygun isimlerin belirlenmesidir.* Peki uygun isimleri neye göre koyacağız? Hangi bilgiyi esas alacağız? İşte meselenin en önemli noktası burası.

Bu konuda bir çok insanın fikri vardır. En azından bir yerlerde duymuştur. Fakat işin aslı bir türlü anlaşılamamıştır. Ya da sır olarak kalması gerektiğine inanıldığı için bir türlü açıklanamamıştır. Bahsettiğimiz İskenderiye Kütüphanesi bu geleneğe ait bilgilerin yazılı olduğu en önemli yerlerden biriydi. Kütüphane'nin yakılmasından sonra buradaki bütün bilgilerin de yakılıp yok edildiği düşünülüyordu. Kütüphanenin yakılışından sonra da yakılan bilgilere dair konuşmanın ve bu bilgilerden bahsetmenin büyük suç olması, oradaki bilgilerin üstünün örtülmesinde önemli bir etken olmuştu. Bu gün insanların isimleri ve doğum tarihleriyle kaderleri arasındaki matematiksel ilişkiyi açıklayan bilgiler bazı ezoterik gurupların elinde geleneksel bir uygulama olarak bulunmaktadır. Bu bilginin kaynağı da İskenderiye Kütüphanesindeki bilgiler ve çok daha öncelerine kadar gitmektedir. Bu gün ise Eseni Topluluğu'nun içerisinde gizli bir bilgi olarak varlığını devam ettirmektedir.

İsmimizin Analizi

Her türlü donanıma sahip, bilgili, bunlarla birlikte patronuna büyük kazançlar sağlayan çok sayıda insan, kendi işyerlerini kurdukları zaman aynı verimi ve aynı iş hacmini bir türlü bulamıyorlar. Bu yüzden de kısa süre sonra işyerlerini kapatıp eski yerlerine dönüyorlar. Peki neden aynı işi yaptıkları halde kendi yerlerinde başaramayıp, yanında çalıştıkları insanlara büyük kazançlar sağlıyorlar. Halbuki düşünüp ürettikleri iş aynı iş. Bugün milyonlarca çalışkan ve yetenekli üniversite mezunu, ya yeteneklilerin dışında bir işte çalışıyorlar ya iş bulmakta zorlanıyorlar ya da iş bulamıyorlar. Halbuki imkân olsa inanılmayacak büyük başarılara imza atacaklar ve hak ettikleri güzel bir hayat sürecekler. Fakat ne yazık ki boşuna giden birer değer olarak ortada kalmış durumdalar. Elbetteki herkes yetenekleri ve becerileri doğrultusunda bir iş yapacaktır. Ama bütün mesele yapacağı işi kurabilmekte. Fakat bir türlü şansı yaver gitmiyor. Bütün bunlar ekonomik, sosyolojik, psikolojik ve daha bir çok unsura bağlanabilir. Ancak işte atlanan şey burada. Şans faktörü hiç mi yok? Yada bizim **ŞANS** dediğimiz şey ne?

Yaşamın bütün aşamalarında olduğu gibi, çalışma ve evlilik hayatımızda da inişli ve çıkışlı dönemler bulunmaktadır. Bu dönemlerdeki şanslı olunan ve şanssız olunan zamanlar her insanda farklıdır. Bu dönemlerin yaşantımızın hangi zamanlarına denk geldiği ise, ismimizdeki ve doğum tarihimizdeki rakamsal değerlerin analizinden çıkmaktadır. Bu analizler sonucunda elde edilen tarihler ve karakterimize dair ipuçları ile, karşılaşacağımız tüm olaylara karşı önlemler almak mümkün olabilmektedir.

Bu konudaki büyük sır insanların taşıdıkları isimlerde gizlidir. Doğum tarihi ile isim arasındaki uyum ise, şanslı olmamız için gereken tek şeydir. İsimlerdeki titreşim, karakterimizle ilgili ve yaşantımız boyunca geçireceğimiz inişli çıkışlı dönemlerle ilgili çok önemli ipuçlarını bizlere sunmaktadır. Doğum tarihimize göre hesaplanıp belirlenen şanssız yılların kolaylıkla atlatılması da, hayatımız boyunca huzurlu, mutlu ve başarılı bir yaşam sürmemiz için yeterli olacaktır.

Bu kadar basit ama bir o kadar önemli ve hayati bir bilginin insanlardan gizlenmesi ilginç bir meseledir. Geçmiş dönemlerde Mısır'daki mumyaların nasıl olup da günümüze kadar bozulmadan kalabildiği açıklanamayan bir mesele olarak zihinleri meşgul etmişti. Ancak yakın zamanda yapılan çalışmalar, bu sırrın sedir ağacında ve onun reçinesinde olduğu gerçeğini ortaya koydu. Yani mesele o kadar basitti ancak bu basit gerçeğin anlaşılabilmesi binlerce yıl aldı.

Kitabımızın konusu olan Kader'in Sırrı'da çok kolay açıklanabilir bir konu olduğu halde binlerce yıldır insanlığın bilgisinden uzak kalmıştır. Basit bir tablo yardımıyla yapılan basit birkaç matematik işlemiyle, insanın kaderi ile ilgili bilgilere ulaşabilmek hepinizi şaşırtacaktır.

Evlilik ve Şans

İleride inceleyeceğimiz konulardan bir tanesi de evliliğimiz ve şansımız üzerindeki etkileri olacak. Halk arasında bazı deyimler vardır: ***"Çocuk rızkıyla doğar ya da nikâhta keramet vardır gibi"***. İşin aslı; hayatı boyunca tüm çabalarına rağmen bir türlü istediği gibi bir hayat kuramayan, yaptığı işlerden bir türlü istediği sonucu ve kazancı alamayan insan, belli ki şanssızdır. Ancak aynı kişi evlenmeye karar verip, bin bir zorlukla başardıktan sonra birdenbire işleri açılmaya, kazancı artmaya başlıyor. İşlerini büyütüyor. Bulunduğu mevkiden terfi ediyor. Kısıtlı hayatında kaderine boyun eğip öylece yaşamaya karar vermişken birden her şey değişiyor. Bir çoğumuz benzer manzara ile karşı karşıya kalmışızdır. *"Evlendikten sonra her şey çok farklı oldu"*. *"Çocuğum bana şans getirdi"*. *"Onunla birlikte her şey değişti"* diyen bir çok insanı çevremizde gözlemlemişizdir.

Buradaki gerçek sebep; nikâhtaki keramet değil, evlendiği insanın şanslı olup olmadığıdır. Birleşen hayatla beraber şanslar da birleşiyor. Eşlerden birinin şansı diğer eşe geçiyor ve diğerinin de şansı açılıyor. İşleri düzelmeye başlıyor. Sanki sihirli bir el değmişçesine her şey olumlu anlamda değişmeye başlıyor. Kadın ya da erkek hiç fark etmez şanssız olan hangisiyse ve evlendiği kişi şanslıysa her şeyi paylaştıkları gibi, bu insanlar şansı da paylaşıyorlar.

Yeni doğan bir çocuk da aynı şekilde ailesine şans getirebiliyor. İşleri yolunda gitmeyen, şanssızlıkların peşlerini bırakmadığı bir çiftin, çocukları olduğunda her şeyin bir anda mucizevi bir şekilde değiştiğini görebilirler. Yepyeni imkânların kapısı önlerinde açılabilir. Ailenin kaderi tümüyle değişebilir. Birçok defalar aileler arası sohbetlerde şahit olduğumuz konuşmalarda; çocuklarının veya çocuklarından birinin doğumuyla birlikte işlerinin açıldığına, yeni bir iş kurduğuna ve ondan sonra devamlı işlerinin iyi gittiğine ilişkin konuşmalara defalarca şahit olmuşuzdur. Bugün ülke çapında büyük işler yapan birçok işadamından; ya çocukluğunun çok zorlu geçtiğine, zorlukla ve yoklukla evlendiğine, yeni evlendiğinde eşyalarının bile olmadığına, hatta parasızlıktan nikah resimlerinin dahi olmadığına dair sözler duymuşsunuzdur. Buradaki anlaşılamsı gereken şey kendi şanslı dönemlerine mi girdiler? yoksa evlendikleri kişinin şansı onlara yardımcımı oldu? Sonunda evlendiği kişinin şansı ya da yeni doğan çocuğun şansını ailesine yansıtması, hepimizin günlük hayatımızda gözlemlediğimiz yaşanmış olaylardır.

Çocukların Şansı ve Kritik Yıllarının Tespitinin Önemi

Önemli olaylardan bir tanesi de çocukların yapılarının, şanslı ve kritik günlerinin bilinerek yetiştirilmeleri gerekliliğidir. Örneğin lider yaradılışlı ve şanslı bir çocuğu, memuriyetten gelen ve garanti bir iş beklentisi olan ana babalar istediği kadar baskı altında tutsunlar o mutlaka istediklerini elde edecektir. Ancak maruz kaldığı baskılar, ona hedeflerine ulaşmak konusunda zaman kaybettirecektir. Ya da tam tersini düşünecek olursak, böyle bir kabiliyeti olmayan çocuğu, başka yönlerde kabiliyeti olduğu halde lider olması konusunda yapılacak baskılar, yine çocuğa zarar verecektir.

Çocukların kendilerini ailelerine kabul ettirmeleri ve farklı olan hayata bakış açılarını ailelerine anlatmaları oldukça zordur. Bayanlar içinse genel olarak aile baskısının daha fazla olmasından dolayı, bu durum daha da zor içinden çıkılmaz bir hal almaktadır. Çalışkan ve başarılı bir bayan kendi işini yapmak istediğinde, çoğunlukla ailesinin baskısıyla karşı karşıya gelir. Babası veya kardeşinin yapamadığını kendisinin yapabileceğini veya başarabileceğini anlatması, kabul ettirebilmesi neredeyse imkânsızdır. Halbuki şanslı ve başarılıdır. Evlenip düşüncelerini eşine anlattığında, onun desteğini alarak başarılı olan bir çok bayan vardır. Böyle olunca halk arasındaki evlilikte keramet vardır sözü hatırlanır. İşin aslı burada da karşımıza çıkıyor. Keramet evlilikte değil, şanslı ve başarılı bir insanın serbestçe istediği işi yapabilmesindedir.

Burada çocukları için her türlü desteği sağlayan, onlara iyi bir gelecek sağlayan, fakat istediği sonucu alamayan anne-babaların olduğunu da söylemek gerekir. Hayatı boyunca başarılı olmuş bir baba veya anne çocuklarının da kendisi gibi olmasını ister ve her türlü desteği çocuğuna verir. Gerekli yardımları yapar. Fakat tüm bunlara rağmen işler bir türlü istedikleri gibi gitmeyebilir. Çocukları, bekledikleri başarıyı tüm imkânlara rağmen elde edemeyebilirler. Böyle durumlarda da çoğunlukla hemen çocuk suçlanır. *"Hiç imkânı olmayan çocuklar okulda başarılı oluyor, işlerini ve hayatlarını kuruyorlar, sen bütün imkânlara rağmen yerinde sayıyorsun"* diye çocuğuna yüklenen bir çok anee-babaya şahit olmuşuzdur.

Halbuki çocuk zeki ve başarılıdır. Ancak Şanssızdır! İşte bütün mesele bu. Her şey olabilir. Ancak Şanssızlık, olan her şeyi birlikte alıp götürür. Elini attığı her şey kuruyup gider. Burada her zaman yaptığımız gibi çocu suçlamak çok yalnıştır. Yapılması gereken şey şanssızlığın arkasındaki sebebi anlamaya çalışmaktır. Ancak bu gerçekten habersiz anne babalar, hem kendilerini, hem de çocuğu suçlayıp, çocuklarının kendine olan güvenini kaybetmesine neden olmaktadır. Halbuki herkes şunu bilmeli ki; her çocuğun geçirmekte olduğu şanssız dönemleri olduğu gibi, şanslı dönemleri de vardır. Atlatacağı şanssız dönemden sonra elde edeceği başarılar herkesi şaşırtacaktır. Bu tüm insanları kapsayan bir gerçektir.

Dedelerin Ninelerin İsimleri

Yaptığımız hatalardan biri de, doğan çocuğumuza anne ve babamızın ismini takmaktır. Anne veya babamız şanslı ve mutlu olmuşlardır. Doğan çocuğumuza da, anne babamıza olan saygımızdan, ismini yaşatma isteğimizden ya da onun gibi mutlu olur düşüncesiyle onların isimlerini takarız. Fakat bu isimler çocuğun doğum tarihlerine göre onlara aynı şansı getirmeyebilir. Farkına varmadan kaş yapalım derken göz çıkarmış oluruz.

Çocuğa takılan ismin doğum tarihiyle birlikte değerlendirildiğinde, hayatını ve şansını ne kadar etkilediği iyi anlaşılmalıdır. Asırlardır bilinen ancak insanlardan gizlenen bilgilerin öğrenilmesinin zamanı gelmiştir.

Çok kısa bir sürede, çok sade ve kolay bir şekilde açıklayacağımız bu bilgiler herkesi şaşırtacaktır. Bu yolla kaderi okumak ve yazmak çok kolaylaşacaktır. Aslında her zaman kolaydı. Ancak insanlardan gizlendiği için bunlar anlaşılmadı, uygulanamadı. İşin aslı anlaşıldığı zaman zor ya da imkânsız olmadığı görülecektir.

Buradaki en önemli konulardan bir tanesi sunulan bilgilerin herkesin anlayabileceği şekilde sade ve anlaşılabilir olmasıdır. Matematik problemlerinden bir örnek verecek olursak; dik üçgenin alanını integral yoluyla bulmaya çalışan öğrencinin çabasını gösterebiliriz. Bu yolla dik üçgenin alanını bulmak birçok öğrenci için korku veren karmaşık bir işlem gibidir. Her öğrenci kolay kolay sonuca ulaşamaz. Fakat kısa ve pratik olarak öğretildiği takdirde ilkokul öğrencilerinin bile çözebileceği çok kolay bir problem haline gelebilir. Bir dik üçgenin alanını bulmak için; taban ve yüksekliği çarpıp ikiye bölmek, her öğrencinin kolayca yapacağı, birkaç işlemden ibaret basit bir yöntemdir.

Kader bilimi de benzer şekilde, sade, ve basit bir şekilde açıklanabilir. Bu şekilde herkesin anlayabileceği, kendi ve başkaları için yapabileceği basit bir işlemdir. Astrolojik haritalardaki ve Ebcet hesaplarındaki karışık ve herkesin kolay anlayamayacağı hesaplama şekilleriyle karşılaştırıldığında, işlemin kolaylığı herkesçe görülecektir.

Bir insanın kişiliği, iradesi, yeteneği, isteği ve en önemlisi

Şansı belli ise Kader'i kendiliğinden ortaya çıkacaktır. Bu veriler elimizdeyse, büyük bir sır olarak görülen kaderimiz hakkında bilgi sahibi olabilmemiz mümkün olabilecektir. Doğum tarihinden elde edilecek şanslı ve şanssız yıllar ile insanın şansını belirleyecek olan sayı belirlendikten sonra, insanın kaderi tüm açıklığı ile ortaya çıkmaktadır. Şanslı olup olmadığı, hangi yılların şanssız veya tehlikeli olduğu belirlenir. Tehlikeli yıllarda üç temel durum gerçekleşebilir.

1. Maddi gücün kaybedilmesi.
2. Evlilik hayatında sorunlar yaşanması.
3. Sağlık problemlerinin yaşanması.

Yukarıda sıralanan tehlikelerin hangi yıllarda olabileceği hakkında bilgi sahibi olmak, ona göre önlemler almamızı sağlayacaktır. Bu şekilde zamansız risklere girmeden, şanssız yılların geçmesini bekleyerek, paramızı, yuvamızı ve sağlığımızı korumuş oluruz.

Şanssız Yıllarda Doğanlar

Rakamsal değerleri vermeden önce bazı kritik yılların üzerinde durmak istiyoruz. Aşağıda açıklayacağımız yıllar öncelikle bilinmesi gereken temel yıllardır. Ancak bahsedeceğimiz yıllar üzülerek belirtmek gerekir ki, olumsuz anlamda temel oluştururlar. Bu yıllarda doğan insanlar, işlerinde, evliliklerinde, sağlıklarına diğer insanlardan daha fazla dikkat etmek zorundadırlar. Bunlar hayatları boyunca dikkatli yaşamak zorunda olan insanlardır. Eldeki geleneksel bilgiler ve yüzlerce insanla bire bir yaptığımız görüşmelerden bizim çıkardığımız sonuca göre aşağıdaki yıllarda doğan insanlar diğer insanlara göre birtakım farklılıklar göstermektedirler. Bu farkı belki genel anlamda yani genel ölçülerimize göre ŞANSSIZLIK olarak da yorumlayabiliriz. Ya da her zaman bir fazla efor sarfetmesi gereken insanlardır diyebiliriz.

Bu yıllar:
1919
1928
1946
1955
1964
1973
1982
1991
2000'dir.

Yukarıda değindiğimiz gibi bu yıllarda doğanların %80'i hayatlarının birçok döneminde problemlerle karşılaşabilirler. Bu nedenle belirli yaşlarına özellikle çok dikkat etmeleri gerekir. Bu yıllar ise:

20-22-24. yaşları.
30-32-34. yaşları.
40-42-44. yaşları.
50-52-54. yaşları.
60-62-64. yaşları ile

evliliklerinin:
2 ve 4. yılları,
10, 12 ve 14. yılları,
20, 22 ve 24. yılları, hayatlarının en tehlikeli yıllarıdır.

Bu yıllarına çok dikkat etmeleri gerekmektedir. İş hayatlarında, evliliklerinde veya sağlıklarında sorunlar yaşayabilirler. Bu nedenle mümkün olabildiğince her türlü risklerden uzak durmaları evli olanların da birbirlerine karşı sabırlı ve anlayışlı olmaları gerekir. Çünkü bu yıllarda yukarıda saydığımız iş, evlilik ve sağlık problemleri yaşama olasılıkları yüksektir.

Karakter Tahlili ve Evlilik Kararı

En önemli konulardan biri de insanların genel karakterinin tespit edilmesi ve diğer gruplara ait insanlarla olan uyumudur. Bu özellikle evlilik hayatında çok önemli bir meseledir. Bu bilgiler, karşımızdaki insanı tanımak ve böylece uyumlu bir birlikteliğe adım atmak için de kullanabileceğimiz, oldukça önemli bilgilerdir.

Çok duygusal biriyle duygularını açığa vurmak istemeyen biri, şaka yapmayı seven biriyle ciddiyeti seven biri, maceracı ruha sahip biriyle sakinliği seven biri, çok hırslı biriyle azla yetinen birinin bir arada uzun bir süre kalması zaten çok zordur. Karakterlerin birbirine yakın olması, ya da birbirini tamamlaması gerekir ki, sağlıklı bir ilişki olabilsin.

Karakter Sayısı ve Şans Sayısı

Büyük zorluklarla geçinen birinin çocuklarından bir tanesinin, büyük şehirde büyük işler başarması, büyük mevkilere ulaşması, daha önce açıkladığımız gibi zekâsı ve yeteneğiyle birlikte ŞANSINI belirleyen isminde gizlidir. İsim ve doğum tarihi işlemlerinden sadeleştirilen rakamlar, o insanın kişilik ve şansını ortaya koyar. Lider yaradılışlı ve şanslı bir insan hangi şartlarda olursa olsun mutlaka yeteneği doğrultusunda ideallerini gerçekleştirecektir. Yeter ki şansı yüksek olsun. ***"Şansının yüksek olması için de bir sonraki bölümde inceleyeceğimiz gibi, en azından kişisel rakamı ve şans rakamı birbirine eşit olmalı, ya da mümkün olduğunca şans rakamı yüksek olmalıdır."***

Şans rakamı 5 olan kişinin, kişisel rakamı da en az 5 olmalı ki şanssızlıktan kurtulabilsin. Çünkü şansı belirleyen rakamların en düşüğü 1, en yükseği 11'dir. Rakamların toplamı tek sayı olancaya kadar sadeleştirilir. Sadece 11 rakamı sadeleştirilemez. Çünkü bu rakam şansı belirleyen en yüksek rakamdır. Şansı 11 olan bir insanın hangi şartlarda olursa olsun hayatta yükselişi engellenemez ve yeteneği doğrultusunda mutlaka zirveye çıkar. Hayatlarının her döneminde şans onların yanındadır.

En basit şekliyle ismi oluşturan rakam, şansı oluşturan rakama eşit veya ondan küçük bir sayı olmalıdır.

MARILYN MONROE VE SAYISAL BİR ÖRNEK

Hayatı, yaşadığı çalkantılar ve hazin sonu herkes tarafından bilinen Marilyn Monroe, 1 Haziran 1926'da Amerika'nın Los Angeles kentinde dünyaya geldi. Asıl adı *Norma Jeane Mortenson*'dı. ***Marilyn Monroe***'yu kitabımıza konu etmemizin iki nedeni var. Birincisi biraz sonra incelemeye başlayacağımız hesaplama yöntemimiz için çok ilginç bir örnek oluşturması. İkincisi ise hayatının herkes tarafından biliniyor olmasıdır.

Adı: **MARILYN MONROE**

Doğum Tarihi: **01/06/1926**

1926

1+9+2+6 = **18**

1926 Doğum tarihi

\+ **18**

1944 Marilyn Monroe'nin **ŞANSSIZ YILI**

+ **18**

1962 Marilyn Monroe'nin **UĞURSUZ YILI**

Gazete haberlerinden:

"Şiddetli bir ateşe yakalanan Monroe, yüksek dozda yatıştırıcı ilaç alarak hayata gözlerini yumdu. Daha ***36*** *yaşında olan aktrist,* ***8 Ağustos 1962*** *günü yatağına uzanmış bir halde ölü olarak bulundu".*

Önceki sayfada verdiğimiz rakamlar ve çıkan sonuç ilk bakışta çok fazla anlamlı gelmeyebilir. Ancak hepimizin hayatını etkileyen rakamların hangi prensiplerle çalıştığını biraz sonra açıklamaya çalışacağız.

1	A	H	Ö	Y
2	B	I	P	Z
3	C	İ	R	
4	Ç	J	S	
5	D	K-Q	Ş	
6	E	L	T	
7	F	M	U	
8	G	N	Ü	
9	Ğ	O	V-W-X	

İSMİMİZİN RAKAMSAL TAHLİLİ VE KARAKTERİMİZİN TESPİTİ

Yukarıdaki tabloda gösterilen harfler ve onların karşılarındaki sayılar, aşağıdaki örnekte açıkladığımız gibi, karakter sayımızın tespitinde kullanılacaktır. Adımızı ve Soyadımızı yan yana yazdıktan sonra, her harfin altına tablomuzdaki o harfe denk gelen rakamı yazarak açıklamalarımıza başlıyoruz. Daha sonra bu rakamların tümünü toplayarak bir rakam elde ediyoruz. (iki haneli olabilir). Son olarak elde ettiğimiz bu rakamı tek sayıya indirgeyecek şekilde kendi içinde tekrar toplayıp sadeleştiriyoruz ve ait olduğumuz Karakter Grubu'nun rakamını elde etmiş oluyoruz. Bu aşamada kitabımızın son bölümündeki gruplara göre karakter tahlilleri bölümünü okuyup bir fikir sahibi olabiliriz. Ancak elde ettiğimiz rakam, daha sonra doğum tarihimizden elde edeceğimiz ***"Şans Sayımız"*** ile karşılaştırıldığında doğru sonuca yaklaşmış olacağız. Çünkü bu iki rakamın ve yine doğum tarihimizi kullanarak bulduğumuz kritik yıllarımızın ilişkisi oldukça önemlidir.

Hesaplamada Kullanacağımız İsimler

Karakterimizi belirleyecek rakamı tespit ederken ismimizden ve soyadımızdan yararlanacağımızı söylemiştik. Ancak bu konuda hatırlatılması gereken birkaç önemli nokta var. Öncelikle isimlerimizi nasıl kullanıyorsak onları esas almalıyız. Eğer üç ismimiz varsa, örneğin Ahmet Cemal Kandemir ve biz Cemal'i kullanmıyorsak, sadece Ahmet Kandemir'i esas almalıyız. Üçünü de kullanıyorsak, üçünü de hesaplama için kullanmalıyız.

Buradaki maksat ismin üzerindeki etkinin bulunması ve hesabedilmesidir. Biz hangi ismi kullanılıyorsak bizim üzerimizde etkisi olan isim odur. Bu yüzden kullandığımız, insanların bizi tanıdığı, seslendiği, hatırladığı ismimiz hangisi ise o ismi esas almalıyız. Hatta bazı sanatçılar vardır, onlar tek isimle tanınır ve bilinirler. Nilüfer, Neco, Kayahan, Madonna vs. gibi. Bunun gibi kişilerin de tek ismi esas almaları gerekecektir.

Hangi ismini ve kaç ismi kullanacağına esas olarak kişinin kendisi karar vermelidir. Çünkü hangi ismi kullandığını, hangi ismin kendisi üzerinde daha çok etkili olduğunu en iyi kendisi bilir. Evli bayanlar için de aynı şey geçerlidir. Onların da kullandıkları isimleri esas almaları en doğru sonucu verecektir.

Şimdi bir örnekle konuyu açmaya çalışalım.

ÖRNEK:

Adı ve Soyadı: **AYHAN KOÇALİ**
Doğum Tarihi: **15.04.1963**

A	Y	H	A	N	K	O	Ç	A	L	İ
1	1	1	1	8	5	9	4	1	6	3

1+1+1+1+8+5+9+4+1+6+3 = **40**

Bu şekilde iki basamaklı **40** sayısını elde ettik. Sonuca ulaşabilmek için tek haneli bir rakama ulaşmamız gerekmektedir. O halde iki haneli rakamı kendi arasında toplayıp sadeleştirmemiz gerekecek.

4+0 = **4**

Elde ettiğimiz **4** rakamı kişinin Karakter Grubu'nun numarasıdır. Nisan ayında doğan Ayhan Koçali'nin bundan sonra yapması gereken, ***4. Grubun Nisan Ayında Doğanlar***'la ilgili bölümü okumak ve karakteriyle ilgili özellikleri keşfetmektir.

ŞANS SAYISININ BELİRLENMESİ

Ait olduğumuz Grup bizim genel karakteristik özelliklerimizi belirler. Yani burada yeteneklerimiz ve zaaflarımızla ilgili çok önemli sonuçlara ulaşabiliriz. Ancak kişiliğimize ait özelliklerimizi gerçekleştirirken bunları ne derecede ve sağlıklı olarak uygulayabileceğimiz ya da zaaflarımızın önümüzde nasıl engeller oluşturabileceğini tahlil etmek için, **ŞANS** numaramızı belirlememiz gerekmektedir.

Yani her başlanan işin öncesinde ya da sonrasında, başarının ya da başarısızlığın ardından kullandığımız ***"Her şeyden önce şans olacak"*** cümlenin rakamsal değerini.

Şans numaramızın bulunması oldukça basit bir işlemdir. Bütün işlem doğum tarihimizi belirleyen rakamların, yukarıdaki örnekte ismimize uyguladığımız gibi yan yana yazarak toplanmasından ibarettir. İsimlerde olduğu gibi, doğum tarihlerinde de bulunan sayılar 1'den 9'a kadar tek rakam olacak şekilde sadeleştirilir. Yalnız burada tek bir istisna vardır. O da 11 rakamı sadece bu rakam sadeleştirilmez ve olduğu gibi bırakılır. Çünkü bu 11 en yüksek şansı temsil etmektedir. Şimdi yine **AYHAN KOÇALİ**'nin şans sayısını bulalım.:

Adı ve Soyadı: **AYHAN KOÇALİ**
Doğum Tarihi: **15.04.1963**
Grubu: **4 (Nisan Grubu)**

15.04.1963

1+5+4+1+9+6+3= **29**

29 sayısını da kendi içinde sadeleştirmemiz gerekiyor.

2+9 = **11**

11 Sayısı sadeleştirilmeyen özel bir sayı olduğu için, **AYHAN KOÇALİ**'nin şans sayısı **11** olarak bırakıyoruz.

Burada yine önemli bir ayrıntıyı açıklamamız gerekiyor: Bulduğumuz şans numaramız, (örneğimizde 11 olarak gözükmektedir) karakter rakamından (örneğimizde 4 olarak gözükmektedir) büyük ya da en azından eşit olmalıdır. Bu oran bize şansımızın ne kadar yüksek olduğuyla ilgili bilgi verecektir. Örneğimizdeki Ayhan Koçali, genelde 4. Karakter grubunun, özel olarak aynı grubun Nisan ayında doğanlara ilişkin özellikler taşımaktadır. 11 olan şans numarası ise, zaten özel bir şans numarası olup, 4'den de büyük bir rakam olduğundan, kendisi için oldukça şanslı bir insan diyebiliriz.

Şimdi karakter numaramızı ve şans numaramızı birlikte bulacağımız yeni bir örnekle devam edelim.

ÖRNEK:

Adı ve Soyadı: **EMEL SAKLI**
Doğum Tarihi: **17.02.1977**

EMEL SAKLI
6766 41562

6+ 7+6+6+4+1+5+6+2= **43**

4+3 = **7**

Örneğimizdeki Emel Saklı, ***7. Karakter Grubu***'na aittir ve bu grubun Şubat ayında doğanlar bölümünden kendisiyle ilgili bilgilere ulaşabilir. Bundan sonra Emel Saklı'nın şanslı olup olmadığını bulmak için şans numarasını tespit etmemiz gerekecektir. Ancak şanslı diyebilmemiz için, şans numarasının 7 ya da 7'den büyük bir rakam olması gerekmektedir. İşte hayatımız boyunca bizleri etkileyen şansımızı belirleyen de budur. Yani ismimiz ve doğum tarihimiz arasındaki rakamsal denge.

Adı ve Soyadı: **EMEL SAKLI**
Doğum Tarihi: **17.02.1977**
Grubu: **7 (Şubat Grubu)**

17.02.1977
1+7+2+1+9+7+7= **34**

34 sayısını sadeleştirdiğimizde,

3+4= **7** rakamını buluruz.

Sonuç olarak örneğimizdeki karakter numarası 7, şans numarası da 7 olduğundan bu kişi için de şansı açısından olumsuz bir şey söylenemez. Ancak şans numarası, yıldız numarasından küçük olsaydı, daha sonra analizini yaparak belirleyeceğimiz kritik yıllarına dikkat etmek zorunda kalacaktı.

İsmimiz ve doğum tarihimiz arasındaki bu denge, her olayın öncesinde ve sonrasında aradığımız **ŞANS** kelimesinin anahtarını oluşturmaktadır. Kendiniz ve çevrenizdeki insanlara uygulayacağınız yöntemimizle ulaşacağınız sonuçlar eminiz ki hepinizi çok şaşırtacak. Aslında keşfedeceğiniz sonuçlar, binlerce yıldır uygulanan bir bilginin deşifre olmuş anahtarıdır

Şimdi Grup sayısı ve Şans Rakamı arasındaki ilişkiyi daha iyi anlayabilmek için örneklerle konuyu açmaya çalışalım.

Grup Sayısı	Şans Sayısı	
1	1	*(Şansı çok yüksek değil)*

Grup Sayısı	Şans Sayısı	
1	2	*(Şansı giderek yükseliyor)*

Grup Sayısı	Şans Sayısı	
1	3	*(Daha şanslı)*

Bu yükseliş 11 şans rakamına kadar sürecek ve yükseldikçe kişinin şansı artacaktır. Şimdi başka örneklerle devam edelim.

Grup Sayısı	Şans Sayısı	
5	3	*(Şansı zayıf)*

Grup Sayısı	Şans Sayısı	
5	5	*(Şanssız denemez)*

Grup Sayısı	Şans Sayısı	
5	11	*(Çok Şanslı)*

Şimdi çok şanslı ve özel olduğunu söylediğimiz 11. Grup için bir örnek verelim. Çünkü bu örnekten de göreceğiz ki; kişi özel olan 11. Gruba dahil olsa bile şansının yüksek oluşu, Şans rakamına ve bu rakamın, isimden elde ettiğimiz karakter sayısıyla olan ilişkisine bağlıdır. Yani 11. Lider gruba dahil olsa da şanssız olabilir. Bu da pek hoş bir durum değildir. Lider özellikte birisiniz. Potansiyeliniz üst seviyede ama şansınız yok.

Grup Sayısı	Şans Sayısı	
11	1	*(Çok şanssız)*

Grup Sayısı	Şans Sayısı	
11	6	*(Şansı zayıf)*

Grup Sayısı	Şans Sayısı	
11	11	***(EN BÜYÜK ŞANS)***

Tüm gruplar ve tüm şans numaraları için örnekler çoğaltılabilir. Ancak buradaki anlaşılması gereken şey, iki sayının birbiriyle olan ilişkisidir. İşte onun için ismimiz ve doğum tarihimiz önemlidir. Dolayısıyle çocuklarımıza koyacağımız isimler de önemlidir. Bu basit yöntemin hayatımız için ne kadar önemli olduğunu, kendi üzerinizde ve çevrenizdeki insanların üzerinde denediğinizde daha iyi anlayacaksınız.

22 Sayısının Özel Durumu

Adımızı oluşturan harfleri toplayarak ulaştığımız rakamların içinde 22 sayısının özel bir durumu vardır. Ulaştığımız 22 sayısını 2+2=4 şeklinde sadeleştirerek 4. grup sonucuna ulaşmış olsak da, bu sadeleştirmeyi 22 sayısını kullanarak yaptığımız için ve 22'nin özel bir sayı olmasından kaynaklanan bir avantajı bulunmaktadır.

Kişi 4. gruba ait olabilir. O grubun karakteristik özelliklerini taşıyabilir. Ancak kullanıp kullanmayacağı kendisine ait olan bir şans her zaman onunla birlikte olacaktır. Bu kişinin şans rakamı düşük de olsa hayata karşı her zaman bir adım öndedir diyebiliriz. Fakat bu 11. grubu değerlendirirken kullandığımız **"ŞANS"** kelimesiyle aynı değildir. Şansı, şanssızlığı ve karakteristik özellikleri, ait olduğu grubun özellikleridir. Şans numarası kaç ise o kadardır. Ancak onun elinde her zaman bir joker bulunmaktadır.

11. gruptaki gibi elindeki bütün kağıtlar mükemmel değildir. Bazen iyi bazen kötü kâğıtlarla oynamak zorunda kalabilir. Ama hep bir jokerle.

KRİTİK YILLARIN BULUNMASI
ŞANSSIZ YIL - UĞURSUZ YIL

İsmimizi ve doğum tarihimizi kullanarak elde ettiğimiz sonuçlar kadar, yine doğum tarihimizi kullanarak bulduğumuz **KRİTİK YILLAR**, bizim için çok önemli sonuçları bünyesinde barındırmaktadır. Dikkat etmemiz gereken özel yıllara işaret eden bu sonuç, hayatımızın dönüm noktalarında vereceğimiz doğru kararı ve doğru zamanı tespit edebilmek için çok ilginç ve şaşırtıcı sonuçlar ortaya koymaktadır.

Hayati önem taşıyan yaşayacağımız kritik yılları, yine doğum tarihimizi kullanarak tespit edebiliyoruz. Bu yılları aşağıdaki hesaplamamızdaki gibi, **ŞANSSIZ** ve **UĞURSUZ** yıllar olarak birbirinin devamı olan iki işlemle belirliyoruz. Belirleyeceğimiz dönemlerde özellikle şansı düşük olanların, çok dikkatli olması gerekmektedir. Özellikle iş hayatlarına, evlilik hayatlarına, ve sağlıklarına bu dönemlerde aşırı özen göstermeli, başlangıçları ve önemli kararları mümkünse başka zamanlara ertelemelidirler. Şansı yüksek olanlar ise kritik yılları, muhtemelen hasarsız atlatacaklardır. Fakat yine de onların da dikkatli olmasında fayda vardır. Çünkü o dönemler, yaşadıkları diğer zamanlara göre yine de kritik dönemlerdir.

Şimdi konuyu yine bir örnekle açıklamaya çalışalım.

ÖRNEK:

Doğum Tarihi: **1966**

Doğum tarihini oluşturan rakamları kendi aralarında tek tek topluyoruz.

1+9+6+6 = **22**

Çıkan sonuç **22**'yi doğum tarihimizin üzerine ilave ediyoruz. Elde edeceğimiz tarih, bizim için şanssız yani dikkat etmemiz gereken yılı vermektedir.

1966
+ 22
1988 ŞANSSIZ YIL
+ 22
2010 UĞURSUZ YIL

Karşımıza çıkan **1988** ve **2010** yılları 1966 yılında doğan biri için dikkat edilmesi ve önemli kararların alınmaması gereken yıllardır. Ayrıca bu tarihlerin dışında da ara yıllara dikkat etmemiz gerekecektir. Bu ara yıllar elde ettiğimiz sayının bölünebildiği rakamlara denk gelen yıllardır. Ancak esas olan ***Şanssız*** ve ***Uğursuz*** yıllara denk gelen zamanlardır. Örnek: 22'yi en fazla ikiye bölerek bir tam sayı elde edebiliriz. Bu yüzden elde ettiğimiz 11 sayısı, 1966'dan itibaren her 11 yıla da dikkat etmemiz gerektiği sonucunu vermektedir.

Burada ilginç ve dikkat edilmesi gereken bir başka konu daha dikkatinizi çekmiş olmalı. Doğum tarihlerindeki rakamların toplamı 20 olanlar için olumsuz bir durum ortaya çıkmaktadır. Çünkü örneğimizdeki 22 ancak 2'ye bölündüğünde bir tam sayıya tekabül ediyorve 11 rakamına ulaşıyoruz. Dolayısıyla bu da kişinin 11 yılda bir kritik zamanlar geçirmesi demektir. Oysa 20, 10'a bölündüğünde bile bir tam sayı veriyor ve bu rakam da 2'ye denk geliyor. Yani buradan da rakamı 20 olanlar, her 2 yılda bir kritik zamanlar geçirebilir anlamı çıkmaktadır. Zaten Kritik doğum tarihleri bölümünde verdiğimiz yılların tamamının toplamı da hatırlanacağı gibi 20'yi veriyordu. Şöyle ki:

1919	1+9+1+9 =	20
1928	1+9+2+8=	20
1946	1+9+4+6=	20
1955	1+9+5+5=	20
1964	1+9+6+4=	20
1973	1+9+7+3=	20
1982	1+9+8+2=	20
1991	1+9+9+1=	20
2000	2+0+0+0=	20

Bir başka örnekle konuyu açıklamaya çalışalım:

Doğum Tarihi: **1983**

Doğum tarihini oluşturan rakamları kendi aralarında tek tek topluyoruz.

1+9+8+3 = **21**

Çıkan sonucu yine doğum tarihinin üzerine ilave ediyoruz.

1983

\+ 21

2004 ŞANSSIZ YIL

\+ 21
2025 UĞURSUZ YIL

Burada da karşımıza 2004 ve 2025 tarihleri çıkıyor. Ancak 21 sayısı 3'e bölünebildiğinden karşımıza 7 sayısı çıkmaktadır. Bu kişi için 2004 şanssız yıl, 2025 uğursuz yıl olmasına rağmen, her 7 yıla da dikkat etmesi gerekecektir.

Ancak tekrar etmemiz gerekir ki, şansı yüksek olan insanların bu tarihlerden etkilenmesi zordur ya da bu dönemleri çok yumuşak atlatabilirler.

ŞANSLI YIL

Bu analizlerden çıkan sonuçlara dikkat ettiğimizde, şanssız ve uğursuz yılları tespit ettiğimizi görürüz. Yani alacağımız hayati kararların bu dönemlere denk gelmemesi gerektiği konusunda bir fikrimiz olur. Bu da bizi periyodik olarak yaşayacağımız felaketlere karşı koruyacaktır. Peki aynı sayısal düzende pozitif yıllar yok mudur? Rahatlıkla hayati kararlar alabileceğimiz, şanssızlığımızı kırıp yeni bir şeyler başlatacağımız yıllar. Elbette var.

"Şanslı Yılımız"ı ***"Şanssız Yılımız"***dan sonra gelen on yılın üzerine şans numaramızı ekleyerek bulabiliriz. Yani şanssız yılımızı tespit ettikten sonra, şanssız yılımızdan sonra gelen ilk şans numaramızla biten yıl bizim ***"ŞANSLI YILIMIZ"*** olacaktır.

ÖRNEK:

Doğum tarihi: **1966**
Doğum tarihimizin rakamlarını topladığımızda yine,
1+9+6+6 = **22** elde ederiz.

1966
+ 22
1988 şanssız yıla ulaşırız

Doğum tarihimizden elde ettiğimiz şans numaramız: **6**

1988 yılından sonra gelecek olan ilk **6** ile biten yıl bizim olumlu günlerimizin başladığı tarihler olacaktır.

Yani **1996**

Bütün bu özelliklerimizi çıkardıktan ve bir tarafa koyduktan sonra incelememiz gereken bir konu daha kalıyor. Bu konu incelediğimiz diğer konular kadar önem arz etmektedir. *EVLİLİK...*

EVLİLİK TARİHİ VE KRİTİK YILLAR

Evlilik tarihi; kaderimizi ve şansımızı birebir etkileyen, hayatımızın en önemli kararlarından biridir. Çünkü istediğiniz kadar şanslı ya da şanssız olun, biriyle hayatınızı birleştirdiğinizde, onun bu birlikteliğe getireceği şans ya da şanssızlık sizin hayatınızı direk etkileyecektir. Ya da evlilikte keramet vardır misali size yeni imkanların kapıları açılacaktır.

Bu nedenle evleneceğimiz kişinin öncelikle karakterimize uygun olup olmadığına, daha sonra şanslı olup olmadığına, son olarak da evlenmeye karar verdiğimiz tarihin bizim kritik dönemimize denk gelmemesine dikkat etmek zorundayız.

Bu derece önemli bir kararın bizim üzerimizdeki etkileri de çok kuvvetli olacaktır. Hayatımızın akışını değiştirecek bu dönüm noktası, bizim ayrıca dikkat etmemiz gereken kritik yılları da birlikte getirmektedir. Unutmamak gerekir ki, yaşayacağımız bu kritik yılları ne kadar şiddetli geçireceğimiz de, yine bizim şansımızın ne kadar olduğuyla birebir ilgilidir.

Evliliğimize bağlı olan kritik yılları, yine kritik yılların hesaplânmasında olduğu gibi basit bir yöntemle bulabiliriz. Burada öncelikle yapmamız gereken şey doğum tarihini sadeleştirmek olacaktır. Sonra çıkan rakamı evlilik tarihimizin üzerine ilave ederek sonuca ulaşabiliriz. Ulaştığımız sonuç bizim *EVLİLİKLE İLGİLİ KRİTİK TARİHİMİZ* olacaktır.

Yine Kritik Yıllar'ın hesaplanmasında olduğu gibi çıkan sonucu, bölünebilen tam sayıya sadeleştirerek, Kritik Ara Yıllar'ı da bulmamız mümkün olacaktır.

ÖRNEK:

Doğum Tarihi: **1966**
Evlilik Tarihi: **1992**

Doğum tarihini oluşturan rakamları kendi aralarında tek tek topluyoruz.

1+9+6+6 = **22**

Bu rakamı evlilik tarihimizin üzerine ekliyoruz.

1992 EVLİLİK TARİHİ
\+ 22
2014 KRİTİK YIL

Elde ettiğimiz tarih, evliliğimizle birlikte değişen hayat akışımızdan çıkardığımız kritik ve dikkat edilmesi gereken tarihtir. Ayrıca bulduğumuz 22 rakamı 2'ye bölünebildiğinden, çıkan 11 rakamı da, evliliğimizden itibaren her 11 yıla da dikkat etmemiz gereğini ortaya koymaktadır. Eğer çıkan rakam 19 olsaydı, 19 sadece kendine bölünebildiğinden, evlilik hayatında ancak 19 yılda bir kritik dönem beklentisi olacaktı.

ÜNLÜLERİN KARAKTER ANALİZİ VE ŞANS SAYILARI

Marilyn Monroe'nun hazin sonuna ilişkin kötü bir örnekle başladığımız bölümümüzü, isterseniz daha olumlu bir örnekle noktalayalım.

Hepimizin çok yakından tanıdığı ve bir çoğumuzun sevgisini kazanmış olan birinden bahsetmek istiyoruz. **Adnan Şenses.** Kendisiyle görüşmemizin nedeni öncelikle gözönünde olan ve herkesin güvenini kazanmış bir insan olmasından kaynaklanıyordu. Hayatı başarılarla dolu , ilerlemiş yaşına rağmen çevresine olumlu etkiler veren birinin analizinin, nasıl sonuçlar vereceğini biz de merak ediyorduk.

Adnan bey, başarısının sırrını özellikle verdiği doğru kararlara bağlarken, şanslı olduğunu da söylüyordu ve şansının özellikle de kızının doğumuyla birlikte arttığını ifade ediyordu.

Kendisiyle yaptığımız görüşmemizin sonunda çıkardığımız analiz sonuçları gerçekten ilgi çekiciydi. Şimdi Adnan Şenses'in analizini birlikte inceleyelim.

Adı ve Soyadı: **ADNAN ŞENSES**
Doğum Tarihi: **21.08.1935**

A	D	N	A	N		Ş	E	N	S	E	S
1	5	8	1	8		5	6	8	4	6	4

1+5+8+1+8+5+6+8+4+6+4 = 56

5+6 = **11**

Adnan Şenses'in grubu, liderlerin grubu olarak adlandırdığımız **11** olarak karşımıza çıktı. Şimdi şans rakamını da tespit edelim ve ne kadar şanslı olduğunu bulalım.

Adı ve Soyadı: **ADNAN ŞENSES**
Doğum Tarihi: **21.08.1935**
Grubu: **11** (Ağustos Grubu)

21.08.1935
2+1+8+1+9+3+5 = **29**

29 sayısını sadeleştirdiğimizde ulaştığımız sayı,
2+9= **11**

Evet Adnan Şenses'in sayısal analizinden çıkan sonuç 11/11'di. Bu sonuç bizim yaptığımız çalışmalar sonucunda elde edebileceğimiz en iyi sonuçtur. Yaşantısına baktığımızda, hem sanat hayatında hem de ticari hayatında, son derece başarılı olan birinin böyle sonuç vermesi aslında çok şaşırtıcı değil.

Etrafınızdaki bir çok insanı incelediğinizde, başarılı olan herkesin şans rakamının yüksek olduğunu göreceksiniz. Çabalayan ancak bir türlü istediği sonucu alamayan insanların ise şans rakamlarının düşük olduğu dikkatinizi çekecek.

Bu konuda size birkaç örnek vermek istiyoruz. Alanlarında başarılı olmuş, lider vasıfları olan bu insanların karakter ve şans rakamlarını incelemek sanıyoruz ki ilginç olacak:

Adnan Şenses
26/02/1954
Karakter Sayısı :**11**
Şans Sayısı :**11**

Recep Tayyip Erdoğan
26/02/1954
Karakter Sayısı : **3**
Şans Sayısı : **11**

Cem Yılmaz
23/04/1973
Karakter Sayısı : **8**
Şans Sayısı :**11**

Ali Koç
02/04/1967
Karakter Sayısı : **1**
Şans Sayısı :**11**

Bill Clinton
19/8/1946
Karakter Sayısı : **6**
Şans Sayısı :**11**

MADONNA
16/08/1958
Karakter Sayısı : **3**
Şans Sayısı :**11**

WOLFGANG AMADEUS MOZART
27/01/1756
Karakter Sayısı : **8**
Şans Sayısı : **11**

MARADONA

30/10/1960

Karakter Sayısı : **8**

Şans Sayısı : **2**

Maradona ismi üzerinde özellikle durmak istiyoruz. 8'inci gruba dail olan Maradona, lider bir grubun etkisi altında. Çok yetenekli ve çok başarılı bir insan olarak gözükmektedir. Ancak bunun yanında şans rakamının da olabildiğince düşük (2) olduğunu görüyoruz.

Maradona'nın, bütün başarılarından sonra ve tüm şöhretin ardından yaşadıklarını gözümüzün önüne getirdiğimizde, herkesçe bilinen ve oldukça ilginç bir tablonun ortaya çıktığı açıktır.

Ortaya koyduğumuz verilerin ışığında isimlerimizin ve doğum tarihlerimizin önemi ve üzerimizdeki etkileri ortadadır...

Sonuç olarak isimler mi bizi etkiliyor? Ya da kaderci yaklaşımla, biz mi layık olduğumuz isimle yaşıyoruz? Diyebilirsiniz.

Ancak unutmamak gerekir ki, biz insanlar her an herşeyi değiştirebilecek güce sahip varlıklarız...

Kendisiyle ve dünya ile barışık yaşamak ve bunun için gerekli imkânlara sahip olmak, en azından bu imkânlardan haberdar olmak herkesin hakkıdır.

V. BÖLÜM

KARAKTER TAHLİLLERİ

Bu bölümde, isim ve soyadlarınızdan elde ettiğiniz karakter sayınızın tahlillerini ve değerlendirmeleri bulacaksınız.

Doğduğunuz aya göre, her grubun sınıflandığı bu bölümde; kişiliğiniz ve genel karakteristik özelliklerinizle birlikte, yeteneklerinize ve zaaflarınıza ilişkin bir takım bilgilere de ulaşabilirsiniz.

Her grubun kendine özgü farklı özellikleri vardır. Unutmamak gerekir ki, bu farklı özellikleri kullanabilmek, zaaflarınızı en aza indirip başarılı ve huzurlu bir hayata sahip olmak, sizin elinizde olduğu kadar, şans sayınızın yüksek oluşuyla da ilgilidir. Şans sayınız, karakter sayınızdan ne kadar büyükse, (en yüksek şans rakamı 11'dir) şansınız o kadar yüksektir. Dolayısıyla sizler o karakteristik özelliklerinizin avantajlarını o oranda iyi kullanabilir, zaaflarınızdan ve şanssızlığınızdan o oranda uzaklaşmış olursunuz.

1. GRUP
OCAK AYINDA DOĞANLAR

"Mükemmeliyetçi - Otoriter - Sağlamcı"

Genel Özellikleri:

Her şeyin en kusursuzunu en mükemmelini yapmaya çalışırlar ve bu mükemmeli arayan yaklaşımlarını karşılarındaki insanlardan da beklerler. Gördükleri en küçük hatada bile zaman zaman çileden çıkacak duruma gelebilirler. Çünkü hata çok küçük bile olsa onlar için başarısızlık anlamına gelir. Onurlarına çok düşkündürler. Bu yüzden aksi giden bir şey veya küçük bir başarısızlık halinde bile onurlarına zarar gelecekmiş gibi hissederler.

Ocak ayında doğan 1'ler hiçbir tartışmada geri adım atmazlar ve ikinci adam olmak istemezler. Her zaman bildikleri kendilerince doğrudur. Hiçbir fikir kendi bildikleri doğrulardan onları ayıramaz. Herkese de kendi bildikleri doğruları kabul ettirmeye çalışırlar ve genellikle başarılıdırlar. Zaten kazanamayacakları hiçbir işe veya tartışmaya da girmezler.

Genellikle çok iyi bir yönetici ve idareci olurlar.

İş Hayatları:

İnanılmaz bir iş kapasiteleri vardır. Zor olan bütün işlerin üstesinden ustalıkla gelebilirler. Ancak mümkün olduğu kadar risklerden uzak dururlar. Hatta riski olan bir işe hiçbir zaman girmemeye çalışırlar. Ağır adımlarla kesin sonuca giderler. Hata payı yüzde bir bile olsa o işe girmemeyi düşünebilirler. Kendilerine çok fazla zaman ayırmakta zorlanırlar. Bütün bunlara rağmen iş ve evlilik hayatları sakin ve mutlu bir şekilde devam eder.

Aşk ve Evlilik Hayatları:

Ciddi, sert ve güvenilir insanlardır. Duyusal oldukları halde duygularını göstermekten kaçınırlar. Sevdiklerine karşı son dere sadıktırlar. Sevdikleri zaman içtenlikle bağlanırlar fakat duygularını karşısındakilere açıklamaktan anlaşılmaz bir şekilde çekinirler. Evliliklerinde ideal bir eş olurlar. Hareketli bir yaşam yerine; sade, mutlu ve huzurlu bir hayatı tercih ederler.

1. GRUP
ŞUBAT AYINDA DOĞANLAR

"Duygusal - Zeki - Kararsız"

Genel Özellikleri:

Genellikle duyguları ve mantıkları arasında ikilem yaşarlar. Duygusallığa kapıldıklarında, mantıkları ağır bastığından duygularını frenlemek zorunda kalırlar. Yapmak zorunda kaldıkları bir çok iş aslında yapmak istemedikleri işler olduğundan huzursuzlukları artar, bazen de patlama noktasına gelirler. Çok sinirli olurlar. Fakat sinirleri saman alevi gibidir. Çok sinirlendikleri bir insana beş dakika sonra hiçbir şey olmamış gibi davranabilirler. Çünkü mantıkları ve duyguları arasındaki gidiş-gelişler bazen olumlu sonuçlar da doğurur. Bu da onların olayları tahlil etmeleri ve kinlerinin sona ermesine neden olur. Kin tutmadıkları için dostluklarında ve ilişkilerinde en küçük bir zedelenme olmaz.

Dostlarına inanılmaz bir şekilde bağlıdırlar. Etraflarındaki insanlara yardım etmek uğruna zarar göreceklerini bilseler bile, hiç düşünmeden gereken her şeyi yapmaktan kaçınmazlar. Karşılarındaki insanları kırmamak için sabırlarının sonuna kadar direnirler. Ancak sabırlarının da bir sonu vardır ve bu son genellikle bir patlamayla sonuçlanır.

Bu gruba ait insanların genelde merhametli bir yaradılışları vardır. Hiç tanımadıkları insanlara bile yardım etmek onlar için büyük mutluluk sebebidir. Kendileri mutlu olmasalar bile başkalarını mutlu etmek onlar için yeterlidir. Monoton bir hayat, onlara işkence gibi gelir. Her olayda, ilişkide ya da objede güzel ve estetik bir taraf bulmaya çalışırlar.

İş Hayatları:

Olayları pratik olarak algıladıkları için, zor gibi görünen olayların üstesinden kolaylıkla gelirler. Yeter ki işlerine kimse karışmasın. Onlara bir işi öğretmeye çalışmak, sinirlenmeleri ve çileden çıkmaları için yeterli bir sebeptir. Ancak şunu da söylemek gerekir ki; çalışkan olmalarına rağmen genellikle işin kolayına kaçarlar.

Aşk ve Evlilik Hayatları:

Ancak çok sevdiklerine emin olduklarında evliliği tercih ederler. İş hayatları inişli çıkışlı olsa da, evlilik hayatları çok uyumlu ve mutlu olur. Bu mutluluk iş hayatlarını da olumlu yönde etkileyebilir.

1. GRUP
MART AYINDA DOĞANLAR

"Duygusal - Mantıklı - Sabırlı"

Genel Özellikleri:

Duygusal, mantıklı ve sabretmeyi bilen insanlardır. Alacakları önemli kararların öncesinde; en iyi zamanı beklerler ve fırsatları çok iyi değerlendirirler. Duygusal bir yapıya sahip oldukları halde mantıklarını öne çıkarmayı başarırlar ve genellikle de böyle hareket ederler. Çoğunlukla doğru zamanda doğru kararı vererek kesin bir başarıya ulaşmayı başarırlar. Dışarıdan bakıldığında içine kapanık gibi görünseler de, aslında hiç de öyle değillerdir. Kendilerine uygun dostlarıyla birlikteyken, oldukça neşeli ve şakacı insanlardır. Fakat yine de bazen yalnız kalmak ihtiyacı hissederler. Bu gibi özel durumlarında onlara asla ısrarcı davranmamak gerekir. Çünkü bu gibi durumlar, bu gurup insanlarının çok önemli bir karar öncesinde olduklarının göstergesidir. Yalnız kaldıklarında karar verecekleri şeyin en ince ayrıntılarını düşünüp, doğru bir sonuca varabileceklerine inanırlar. Böyle zamanlarda kimsenin etkisi altında kalmadan sadece kendileri düşünüp, hata yapmadan doğru kararı vermek isterler. Çoğunlukla başladıkları bütün işleri büyük bir başarıyla sonuçlandırırlar.

İş Hayatları:

Evlilikleri ve işleri onlar için kutsaldır. İşlerine kimseyi karıştırmak istemezler. Yaptıkları iş her zaman en iyisi olmalıdır. Bir başkası işlerine karışırsa, o işin en iyi olmaktan çıkacağına ve sıradan bir işe dönüşeceğine inanırlar. Bu yüzden işlerinde ve kararlarında tek başlarına olmak isterler.

Aşk ve Evlilik Hayatları:

Evliliklerindeki başarılarının sırrı, işlerindeki sorunları evlerine yansıtmamalarından kaynaklanır. İş hayatında karşılaştıkları sorunlar ne olursa olsun işyerinde kalır. Bu yüzden de evlerinde daima mutlu bir hava eser. Eşler birbirlerine karşı aynı hassasiyeti gösterip, birbirlerinin işlerine karışmaz, iş ve ev hayatını birbirinden ayırırlarsa bir ömür boyu mutlu bir evlilikleri olur.

1. GRUP
NİSAN AYINDA DOĞANLAR

"Yönetici - İşine Bağlı- Titiz"

Genel Özellikleri:

İdareci, yönetici ve büyük işlere imza atmak için yaratılmış insanlardır. Ne tür işle uğraşıyor olurlarsa olsunlar inanılmaz bir güç ve iradeyle çalışırlar. Başladıkları iş ne olursa olsun mutlaka sonuca ulaşırlar ve ulaştıkları bu son, büyük oranda başarıyla birlikte gelir.

Bu gruba ait insanlar, duygusal bir yapıya sahip olmalarına rağmen, bunu dışa vurmaktan pek hoşlanmazlar. Az sayıda fakat sağlam dostluklar kurarlar. Çok geniş çevreleri olmasına rağmen, ancak kendi anlayışlarına uygun, çok az sayıda insanlarla içli dışlı olurlar.

Üzerlerine aldıkları sorumlulukları çok önemserler ve ciddiye alırlar. Etraflarındaki insanlara karşı sorumlu olduklarının bilincindedirler ve bu sorumlulukları yerine getirmek için büyük bir gayretle çalışırlar. Bu insanların dostlukları güçlüdür ve iyi niyetlidirler.

İş Hayatları:

Yaptıkları bütün işlerde tek başlarına karar vermek isterler. Hataya yer vermemek için, iş yaptırdıkları insanları sıkı bir şekilde denetlerler. Üzerinde çalıştıkları şey ne kadar basit ya da ne kadar karmaşık olursa olsun, büyük bir titizlikle çalışırlar ve mutlaka bitirmek isterler. Eğer işlerini severek yapıyorlarsa başarısızlık imkânsız gibidir.

Aşk ve Evlilik Hayatları:

Duygusal ilişkilerinde ve evlilik konusunda son derece seçici davranırlar. Daha doğrusu kolay kolay kimseyi beğenmezler. Ancak zor da olsa bir kişiyi beğenirlerse aşık olurlar. Evliliği de ancak aşık olacakları insanla düşünebilirler.

Onlar için en değer verdikleri şeylerin başında aileleri gelir. Ev ortamında hiçbir zaman otoriteyi elden bırakmazlar. Ciddiyet ve resmiyet hayatlarının vazgeçilmez parçalarıdır. Şakalaşırken bile resmiyet içinde olduklarını hissettirirler. Buna rağmen evlendikten sonra mutlu olmayı ve mutlu etmeyi başarırlar. Yeter ki kendilerini anlayabilecek bir insanla uyumlu bir birliktelik kurmayı başarsınlar.

1. GRUP
MAYIS AYINDA DOĞANLAR

"İnatçı - Duygusal - Merhametli"

Genel Özellikleri:

Her ne kadar sakin görünseler de, o sakinliğin arkasında her zaman patlamaya hazır bir bomba gibilerdir. Karşılaştıkları olaylara karşı sakin davrandıklarını düşünebilirsiniz. Ancak bu sakinlik onların içindeki fırtınaları örten bir perde gibidir. Olaylara karşı tepkilerini dile getirmek yerine, söyleyeceklerini içlerine atarlar. İçlerine attıkları küçük küçük duygular ve düşünceler, zamanla birikir, birikir ve hiç hesapsız bir anda bir volkan gibi patlamalarına neden olur. Bu; onlarda ve çevrelerinde bir şok etkisi yaratsa bile, kendilerini beklenenden çok daha kısa bir sürede toparlama becerisini gösterirler. Küçük şeylerle mutlu olmasını bilen bu grubun insanları, kendi işlerini kendileri görmek isterler. Yaptıkları işlere yapılan müdahaleler onları rahatsız eder. Hatta kızdırır.

Yardımsever insanlardır. Mümkün olduğunca yardıma ihtiyacı olan hiç kimseyi geri çevirmezler. Bunun için ellerinden gelen her şeyi esirgememeye gayret gösterirler.

Ailelerini çok severler. Ancak genel hayat anlayışlarında olduğu gibi ev hayatlarında da sürekli aradıkları mükemmeliyet duygusu, onları aileleriyle genellikle karşı karşıya getirir hatta tartışmalara neden olabilir. Aileleri onlar hakkında hep olumlu şeyler düşünse de, ideallerinin ve düşüncelerinin farklı oluşu, ortak bir noktanın bulunmasını zorlaştırır. Çünkü her zaman kendi bildikleri yolda gitmekte ısrarcıdırlar. Bu ısrar; olumsuz bazı sonuçlara sebep olsa bile, onların karakteristik yapılarına ait önemli bir özelliktir. Bu inatçı yapıları bir taraftan da onlara kararlı ve ne yaptığını bilen insanlar olma özelliğini de beraberinde getirir. Bu özelliklerini hayata geçirmeleri yani doğru bildikleri kararları kendileri vermeleri, onlar için en doğru davranış biçimi olacaktır.

Aşk ve Evlilik Hayatları:

Evlilik hayatlarında ideal bir eş olurlar. Yuvaları her şeyden önce gelir. Eşlerine karşı sevgi ve saygıları bir ömür boyu sürer. Yeter ki ilişkileri dış etkilerden etkilenmesin ve onlara akıl vermeye kalkışan negatif düşüncelerin etkisi altında kalmasınlar. Çünkü ne istediğini bilen, inatçı ve sert yapılarının altında inanılmaz duygusal, inanılmaz sevecen bir insan vardır.

1. GRUP
HAZİRAN AYINDA DOĞANLAR

"Mantıklı - Duygusal - Aceleci"

Genel Özellikleri:

Mantıklı insanlar olmalarına rağmen genellikle duygularıyla hareket ederler. Çok zeki insanlardır. Yapacakları işleri en ince ayrıntılarıyla plânlayıp, hayata geçirmek için en uygun zamanı beklerler. Bu bekleme süreci, onların çok doğallıkla yaşadıkları bir zaman dilimidir ve kendilerinde bir stres yaratmaz. Çünkü bir taraftan hayatlarını ve olayları plânlarken, bir taraftan da hayatı dolu dolu yaşamaktan geri kalmazlar. Yani eğlenmeyi çok iyi bilirler.

Bu insanlar; biraz zıt bir durum gibi gözükse de, duygusal insanlar oldukları kadar, lider yaradılışlı bir karaktere de sahiptirler. Bu iki özelliği dengeli bir şekilde kullanabilirlerse isteyip de başaramayacakları şey yok gibidir. Ancak bu iki yapı arasındaki gidiş-gelişler hayatlarının bir parçası gibidir. Bu yüzden de monotonluk onlar için katlanılmaz olur. Sürekli değişiklik isterler. Hatta maymun iştahlı demek, bu insanlar için uygun bir tanım bile olabilir. Bulundukları yer ya da makam ne olursa olsun onlara yetmez. Her zaman her şeyin en iyisini isterler ve istedikleri yeni şey her ne ise elde etmeye çalışırlar. Eğer işin kolayına kaçmazlarsa da mutlaka elde ederler. Sabırsızlıklarından ve eğlencelerinden fedakârlık yapabilirlerse bu daha da kolaylaşır.

Aşk ve Evlilik Hayatları:

Duygusal hayatları hareketlidir. Hem güzelliğe hem de güce aşık olduklarından; zekâları ve duyguları sürekli faaliyet içerisindedir. İkna kabiliyetleri çok yüksektir.

Bu grubun insanları evlenmeye karar verirlerse, çok iyi düşünmek zorundadırlar. Tekdüzelik ve monotonluk onlar için dayanılması zor duygular olduğu için evlilikleri de aynı şekilde kendilerini sıkabilir. Bu yüzden böyle bir karar öncesinde mutlaka iyi düşünmeleri ve kendilerine uygun bir eş seçmeleri ve evliliğe gerçekten hazır olduklarına inanmaları gerekir. Ancak gerçekten sevdikleri insana karşı son derece fedakârdırlar ve karşılarındaki insan için ellerinden gelen her şeyi yaparlar. Sabırlı ve mantıklı davrandıkları taktirde hayatlarının sonuna kadar mutlu ve huzurlu yaşarlar.

1. GRUP
TEMMUZ AYINDA DOĞANLAR

"Zeki - Duygusal - Hırslı"

Genel Özellikleri:

Son derece zeki insanlardır. Duygusallıkları ve hırslı olma özelliklerini bünyelerinde birlikte taşırlar. Karar verdikleri şeyden, onu elde edene kadar vazgeçmezler.

Her zaman ilk ve tek olmak isterler ve genellikle de bunu başarırlar. Çocuk yaştan itibaren çevrelerine ve ailelerine hükmetmek ve kendi isteklerini yaptırmak onların belirleyici özelliklerindendir. Duygusal yönleri ağır bastığında gözleri hiçbir şey görmez. Zeki olmalarına rağmen duygusal davrandıklarında mantıktan uzaklaşabilirler. Bu da kolaylıkla hata yapmalarına neden olur. Genellikle parlak zekâlarını duygularına kurban edebilirler. Eğer doğru kullanırlarsa; ön sezilerinin kuvvetli oluşu onlara hayatları boyunca önemli bir avantaj sağlar.

İş Hayatları:

Sanatsal yanları oldukça güçlüdür ve yaratıcılık isteyen işlerde başarılı olurlar. Genç yaşlarından itibaren girişimci ve atılımcıdırlar. Duygularını kontrol edebilecek beceriyi gösterdikleri sürece yaptıkları girişimlerin başarıyla sonuçlanması hiç de zor değildir. İş hayatlarındaki atılımlarının sınırı yoktur. İşlerinin ve sanatlarının zirvesine tırmanmak, adeta hayatlarının tek amacı gibidir. Bütün bunları yaparken, zevklerinden ve eğlence hayatlarından da ödün vermezler. Eğlenirken kazanmak, kazanırken eğlenmek isterler. Lider yapıları, çocukluklarından itibaren iş hayatlarında kendini gösterip başarılı olmalarını sağlar.

Aşk ve Evlilik Hayatları:

Duygusal hayatlarına çok dikkat etmek zorundadırlar. Çünkü beğendikleri kişi kim olursa olsun, dünyanın merkezi oymuş gibi özen gösterirler. Duygusal ilişkilerinde tek taraflı fedakârlıklara katlanırlar. Zamanla hassas duygusal yapıları yıpranır ve bu da iş hayatlarında olumsuz etkiler yaratmaya başlar. Bu nedenle kendi yapılarına uygun ve hak ettikleri değeri görebilecekleri insanla evlenmeleri kaçınılmaz başarılarının temelini oluşturacaktır.

1. GRUP
AĞUSTOS AYINDA DOĞANLAR

"Neşeli - Duygusal - Pratik"

Genel Özellikleri:

Hayat dolu, neşeli, duygusal ve inanılmaz bir şekilde pratik zekâya sahiptirler. Arkadaşlarına ve dostlarına son derece sadıktırlar. Her zaman kalabalık ortamları tercih ederler. Yalnız kalmak hayattaki en büyük korkularından bir tanesidir. Olabilecek tehlikeleri önceden fark edip önlemini almakta ustadırlar. Her durumda güvenilecek insanlardır. Kendilerine güvenildiği takdirde, o güveni sarsmamak için birçok şeyi kaybetmeyi bile göze alırlar. Çünkü dostluk onlar için çok önemlidir.

İş Hayatları:

Sınırları zorlayan bir iş kapasiteleri vardır. Onlar için imkânsız diye bir şey yoktur. Pratik zekâlarıyla aynı anda birden çok işi bir arada yapabilme yeteneğine sahipken, bütün bunların arasında eğlenmekten de geri kalmazlar. Sanatsal kapasiteleri çok güçlü olduğu halde, asıl hedefleri ticari hayatta çok yüksek yerlere ulaşmaktır. İşleriyle ilgili herkesten fikir alabilirler. Ancak sonunda dönüp yine kendi bildiklerini yaparlar.

Aşk ve Evlilik Hayatları:

Duygusal hayatları son derece hareketlidir. Gerçekten aşık oluncaya kadar sürekli bir arayış içindedirler. Aşırı duygusal ve merhametli olduklarından, bazen merhamet duygusuyla aşkı bile birbirine karıştırdıkları olur. Ancak bu kargaşa çok da uzun sürmez. Çünkü ilk anda yaşadıkları duygusal karmaşaları sezgisel yetenekleriyle hemen fark eder ve doğruyu yanlışı çabuk ayırt ederler.

Ağustos ayında doğan 1'ler, evlenmeden önce mutlaka çok iyi düşünmeli ve ona göre karar vermelidir. Özgürlüklerine çok düşkün olmaları ve eğlenceden vazgeçememeleri evliliklerinde bir takım sorunlara neden olabilir. Bütün bunlarla birlikte genel olarak eşlerini gerçekten severler, dengeli hareket ettikleri sürece de hayatlarının sonuna kadar mutlu bir birlikteliği yaşatırlar.

1. GRUP
EYLÜL AYINDA DOĞANLAR

"Neşeli - Zeki - Ehlikeyf"

Genel Özellikleri:

Hayat dolu ve kıvrak zekâya sahip insanlardır. Özgürlüklerine son derece düşkündürler. Ancak bazen özgürlük ve tembellik arasındaki ince çizgide yürümeyi beceremeyebilirler. Çok büyük ideallerin peşinde oldukları halde, rahatlarına düşkün olduklarından, bir çok şeyi erteleme yoluna gidebilirler.

Herhangi bir şeye bağlanmak onların en büyük korkularındandır. Buna karşılık yalnız yaşamayı da sevmezler. Mutlaka yanlarında sevdikleri birileri olmalıdır. Ancak bu hiçbir zaman onların hayatını kısıtlayacak biri olmamalıdır. Hayatlarını çok renkli ve hareketli yaşamak isterler. Bu onların vazgeçemedikleri yaşam biçimleridir. Sıradan bir insan olarak yaşayamayacaklarını düşünürler. Yapacakları her işte, ilk ve tek olmak isterler. Eğlenirken, çalışırken ve hatta gece yatarken bile yapacaklarıyla ilgili plânlar kurarlar. Ancak bilmeleri gereken tek şey; plânladıkları şeylerin zamanını bekleyip sabredebilirlerse, ideallerine mutlaka ulaşacaklarıdır.

İş Hayatları:

Çalışmaktan çok direktifler verip insanları yönetmek onlar için her zaman daha çekici olmuştur. Kendilerini ispatlamak için büyük çabalar harcarlar. Bu yüzden aileleriyle zaman zaman problemler yaşayabilirler. Tüm bunlara rağmen ideallerinden vazgeçmezler.

Sabırsızlıkları en büyük hatalarından biridir. Çok zor işlerin bile altından kalkacak beceriye sahip olmalarına rağmen, sabırsızlıkları ellerindeki işin kaçmasına neden olabilir. Halbuki uygun zamanı bekleyecek sabrı gösterebilseler, imkânsızı bile başarabilecek yeteneğe sahiptirler. Ancak ne yazık ki, her şeyi zamanından önce, akıllarına geldiği anda yapmaya çalışırlar. Bu da hayal kırıklıklarını kaçınılmaz hale getirir. Bütün bunlara rağmen pes etmeyen bir yapıya sahiptirler. Hayatları boyunca ideallerinin peşinde koşmaya devam ederler.

Aşk ve Evlilik Hayatları:

Eylül ayında doğan 1'ler, evlenecekleri insanı çok iyi tanımak, çok sevmek, hatta ayrılamayacak kadar çok sevmek zorundadırlar. Bütün hayatlarında yaptıkları gibi evliliklerinde de sabırsız ve aceleci kararlar verirlerse, özgürlük duyguları onlara büyük sorunlar yaşatabilir. Hatta ikinci bir evlilik yapmak zorunda dahi kalabilirler. Bütün bunlarla birlikte; sabırsızlıklarını kontrol altında tutup akıllıca hareket ettiklerinde, hayatlarının sonuna kadar mutlu yaşarlar ve ideallerini eşleriyle paylaşırlar.

1. GRUP
EKİM AYINDA DOĞANLAR

"Ciddi - Dürüst - Çalışkan"

Genel Özellikleri:

Ciddi, dürüst ve çalışkan insanlardır. Başladıkları bir işi mutlaka sonuçlandırırlar. İnatçı yapıları hayatları boyunca her konuda kendini gösterir. Eldeki az imkânlarla mutlu olmayı bilirler. Hareketli ve stresli bir yaşam yerine, sakinliği ve durgunluğu severler. Eğlenirken bile yapılarındaki ağırlığı dışarıdan bakan herkes hissedebilir. Az sayıda ama önemli ve derin dostluklar kurarlar. Dostlarına son derece bağlıdırlar. Kolay kolay kimseyi beğenmezler. Ancak beğendikleri insanlarla çok sıkı ve derin ilişkiler kurarlar. Yüzeysel ve yapmacık ilişkilerden hoşlanmazlar. Onlara göre dostluk çok sağlam temeller üzerine oturmalıdır.

Daima ciddiyetlerini koruduklarından, dışarıdan bakanlarda sert bir izlenim bırakırlar. Fakat görünüşlerinin tam aksine, bir o kadar duygusal ve sevecendirler. Onlara tatlı sert demek belki de daha yerinde olacaktır. Sevdikleri insanlara son derece önem verirler, her türlü sorunlarıyla bizzat ilgilenirler ve onlar için ellerinden gelen her türlü yardımı yapmakta tereddüt etmezler.

İş Hayatları:

Karar verdikleri işlerde başarı onlar için kaçınılmazdır.

Yönetmeyi ve idare etmeyi çok iyi bildikleri halde, kendileri de çalışmadan duramazlar. Yapacakları işler konusunda hiçbir ayrım yapmazlar. Çalışma hayatı ile ilgili her konuda yetenekleri vardır.

Hata yapılmadığı sürece kolay kolay sinirlenmezler. Ancak en küçük bir hata sinirlenmeleri için yeterli bir sebep olabilir.

Aşk ve Evlilik Hayatları:

Aşk hayatlarında seçicidirler ve zor beğenirler. Aşık olduklarında ise o kişiyi sahiplenirler ve evlenmek isterler. Genellikle de ilişkileri evlilikle sonuçlanır. Evlilik hayatlarında son derece mutlu olurlar. Karşılarındaki insanın mutlu olması onların mutlu olması için yeterlidir. Ciddi görünüşlerinden hiç beklenmeyecek kadar romantiktirler. Mümkün olduğu kadar bunu dışarıya yansıtmak istemeseler de, özel durumlarda bu yapılarını gizleyemezler.

Ekim ayında doğan 1'ler'le evlenenler, kendilerini şanslı hissedebilirler. Çünkü eşlerini mutlu etmek için hiçbir fedakârlıktan kaçınmazlar. Otoriter bir ortam olmasına rağmen, evliliklerinin temelleri sevgi ve saygıdan oluşur. Eşlerine çok değer veren bu gruba ait insanların, otoriter yapılarının ardındaki sevgi ve şefkat gözlerinden okunabilir.

1. GRUP
KASIM AYINDA DOĞANLAR

"Çalışkan - Lider - Kuvvetli"

Genel Özellikleri:

Son derece çalışkan ve lider yaradılışlı insanlardır. Otoriter ve ciddi görünüşleri ve tavırlarıyla hemen kendilerini belli ederler. İçlerindeki sevgi ve şefkat duygularını, ancak çok yakın hissettikleri ve güvenebilecekleri insanlarla paylaşabilir.

İş Hayatları:

Azimli ve kararlı yapıları, iş yaşamlarında da kendini gösterir. Bedensel güç ve beceri isteyen işlerde de oldukça başarılılardır. Hayatlarının her döneminde hataya yer vermemek için özel bir çaba gösterirler. Bu aynı şekilde iş hayatlarında da böyledir. Kendileri hata yapmamak için büyük çaba gösterdikleri gibi, başkalarının hata yapmalarını da kabullenemezler. Daima inisiyatifin kendilerinde olması ve hesap sormaları, lider yaradılışlarının bir sonucudur.

Ciddi ve otoriter oldukları kadar, sarsılmaz bir iradeleri vardır. İş hayatında kararlıdırlar ve kendilerinden emin adımlarla zirveye ulaşırlar. Tatil günlerinde bile kendilerine uğraşacakları bir iş bulurlar. Tüm bunlara rağmen rahatlarına düşkündürler.

Aşk ve Evlilik Hayatları:

Otoriter yapılarından dolayı duygusal olmadıkları düşünülse bile, tam tersine bir o kadar duygusaldırlar. Ancak bunu dışarıdaki insanlara çok az gösterirler. Duygularını karşılarındaki insana hissettirmeye başlamaları, mutlaka karşılarındaki insana çok önem verdiklerinin bir göstergesidir. Duygularını ancak çok sevdikleri insana karşı açıkça belli ederler.

Evlilik hayatlarında otoriter bir hava hakim olmasına rağmen, son derece saygılı ve sevgi dolu insanlardır. Eşleri onlar için dünyanın merkezidir. Onları mutlu etmek için ellerinden gelen her türlü fedakârlığı yaparlar.

1. GRUP
ARALIK AYINDA DOĞANLAR

"Cıvıl Cıvıl - Sevecen - Gururlu"

Genel Özellikleri:

Hayatta karşılaşabileceğimiz en hareketli, enerji dolu, sevecen ve lider yaradılışlı insanlardır. Gururlarına inanılmayacak derecede düşkündürler. Bulundukları her yerde, her ortamda kendilerini sevdirip ilgi odağı olurlar. İsteklerinden ve kararlarından onları vazgeçirmek oldukça zordur. İnatçı kişilikleri sayesinde, imkânsız gibi görünen birçok işin üstesinden kolaylıkla gelebilirler.

Yakından tanıdıkça onların duygusal ve herkesin yardımına koşmaktan kaçınmayan bir kişiliğe sahip oldukları daha da iyi anlaşılacaktır. Çok az insanda bulunan pratik bir zekâya sahiptirler. İkna kabiliyetleri oldukça yüksektir. Tatlı dili ve inandırıcı kişiliğiyle, karşılarındaki insana yaptıramayacakları şey yok gibidir.

Bu insanların ortak özelliklerinden biri de inatçılıklarıdır. Bu yüzden ocukluklarından başlayarak, ailelerine hayatı zorlaştırabilirler. Ancak zekâları ve sevimlilikleriyle yaşananları unuttururlar. Haşarılıklarına rağmen ilgi ve sevgi odağı olurlar.

İş Hayatları:

İş hayatlarında, azimlidirler ve işlerine dört elle sarılırlar. Güçlü yapılarıyla bir çok insanın tek başına zorlanacağı işleri tek başlarına yapmaya çalışırlar. Bu konsantrasyon onların bazen aksi ve sert görünmelerine neden olabilir. Ancak yakından tanıyan ve iş tempolarına ayak uydurabilen insanlar, sert görünüşün altındaki sevecenliği ve duygusallığı keşfedebilirler.

Aşk ve Evlilik Hayatları:

Duygusal hayatlarında inanılmaz hareketli ve renkli insanlardır. Herkesle anlaşabildikleri gibi, herkesi de kendilerine uydurabilirler. Yaptıkları tüm işlerde başarı olmaları ve zirveye ulaşmaları kaçınılmazdır. Evlilik hayatları son derece mutludur. Hareketli yaşamlarına ayak uydurabilmek bir çok insan için zor olabileceğinden, kendi yapılarına uygun biriyle evlenmek onlar için verilebilecek en doğru karardır. Eğer uyumlu bir birliktelik kurabilirlerse, eşleriyle birlikte mutlu, neşeli ve heyecanlı bir birlikteliği bir ömür boyu paylaşabilirler.

2. GRUP

Bu gruba ait insanlar hangi ayda doğmuş olurlarsa olsunlar benzer özellikler sergilerler.

Bu insanlar geleneklere çok bağlıdırlar ve her türlü otoriteyi tanımaya hazırdırlar. Yepyeni bir çevrede yepyeni bir alanda çalışmaya başlasalar bile, sürekli olarak hatasız davranmaya dikkat eder, alışkanlık ve geleneklere uymaya, üstlerindeki her türlü makamın saygısını kazanmaya çaba gösterirler. Onlar arkadaş canlısıdırlar. Arkadaş toplantılarının tadını ve değerini iyi bilirler.

Çekingen ve içe dönük yapıları nedeniyle topluluk içinde göze batmazlar ve zor fark edilirler. Onların bu çekingenlik zırhını kırmak ve gerçek benlikleri hakkında bilgi edinmek çok zordur. Yapıları gereği zor beğenen kişiler oldukları için, arkadaşlarını ve yakınlık kuracakları insanları özenle seçerler.

Bu insanlar, çocukları üzerine kol kanat gerer, onların anababalarının anlayışları doğrultusunda yetişmeleri, ortaya çıkan yeni durumlara uyum sağlayabilmeleri, rahatları ve güvenlikleri için ellerinden geleni yaparlar. Ev işlerinin, çocukların yaşamının iyi düzenlenmiş olması ve günlük yaşamın kusursuz bir makine düzeninde işlemesi bu insanları çok mutlu eder. Ana-baba olarak çocuklarının söz dinlemesini ve otoritelerine saygı göstermesini isterler. Çocukların, kendi sevgilerini günlük yaşamın düzenli ve aksamayan akışı içinde hissetmesini isterler. Gelenek, düzen ve görev konusundaki sarsılmaz anlayışları nedeniyle çocuklarından, onların yapabileceklerinden fazlasını bekledikleri de olur.

Bu grubun insanları çevrelerindeki ayrıntılara çok dikkat ederler. Sürekli olarak dört dörtlük bir düzen özlemi içinde oldukları için, çevrelerindeki kişilerde ve birlikte oldukları insanlarda gördükleri, düzeni bozduğuna inandıkları en küçük bir ayrıntı bile onları rahatsız eder.

Arkadaşlarıyla, saatlerce bıkıp usanmadan konuşur, onların kişilik bakımından nasıl daha gelişkin, daha dengeli olabileceklerini görmelerine yardımcı olurlar.

Eğer bir eve konuk gitmişlerse, sehpanın üzerindeki tozu parmağı ile yoklayan, dolu kül tabaklarını hemen boşaltan ve solmuş çiçeklere su verenler işte tam bu tip insanlardır. Aslında bunu kötü bir amaçla, ya da ev sahibini kınamak için yapmazlar. Yalnızca düzen duyguları onları bu tür davranışlara zorlar.

Fazla baskın olmayan ve liderlik vasıflarından uzak olan bu yıldız grubuna ait 2 rakamı önemlidir. Çünkü çocuklarımıza koyacağımız isimler onların karakteristik özelliklerini belirleyen anahtarlardır. Bu yüzden çocuklarımıza koyacağımız isimlerin seçimlerinde, 2 rakamının ŞANS'ı temsil etmediğinin bilinmesinde yarar vardır

Genellikle itaatkar bir yıldız grubu olduğundan, bu grubun insanları hangi ayda doğmuş olurlarsa olsunlar, sosyal yaşantı içerisinde daima ortalarda hatta gerilerde yer alırlar. Çoğunun parlak fikirleri olmasına rağmen, bu grubun özelliklerinden dolayı bir türlü istediklerini gerçekleştiremezler. Kararsızlıkları da olumsuz sonuçlar almalarında oldukça etkilidir. Bu yüzden önlerine gelen bir çok fırsatları da genellikle kaçırırlar. Çok büyük düşünmelerine rağmen birçok kez küçük olaylarla yetinmek zorunda kalırlar.

Her zaman güven içinde olmak isterler ve destek ararlar. Kalabalık ortamlarda, hatta aile ortamında bile yabancılık çekerler ve çekingenlikleri onların kalabalıklarla kaynaşmasını önler. Bu yüzden rahat hareket edemezler. Aslında duygusal ve faal olmalarına rağmen, yeteneklerini ve duygularını açığa çıkarmaktan anlaşılmaz bir şekilde çekinirler. Bu yüzden de hak ettikleri değerin çok azıyla yetinmek zorunda kalırlar. 2. gruba ait insanların çok az bir kısmı hak ettiği sonuçlara ulaşmış, gönlünce yaşayıp eğlenmeyi başarabilmiştir.

Saydığımız tüm bu olumsuzluklara rağmen, evlilikleri genel olarak çok sakin ve mutlu geçer. İtaatkar ve karşısındaki insanı mutlu etmekten haz duyan ve daha da önemlisi küçük şeylerle yetinip onlardan zevk alabilen bir gruba ait olduklarından, hayatları boyunca fazla acı çekmezler ve karşılarındaki insana hiçbir zaman üzüntü yaşatmak istemezler.

Yıldızları onlara lider yaradılışlı bir karakter sunmasa da, her zaman çok iyi bir arkadaş, çok iyi bir eş ve çok iyi bir danışman olabilirler. Ticari ortaklıklarda her zaman güvenilir insanlardır. Eğer bir sorumluluk almışlarsa ellerinden gelen tüm yeteneklerini; tüm iyi niyetleriyle ve sonuna kadar kullanmaya çalışırlar. Bu yüzden ortak işlerde her zaman güvenilir insanlardır. Kendi kazançları kadar, karşılarındaki insana da kazandırmak onlara mutluluk verir. Tek kelimeyle güvenilir insanlardır.

3. GRUP
OCAK AYINDA DOĞANLAR

"Ciddi - Tatlı sert - Otoriter"

Genel Özellikleri:

Ciddi, tatlı sert ve otoriter insanlardır. Çok büyük ideallerine, sınır tanımaz bir irade ve sabırla mutlaka ulaşırlar. Tüm ağır çalışmalarına rağmen sosyal yaşantılarına mutlaka zaman ayırırlar. Muhakeme yetenekleri oldukça gelişmiştir. İkna kabiliyetleri çok güçlüdür ve eleştirilerinde mutlaka haklı bir tarafları vardır. Başarı onlar için çok önemlidir. Ancak elde ettiklerini başkalarıyla da paylaşmasını bilirler. Sadece kendilerinin değil, başkalarının da başarılı olması onlara mutluluk verir. Çevrelerine neşeyle karışık ders veren bu gruba ait insanlar, kalabalık toplantıların aranılan simalarıdır.

İş Hayatları:

İş yapmak ve yaptırmak için yaratılmışlardır. Tam bir idareci ve yöneticidirler. Toplumun her kesiminde kendilerini kabul ettirir ve istediklerini yaptırırlar. İnanılmaz bir iş kapasiteleri vardır. Başladıkları bir işi asla yarım bırakmazlar ve genellikle de başarıyla sonuçlandırırlar. Yanlarında çalışan insanlardan da kendileri gibi, aynı performansı beklerler. Başarısız insanlara asla tahammül edemezler. Genel olarak duygusal bile denebilecek bir yapıya sahip olmalarına rağmen, konu iş olunca hataya kesinlikle tahammül edemezler. Ancak bu tahammülsüzlük hiçbir zaman karşısındakini rencide edecek bir davranışla son bulmaz. Tatlı sert yapıları her zaman olduğu gibi bu tip olaylarda da kendini gösterir. Karşılarındaki insanı yumuşak fakat kesin ve kararlı bir ifadeyle uyarırlar. Çok temkinli hareket etmelerine rağmen, bazen maceraya atılmaktan kaçınmazlar. Daha doğrusu bu dışarıdan bakan insan için macera gibi gözükebilir. Aslında o maceranın arkasında en ince ayrıntısına kadar plânlanmış bir organizasyon vardır. Kısaca bu grubun insanları zor işlerin insanlarıdırlar.

Aşk ve Evlilik Hayatları:

Duygusal hayatları ve evlilikleri son derece mutlu ve huzurludur. Her zaman baskın olmalarına rağmen, sevdiklerine çok değer verirler. Eşlerini ve dostlarını mutlu etmek için hiçbir fedakârlıktan kaçınmazlar.

3. GRUP
ŞUBAT AYINDA DOĞANLAR

"Doğuştan Lider - Zeki - Merhametli"

Genel Özellikleri:

Doğuştan lider olmak için yaratılmış insanlardır. İnanılmaz derecede mantıklı ve zekidirler. Özellikle de pratik zekâları sayesinde başaramayacakları iş yok gibidir. Bir çok insan için başarılması zor gibi görünen idealler, onlar için zamanı geldiğinde yapılacak normal işlerdir. Merhametli ve duygusal insanlardır. Bu özellikleri yüzlerine ve davranışlarına yansır. Haksızlığa ve eksik yapılan işlere tahammül edemezler. Bu yüzden her şey doğru ve yerinde yapılmalıdır. Konuşma ve insanları ikna etme kabiliyetleri çok güçlüdür.

İnsanlara karşı kendilerini her zaman borçlu hissederler ve onların mutluluğu için çalışırlar. Bunda da daima başarılıdırlar. Onlar için sadece kendileri değil, bütün insanlar mutlu ve huzurlu olmalıdır. Kendileri için yapmadıkları fedakârlıkları çevreleri ve sevdikleri için seve seve yaparlar. Hatta kendilerine uzak insanlara bile yardım etmekten kaçınmazlar. Bu da onların sevilen ve aranılan insanlar olmalarını sağlar.

İş Hayatları:

Gerçek bir liderde olması gereken bütün özellikleri bünyelerinde taşırlar. Kimsenin görmediğini görür, düşünemediğini düşünürler, zamanı geldiğinde de bunları uygulamaya geçirirler ve herkesi şaşırtan başarılar elde ederler. Olayları çok iyi değerlendirip, muhakeme yetenekleriyle ince eleyip sık dokurlar. Olayların gidişinden sonucun ne olacağıyla ilgili çok yerinde tahlilleri vardır. En karmaşık görünen olayları bile, pratik zekâları sayesinde çabuk kavrar, olayın uzmanlarının bile gözünden kaçan ayrıntıları görür ve hakim olurlar. Kişiliklerindeki çekicilik, zarafet ve ikna gücüyle, kitleleri peşlerine takarlar. Bu yüzden büyük bir iş adamı, ünlü bir sanatçı ya da büyük bir devlet adamı ve lider olabilirler. Şansları da yüksekse hiçbir engel onları ideallerine ulaşmaktan alıkoyamaz.

Aşk ve Evlilik Hayatları:

Ailelerine ve çevresindeki insanlara karşı son derece bağlıdırlar ve büyük değer verirler. Mutlu olmayı ve mutlu etmeyi çok iyi bilirler. Bu da Duygusal ilişkilerinde ve evliliklerinde mutlu ve dengeli bir yaşantıyı birlikte getirir.

3. GRUP
MART AYINDA DOĞANLAR

"Zeki - Çalışkan - Dışadönük"

Genel Özellikleri:

Zeki çalışkan ve toplumla iç içe yaşamayı seven insanlardır. Genellikle büyük hayalleri olmasına karşılık, sabırsız bir yapıya sahiptirler. Hayalini kurdukları ve düşündüklerini hemen hayata geçirmek isterler. Bazen bu aceleci tutumları yüzünden bekledikleri sonuçlar gecikebilir. Sabırlı davrandıkları sürece hayal ettiklerini gerçekleştirmeleri çok kolay olacaktır. Gezmeyi ve eğlenmeyi severler. Kalabalık ortamları çok severler ve kalabalığın içinde kendilerini fark ettirirler. Kendilerinden son derece emindirler ve kendilerine güvenleri tamdır. Dost canlısıdırlar ve dostlarıyla birlikte olmaktan son derece mutlu olurlar.

Bu grubun insanları genellikle çevrelerine tabi olmaktansa, çevrelerinde insanları kendilerine uydurmayı başarırlar. Çok zeki ve aynı zamanda bir o kadar da duygusal insanlardır. Bu yüzden yaşadıkları olaylar karşısında bazen ikilem içerisinde kalabilir ve bocalayabilirler. Ancak sonuç itibariyle tedbiri asla elden bırakmazlar.

İş Hayatları:

Çalışırken bile eğlenmeyi bilen insanlardır. Ancak buradan, eğlence işin önünde gelir anlamı kesinlikle çıkmaz. Çalışma hayatları ve özel hayatları arasındaki dengeyi çok iyi kurarlar ve sorumluluklarından kesinlikle ödün vermezler. Çok azimlidirler ve başladıkları işi mutlaka bitirmeye gayret ederler. Genellikle sanat alanında yetenekleri vardır ve bu alanda faaliyet gösterirler.

Aşk ve Evlilik Hayatları:

Güce ve güzelliğe düşkün oldukları için, evlenecekleri zaman çok iyi düşünmelidirler. Ancak sevgilerinden emin oldukları zaman evlenirlerse, hayatlarının sonuna kadar mutlulu olma şansını yakalayabilirler. Aksi taktirde evliliklerinde problemler yaşayabilirler. Acele verilmiş bir evlilik kararıyla birlikte sevdiklerini dünyanın merkezine koyuverirler. Ancak zamanla görmezden geldikleri kusurlar su yüzüne çıkmaya başlar.

Bu onlarda bir şok etkisi yaratır ve büyü bozuluverir.

Dünyanın merkezi artık karmakarışık olmuştur ve içinde kıyametler kopmaktadır. Bu onları ayrılığa kadar götürür ve hatta ayrılığın sonrasında bir süre daha acı çekmelerine neden olur. Bu yüzden evlilik kararını verirken mutlaka sabırlı davranmalı ve kendilerinden çok emin olmalılar. Ancak kararlarından eminlerse, evlilik hayatlarında en çok onlar mutlu olur ve en çok onlar mutlu edebilir.

3. GRUP
NİSAN AYINDA DOĞANLAR

"Ciddi - Ağırbaşlı - Çalışkan"

Genel Özellikleri:

Ciddi ağırbaşlı ve çok çalışkan insanlardır. Hızlı ve renkli bir yaşam yerine; sade, mutlu ve huzurlu bir hayat sürmeyi tercih ederler. İş hayatlarındaki hızlı ve hareketli yaşantılarına karşılık, özel hayatlarında az sayıda ama çok güçlü bağları olan dostluklar kurarlar. Dostları için hiçbir fedâkarlıktan kaçınmaz, ellerinden gelen her türlü yardımı büyük bir coşkuyla yaparlar.

Bu grubun insanları, huzursuz oldukları bir iş karşısında çok çabuk tepki verirler. Çok çabuk sinirlenebilirler. Hatta doğru yapılmayan bir iş ya da yapılan bir haksızlık karşısında diğer insanları kıracak derecede tepkiler gösterebilirler. Ancak yaptıklarından dolayı çok çabuk pişmanlık duyarlar ve gönül almayı da çok iyi bilirler.

Onları öfkelendiren şey; aslında karşılarındaki insan değil, doğru ve yerinde yapılmayan iştir. Bu sert ancak saman alevi gibi olan öfkelerinden dolayı onları anlayışla karşılamak doğru olacaktır. Çünkü sert görünüşlerinin arkasında dışarıya göstermekten kaçındıkları, duygusallıkları ve merhametli yürekleri vardır.

İş Hayatları:

Zekâ ve beden gücü gerektiren tüm işlerde başarılı olurlar.İstekleri doğrultusunda yaptıkları en ağır işler bile onlar için zevkle yapılacak basit işlerdir. Çok yükseklerde olma hayalleri olmasa bile, kıvrak zekâları ve güçlü çalışma istekleri sayesinde çok büyük işler yapar ve büyük mevkilere ulaşırlar.

Aşk ve Evlilik Hayatları:

Evlilik hayatları da, iş hayatlarında olduğu gibi mutlu ve başarılıdır. Duygusal olmalarına rağmen, bunu dışarıya yansıtmaktan çekinirler. Çok zor beğenen insanlardır. Fakat beğendikleri insanla da hayatlarının sonuna kadar mutlu olurlar. Eşlerini mutlu etmek için de hiçbir fedakârlıktan kaçınmazlar. Onların en huzurlu ve mutlu anlarını geçirdikleri yer evleridir.

3. GRUP
MAYIS AYINDA DOĞANLAR

"Zeki - Duygusal - Ağırbaşlı"

Genel Özellikleri:

Zeki, duygusal ve ağırbaşlı insanlardır. Her zaman ve her yerde huzur ararlar. Mükemmeliyetçidirler ve diğer insanlardan da aynı özeni beklerler. Hatayı zor kabullenen bir yapıya sahiptirler. Bu yüzden yapılan en küçük hata bile onların sinirlenmelerine neden olabilir.

İş konusunda atılgan ama duygusal dünyalarında biraz utangaçtırlar. Bu yüzden duygularını fazla belli etmezler.

Çevrelerindeki insanlara oldukça samimi duygularla yaklaşırlar. Bu nedenle yardımsever ve fedakâr bir görüntü sergilerler. Kendilerinden istenen yardımları hiçbir karşılık gözetmeksizin yerine getirmek onlar için bir mutluluk vesilesidir.

İş Hayatları:

İş konusunda tükenmez bir enerjileri vardır. En tahammül edemedikleri şey, kendilerine akıl verilmesi ve işlerine karışılmasıdır. Kendileri de başkalarının işlerine karışmamaya özen gösterirler. Bu konuda üzerlerine gelindiği zaman, karşılarındaki insanı kıracak kadar tepki gösterebilirler. Bir süre sonra bu ani patlama ve karşılarındaki insanın üzüntüsü onları da sarsar ve pişmanlık duyarlar. Çünkü onlar özde duygusal insanlardır.

Maddi yükselme ve büyük mevkilere sahip olmak için çok büyük çaba harcarlar ve genellikle de bu amaçlarına ulaşırlar. Politikaya düşkündürler, her zaman ve her yerde en önde olmak isterler. Bunu elde ettiklerinde son derece mutlu olurlar. Elde ettikleri başarılar, onlar için itici bir güç ve yapmakta oldukları ve yapacakları işler için bir motivasyon görevi görür.

Aşk ve Evlilik Hayatları:

Evlilik hayatları, kendi yapılarına uygun biriyle evlendikleri takdirde çok başarılı ve mutludur. Eşlerine ve ailelerine son derece düşkündürler. Ancak eşlerini çok sevdikleri kadar çok da kıskanırlar. Ancak bu kıskançlık paranoyadan değil, aksine onlara verdikleri değerin büyüklüğünden kaynaklanır. Zaten kıskançlıkları hiçbir zaman sorun olacak düzeye olaşmaz. Onlar eşlerini mutlu etmek için hiçbir fedakârlıktan kaçınmazlar.

3. GRUP
HAZİRAN AYINDA DOĞANLAR

"Samimi - Hassas - Duygusal"

Genel Özellikleri:

Samimi, hassas, çok duygusal ve zeki insanlardır. Sempatik ve cana yakın olduklarından çok kolay dost edinirler. Herkes tarafından beğenilmek ve takdir edilmek isterler. Yeni girdikleri ortamlara çok çabuk adapte olurlar, etraflarına neşe ve pozitif enerji saçarlar. Düşüncelerinin bir taraflarında her zaman başarılması çok zor olan büyük projeler vardır.

Birçok insan için büyük başarılar olarak kabul edilen noktalara gelseler dahi, yine de onların kafalarında başarılacak daha büyük ve farklı projeler her zaman vardır. Bunları gerçekleştirmek için olağanüstü çabalar harcarlar. Kıvrak zekâları ve hırsları sayesinde, hepsini olmasa da ideallerine yakın bir çok düşüncelerini gerçekleştirme imkânını bulurlar. Politika ya da kendi sahip oldukları işlerinde başarılı olma olasılıkları kuvvetlidir.

İş Hayatları:

İş yaşantılarında başkalarının yanında çalışmak yerine, kendi işlerinin sahibi olmak için olağanüstü çaba sarf ederler. Başka birinin yanında çalışıyor olsalar bile, akıllarında bir an önce ayrılıp kendi işlerini kurma plânları vardır. İlk fırsatta bu isteklerini gerçekleştirirler ve ulaşabilecekleri en ileri dereceye varabilmek için büyük mücadeleler verirler.

Sanatsal alanılda eğilimleri ve yetenekleri vardır. Yetenekleri doğrultusunda yapamayacakları hiçbir şey yoktur. Başladıkları işin en iyisini, en mükemmelini yapmak için hiçbir zorluktan kaçmazlar ve sonunda da başarılı olurlar.

Aşk ve Evlilik Hayatları:

Evliliğe karar vermeden önce çok iyi düşünmelidirler. Çünkü çok kolay aşık oluverirler. Fakat mücadeleci ve hırslı yaradılışları nedeniyle kendilerine ayak uydurmak biraz zordur. Bu yüzden zamanla eşlerinin kendilerine uyum sağlayamadığı fikrine kapılabilirler ve bu nedenle sıkıntılı günler yaşayabilirler. Bu uyumu yakalayanlar için hiçbir sorun olmaz. Mutlu bir evlilikleri olur.

3. GRUP
TEMMUZ AYINDA DOĞANLAR

"Zeki - Hırslı - Hür"

Genel Özellikleri:

Zeki, hırslı ve özgürlüklerine düşkün insanlardır. Yapacakları tüm işleri en ince ayrıntılarına kadar düşünür, bütün olasılıkları hesaplar ve böylece işlerine başlarlar. Yaptıkları hiç bir şeyde başarısızlık kelimesini akıllarına getirmek istemezler. Mantıkları ve duyguları arasında bazen gidiş gelişler olur. Bu gidiş gelişler: "Duygusal fakat özgürlüklerine düşkün. Kurallara uyan, fakat aynı zamanda kendi kuralları olan ve bu iki kural arasında zaman zaman çelişkiler yaşatan" bir yapıdır. Ancak yine de bu çelişkiler onlarda kalıcı bir hasara yol açmaz. Azimleri ve hırslarıyla, bu çelişkilerin yolaçacağı sorunlarla başadebilirler.

Çok hırslı olmalarına rağmen olabildiğince adil davranmaya gayret ederler. Dışarıdan bakıldığında mağrur ve kibirli görünseler de, aslında hiç de öyle değillerdir. Tüm işlerinde ve duygularında mükemmeliyeti aradıkları ve uygulamaya çalıştıkları için kibirli bir görüntü sergilerler. Fakat aslında onlar, aşırı duygusal, herkesle en iyi şekilde geçinmeye çalışan ve adaletli bir insanlardır.

İş Hayatları:

Olağanüstü büyük idealleri vardır. Yaptıkları tüm işlerde ilk, tek ve en iyi olmak isterler. Bunu başarmak için de var güçleriyle çalışırlar. Çoğunlukla da bunu başarırlar. Önsezileri çok kuvvetlidir. Bu nedenle birçok işlerinde önsezilerine güvenir ve kulak verirler. Büyük işlere imza atar ve sanatsal olaylarda zirveyi zorlarlar. İş hayatlarındaki hırsları ve başarılarını her zaman ileri seviyelere taşımak isterler. Hatta çoğunlukla bulundukları ülkenin sınırlarını zorlarlar. Yurt dışında büyük işler yapmak isteği, bu grubun genel özelliği haline gelmiştir. İş ve özel hayatları her zaman renkli ve eğlencelidir.

Aşk ve Evlilik Hayatları:

Evlilik hayatları da aynı şekilde hareketli ve eğlenceli geçer. Dışarıda her ne kadar ilgi odağı olsalar da, kendileri tüm ilgilerini eşlerine gösterirler ve onları mutlu etmek için, ellerinden geleni yaparlar. Onlarla evli olanlar sürekil hoş sürprizlerle karşılaşırlar.

3. GRUP
AĞUSTOS AYINDA DOĞANLAR

"Neşeli - Açık Yürekli - Duygusal"

Genel Özellikleri:

Neşeli, sevimli, ve açık yürekli insanlardır. Aşırı duygusal ve olağanüstü pratik zekâya sahiplerdir. Hayatlarının bütün dönemlerinde neşeli olduğu gibi, bulundukları çevreye de neşe saçarlar. Etraflarındaki insanları mutlu etmek için özel bir çaba sarf ederler.

Çok büyük idealleri vardır. Gücü ve zenginliği severler. Buna rağmen bütün insanlara, içlerinden gelen doğallıkla her türlü yardımı yapmaktan kaçınmazlar. Kendi idealleri için yapmayacakları fedakârlıkları, başkalarına yardım adına yaparlar. Çok gururlu olduklarından kendileri için hiç kimseden bir şey istemezler. Merhametli yapılarından dolayı çok zor elde ettikleri kazanımlarını dahi, ihtiyacı olanlara vermekten çekinmezler ve bundan da büyük mutluluk duyarlar.

Yaptıkları işler ve konumları hiçbir zaman onlara yeterli gelmez. Hep daha iyiye ve daha ileriye doğru girişimlerde bulunurlar. İstediklerini elde edinceye kadar tükenmek bilmeyen bir enerjiyle çalışırlar. Bu nedenle onlar için imkânsız diye bir şey yoktur. Pratik zekâlarıyla en ağır ve karmaşık işlerde bile bir kolaylık yaratırlar.

İş Hayatları:

Çalışma hayatları oldukça hareketlidir. Devamlı değişiklikten hoşlanırlar. Bu nedenle mümkün olabildiğince aynı anda birçok işi yapmaya çalışlar ve yaptıkları her işte mutlaka başarı sağlarlar. Bu başarılarının en önemli dayanaklarından bir tanesi parlak zekâlarıdır. Çok iyi niyetli olduklarından herkese inanırlar. Bu yüzden yeni karşılaştıkları insanlara karşı dikkatli olmaları gerekir. Çünkü iyi niyetleri suistimal edilmeye müsait insanlardır.

Aşk ve Evlilik Hayatları:

Evlilikleri çok huzurlu ve mutlu geçmesine rağmen, evlenecekleri zaman kendilerinden son derece emin olmaları gerekmektedir. Karşılarındaki insana gerçekten aşık olmalı ve ondan kopamayacaklarına inanmalıdırlar. Ancak bu taktirde hayatlarının sonuna kadar mutlu olur ve mutlu ederler. Yuvalarında ve işlerinde her an için bir mutluluk ve neşe hakimdir.

3. GRUP
EYLÜL AYINDA DOĞANLAR

"Neşeli - Zeki - Zarif"

Genel Özellikleri:

Hayat dolu, neşeli ve zeki insanlardır. Bu grubun insanlarına baktığınızda ilk göze çarpan bıraktıkları ince ve zarif etkidir. Zaman zaman duygu ve mantık arasında bocalamaları olsa da kısa sürede kendilerini toparlarlar. Genelde alıngan diyebileceğimiz bir yapıya sahip olsalar da, onlar için hiçbir zaman kindar diyemeyiz. Çok büyük hayalleri ve idealleri olsa da, bir taraftan da hayatlarını huzur içerisinde geçirmek isterler. Yani ikilem hayatlarının her anında geçerli bir davranış şeklidir.

Çok gelişmiş ön sezileri olmasına rağmen, işin kolayına kaçmak için fırsat kollarlar ya da fırsat yaratırlar. Kıvrak zekâlarıyla her işin altından kalkabilecek potansiyelleri vardır.

Eğlence hayatlarının vazgeçilmez bir parçasıdır. Neşeli ve coşkulu insanlar olduklarından, bıraksalar her fırsatta gülmek, eğlenmek isterler.

Genel olarak dürüst ve açık yürekli insanlardır. Kendilerini direk ilgilendirmeyen konularda bile başkalarına yardıma her an hazırdırlar. Özgürlüklerine son derece düşkün olmalarına rağmen, işleri ve ailelerine son derece bağlıdırlar.

Yaradılışlarında liderlik özellikleri taşırlar. Her zaman kendi kurallarını belirleyip, onlara göre hareket etmek isterler. Bu yüzden bazen çevresindeki insanlarla ters düşseler de, kısa sürede durumu kendi istedikleri doğrultuya doğru çekiverirler. Haksızlığa tahammülleri yoktur.

İş Hayatları:

Çalışma hayatlarında, mümkün olabildiğince herkese eşit ve adil davranmaya çalışırlar. Bu özelliklerinden dolayı, liderlik vasıflarını da kullanarak çok iyi bir yönetici olurlar. Ancak içlerindeki özgürlük ateşi, onlara sürekli kendi işlerini yapmak için telkinlerde bulunur. Onlar da bunun için fırsat kollarlar. Buldukları ilk fırsatta da bunu gerçekleştirirler.

Bütün işlerinde mutlak başarıyı hedeflerler. Hedeflerine en çabuk ve en kısa yoldan ulaşmak isterler. Ancak zaafları da işte bu noktada düğümlenmektedir. Hedeflerine ulaşabilmeleri için mutlaka sabırsızlıklarını kontrol altına almaları gerekmektedir. Ayrıca sanatsal faaliyetlere karşı da çok yetenekli insanlardır. Sanat dallarının herhangi birinde bu grubun insanlarına rastlamanız mümkündür.

Aşk ve Evlilik Hayatları:

Duygusal hayatları evleninceye kadar hareketli geçer. Onların neşeleri ve hayata bağlılıkları her zaman etraflarında bir cazibe alanı oluşmasına neden olmuştur.

Evlilik konusunda aceleci davrandıkları taktirde, kısa sürede yanıldıklarını anlayacaklardır. Bu nedenle evlenmeye karar verdikleri zaman kendilerinden son derece emin olmaları gerekir. Ancak o zaman aradıkları gerçek mutluluğu bulurlar. Her ne kadar özgürlüklerine düşkün olsalar da eşlerine ve evlerine son derece bağlıdırlar. Ailelerini mutlu etmek; kendi mutlulukları kadar, belki de daha fazla önemlidir.

3. GRUP
EKİM AYINDA DOĞANLAR

"Kararlı - Proje Üreticisi - Zeki"

Genel Özellikleri:

Kararlı, işlek bir zekâya sahip ve mükemmel plânlayıcıdırlar. Hayal güçleri çok gelişmiştir. Gururları ağır bastığından, duygularını kolaylıkla saklamasını bilirler. Kuvvetli hayal güçleriyle birçok yeniliğe imza atmak isterler. Sürekli yeni ve ilginç fikirleri vardır. Ancak bu yeni ve ilginç fikirler hep ayağı yere basan düşüncelerdir ve bunların çoğunu hayata geçirirler.

Organizasyon yetenekleri sayesinde ev ve iş hayatlarını çok iyi dengelerler. Her hareketleri ve her düşünceleri plânlı olduğundan hayatları çok düzenlidir.

İş ve çalışma konusunda her ne kadar katı kuralları olsa da, özel hayatlarında bir o kadar neşeli ve sevecendirler. Dostlarını sevindirmeyi ve şakalaşmayı severler. Duygularını dışarıya belli etmek istemeseler bile, kalabalık ortamları ve dost toplantılarını mümkün olduğunca kaçırmak istemezler. Dostlarına son derece bağlıdırlar. Ancak kurdukları dostluklar her zaman düzeyli ve kalıcıdır. İlişkilerinde ciddiyet çok belirgindir. Yaptıkları şakalarda bile ciddi havayı hissedersiniz. Buna rağmen dost toplantılarının aranılan simaları arasında yer alırlar.

İş Hayatları:

Sözlerinde ve tavırlarında her zaman bir kararlılık vardır. Kafalarında kurdukları plânları hayata geçirmek için dinlenmeden çalışırlar ve gerçekleştirirler. Başladıkları işleri bitirmek için gerekirse dış dünyayla ilişkilerini kesecek noktaya kadar gelirler. Çünkü onlar için başlanan bir iş asla yarım bırakılmaz. Ne kadar zor ve karmaşık olursa olsun, inatla ve kararlılıkla üstüne gidip o işi sonuçlandırırlar. Ekip çalışması gerektiren işlerde söz ve karar mercii kendileri olmak isterler. Her şey kendi verdikleri direktifler doğrultusunda eksiksiz yapılmalıdır.

Aşk ve Evlilik Hayatları:

Evliliklerinde her zaman bir huzur ve mutluluk vardır. Söz hakkı her ne kadar kendilerinde olsa da, eşlerine inanılmaz bir şekilde değer verir ve kendilerinden her ne isteniyorsa fazlasıyla yerine getirmeye gayret ederler. Hayatlarının sonuna kadar mutluluğu ve huzuru ararlar. Zorluklarla karşılaşsalar bile yine de huzuru bulurlar.

3. GRUP
KASIM AYINDA DOĞANLAR

"Meraklı - Atılgan - Sert Mizaçlı"

Genel Özellikleri:

Meraklı, araştırmacı, faal ve atılgan insanlardır. Ciddi ve sert bir yapıları olmasına rağmen oldukça duygusaldırlar. Fakat duygularının dışarıdan anlaşılması oldukça zordur. Toplum hayatında çoğunlukla yüksek mevkilere ulaşırlar. Boş oldukları zamanlarda gezmek ve yeni yerler görmek onların en büyük zevklerinden biridir. Hayatlarının her anında ve her döneminde hayattan zevk almasını bilirler. Onlar için her hangi bir şeyle meşgul olmak, mutlu olmaları için yeterlidir.

Sosyal hayatlarına son derece özen gösterirler. Az sayıda ama çok sağlam dostluklar kurarlar. Yakınlaşacakları insanları, ancak çok iyi tanıdıktan sonra benimserler ve fikirlerinin kendilerine yakın olduğundan emin olduktan sonra dostluklarını pekiştirirler.

İş Hayatları:

Hangi şartlar altında olursa olsun görevlerini başarıyla yerine getirirler. Son derece kanaatkâr ve fedakâr bir yapıları vardır. Çalışkanlıklarından dolayı zor işleri sever ve başarıya ulaşırlar. Birkaç işi aynı anda yapabilecek yeteneğe sahiptirler. Hiçbir işlerinde kolaya kaçmayan, aksine işin üzerine giden inatçı bir yapıları vardır. Her ne kadar azla yetinmesini bilen kanaatkâr bir yapıları olsa da, hayatta yükselmek onlar için kaçınılmazdır.

Aşk ve Evlilik Hayatları:

Hayatlarının her döneminde son derece organize bir şekilde davrandıkları halde, duygusal hayatlarında bazen kararsızlık yaşayabilirler. Çünkü aşık oldukları insanın da kendi yapılarına uygun olmasını isterler. Bu yüzden kolay kolay aşık olmazlar. Ancak aşık olduklarında sınırsız bir tutkuyla bağlanırlar. Sevdikleri insan onlar için dünyadaki her şeyden önce gelir. Ciddi ve sert yapıları sevdikleri dostlarının yanında şakacı ve yumuşak bir mizaca dönüşür. Özellikle eşlerinin yanında inanılmaz bir anlayış ve fedakârlık örneği sergilerler. Eşlerine karşı takındıkları bu tavır gerçekten samimidir.

Evlilik hayatları son derece mutlu, huzurlu ve sakin geçer.

3. GRUP
ARALIK AYINDA DOĞANLAR

Hassas - İrade Sahibi - Mükemmeli Arayan"

Genel Özellikleri:

Hassas, iradeli ve mükemmeliyetçidirler. Her şeyin en iyisini en güzelini yapmaya çalışırlar ve herkesten aynı hassasiyeti beklerler. En küçük bir aksilikte içe döner, kendilerini sorgular ve üzüntü duyarlar. Duygusal ve mağrur olurlar.

Sevdikleri insanlara karşı son derece fedakârdırlar. Her şeye güzellik ve estetik kaygısıyla bakarlar. Heyecan veren olaylar her zaman ilgilerini çeker. Mantıklı oldukları halde duygularının sesi her zaman daha baskındır.

Sürekli heyecan arayışı içindedirler. Özellikle iş yaşantılarında en önde ve en iyi olmak isterler. Sosyal hayatlarında son derece sevimli, aktif ve anlayışlıdırlar. Mükemmeliyetçi yapılarından dolayı ilk bakışta kibirli ve kendini beğenmiş bir kişilik gibi görünseler de, aslında hiç de öyle değillerdir. Yakından tanıdıkça; neşeli, şakacı ve dost canlısı oldukları hemen belli olacaktır. Fakat ölçülü oldukları da bir gerçektir. Şakalarında bile bu hissedilebilir. Karşılarındakilere ders veren örneklerle yaklaşmaları belirgin özelliklerindendir.

İş Hayatları:

Yaptıkları ve yapacakları hiçbir işte bulundukları seviye onlara yetmez. Her zaman en ilginç ve en yeni olanlara imza atmak için; işin kolayına kaçmadan, sınırsız bir çalışma isteği ile çalışır dururlar ve her ne olursa olsun mutlaka isteklerini gerçekleştirirler. Bu istekleri uzun yıllarını alsa bile asla vazgeçmezler. İş yapmadaki kararlılıkları, onlara ayrıca bir heyecan ve güç katar.

Aşk ve Evlilik Hayatları:

Evlilik hayatının ideal eşleri olmak için yaratılmışlardır. Ciddiyetleri ve otoritelerine rağmen ev hayatları oldukça sakin ve mutludur. Her şeyde mükemmeliyeti aradıkları ve uyguladıkları gibi evliliklerinde de aynı hassasiyeti gösterirler. Eşlerini mutlu etmek için hiçbir fedakârlıktan kaçınmazlar. Her ne kadar duygularını dışarıya vurmak istemeyen bir yapıları olsa da, duygusal yapıları yakından tanıyanlar için kolaylıkla fark edilir.

4. GRUP
OCAK AYINDA DOĞANLAR

"Ciddi - Otoriter - Sert"

Genel Özellikleri:

Ciddi, otoriter ve sert bir yapıya sahiptirler. Bu yıldız grubundaki insanlar, son derece çalışkan, yaptıkları işi en ince ayrıntısına kadar düşünen, mükemmel ve kalıcı işlere imza atmak için yaratılmışlardır. Bütün işleri plânlı, düzenli, kusursuz ve mükemmel olmalıdır. Her şeyi en ince ayrıntısına kadar düşünür, hiçbir hataya yer vermeyecek şekilde olayları organize eder ve yapacakları işe ondan sonra başlarlar.

Dost olarak kabul ettikleri insanlar, güvendikleri ve emin oldukları insanlardır. Bu konuda kolay kolay yanılmazlar. Çünkü her konuda ince eleyip sık dokuyan yapıları, hataya ve hayal kırıklıklarına izin vermez.

İş Hayatları:

Tam bir idareci ve yöneticidirler. Emir almaktan hiç hoşlanmazlar. Sadece kendi bildikleri doğrultuda kuracakları bağımsız işlerinde çalışmak isterler. Sorumluluklarının bilincinde ve işlerinin en iyisini yaptıklarından emin oldukları için, işleriyle ilgili eleştirilere izin vermezler. Eleştiriler karşısında kesin ve net bir tavır takınırlar. Bu yüzden bir başkasının yanında çalışmak zorunda kalırlarsa, mutlaka yönetici konumunda olmak isterler. Zaten bu grubun insanlarını, küçük ya da büyük mutlaka bir organizasyonun idareci konumunda olduğunu görürsünüz. Aksi durumda mutlaka kendi işlerini kurmak için bir fırsat kollarlar. Kendilerini geliştirdikleri tüm alanlarda çok iyi konumlara gelmemeleri için hiçbir neden yoktur. Sabır, azim ve çalışma güçleri sayesinde bütün zorlukların üstesinden gelebilecek yetenektedirler.

Aşk ve Evlilik Hayatları:

Evlilik hayatlarının başlangıcında ve sürdürülmesinde de her zaman ihtiyatlı ve programlı hareket ederler. Bu yüzden düzenli bir aile yaşantıları vardır. Ciddi ve sert görünen genel yapılarının altındaki neşeli ve sevecen tarafları, aileleriyle birlikteyken şaşılacak derecede açığa çıkar.

4. GRUP
ŞUBAT AYINDA DOĞANLAR

"Zeki - Duygusal - Çalışkan"

Genel Özellikleri:

Zeki, duygusal ve çalışkan insanlardır. Çok büyük idealleri vardır. Hayatları boyunca bu idealleri gerçekleştirmek için bitmez tükenmez bir çaba içerisindedirler. Fakat sabırsızdırlar ve bu sabırsızlıkları ideallerini gerçekleştirmek için bir takım kolaycı yollar aramalarına neden olur. Bu bir an önce sonuca gitme isteği zaman zaman hayal kırıklıklarına neden olabilir. Ancak bazen de bir çok işi kısa yoldan, pratik zekalarını da kullanarak halletmelerine neden olur. Bunun ayrımını çok iyi yapmalıdırlar. Yani buldukları yol gerçekten mantıklı, pratik ve kısa bir yol mu? Yoksa sabırsızlıklarından ve kolaycılıklarından dolayı kendilerini mi kandırıyorlar?

Genel olarak pratik bir zekâları vardır ve en küçük ayrıntıyı bile gözden kaçırmayacak kadar dikkatlidirler. Sürprizlere bayılırlar. Çevrelerindeki insanların karşısına; her an yeni bir fikir, yeni bir atılım, hiçbir şey yapamazlarsa yeni bir giyim tarzıyla çıkabilirler. Onları her zaman neşeli ve eğlenceli görürsünüz. Bulundukları her ortamda sıcak kanlılıklarıyla dikkat çekerler. Ortama hemen alışır ve samimi dostluklar kurarlar. Her türlü sanatsal faaliyetin içerisinde bulunduklarını görebilirsiniz. Ayrıca politika ve iş hayatının renkli simaları arasında da bu grubun insanlarından görmek mümkündür.

İş Hayatları:

Gerçek beklentilerini en yakınlarından bile saklarlar. Çünkü aynı anda birkaç işi birden yapmak isterler. Herkesten gizli ekstra yaptıkları işleri aniden açıklayarak, yakın çevrelerini şaşırtırlar. Olmazı başarmak hayatlarının en büyük mutluluğudur. Ancak aşırı duygusallıkları yüzünden bazen hayal kırıklıkları yaşayabilirler. Örneğin, kısa sürede tanıyıp güvendikleri insanlardan zarar göreceklerini bile bile görmezden gelirler ve sonunda üzülür ve sıkıntı yaşarlar. Bu konuda çok dikkatli olmaları gerekir.

Aşk ve Evlilik Hayatları:

Çok zıt yapıda olmadıkça, eşlerine ayak uydurmakta zorlanmazlar. Ancak onların renkli ve hareketli yaşamlarına ayak uydurmak kendi karakterine ters insanlar için zor olabilir. Bu yüzden mutlaka uyumlu bir beraberlik kurabileceği kişiyle evlilik yapmalıdır.

4. GRUP
MART AYINDA DOĞANLAR

"Zeki - Çalışkan - Duygusal"

Genel Özellikleri:

Zeki, çalışkan insanlardır ve ikna yetenekleri çok gelişmiştir. Düzenleme, denetleme ve sosyal ilişkilerde son derece başarılıdırlar. Dışarıya her ne kadar yansıtmak istemeseler de, oldukça duygusal insanlardır. Duygularını uzun süre, bazen bütün bir ömür boyunca baskı altında tutabilirler. Eğer çevrelerinde güvenip açılabilecekleri kişiler olursa ve bastırılmış duyguları su yüzene vurursa, bunu öyle bir çığlıkla ortaya koyarlar ki, hem kendileri hem de çevrelerindeki insanları ürkütürler. Sevmek, sevilmek ve güvenilmek isterler.

Genel anlamda oldukça temkinli olmalarına rağmen, hemen herkesle iyi ilişkiler kurarlar. Arkadaşlarına ve dostlarına bağlıdırlar. İş hayatı ve sanatsal faaliyetlerde çok başarılı oldukları gibi, özel hayatlarında da dengeli ve kendileriyle barış içerisindedirler. Gezmek, yeni yerler keşfetmek ve gönüllerince eğlenmek için ellerine geçen her fırsatı değerlendirirler hatta fırsatlar yaratılar. Sevdikleri insanlarla hoşça vakit geçirmek, onları mutlu etmek, onların mutlu olması için yeterlidir.

İş Hayatları:

Çok iyi bir idareci ve yönetici olabildikleri gibi her zaman kendi kurdukları işlerin başında olmak isterler. Ve her ne olursa olsun mutlaka kendi sahibi oldukları işlerini kurarlar.

İş yapmak ve yaptırmak için yaratılmış gibidirler. Tüm işlerinde titiz ve akılcıdırlar. Hiçbir şeyi şansa bırakmaz, en ince ayrıntısına kadar inceler ve ona göre karar verirler. En iyisini yapmaya çalıştıkları için; çevrelerindeki insanlardan da aynısını beklerler, bunun için daima teşvik eder ve denetlerler. Diğer insanlarla son derece iyi ilişkiler kurarlar. Duygularını işlerine karıştırmadıkları sürece başarı onlar için kaçınılmazdır.

Aşk ve Evlilik Hayatları:

Yakın ilişkiye girmek için bu grubun insanlarının kelimenin tam anlamıyla kandırılması ve sonradan bu ilişkinin süreceğine dair sürekli güvence verilmesi gerekir. Bu insanların ruhsal alanda rahat davranmaları için, nesnel alanda doğru olanı yaptıkları konusunda sürekli güvenceye ve desteğe ihtiyaçları vardır. Aynı gruptan insanla bir ilişki söz konusuysa kadın mutlaka etkin rol oynar. Yani böyle bir ilişkiyi kadının istemesi gerekecektir. Ancak başka gruba ait insanlarla ilişkilerinde kadın pasif bir şekilde erkeğin yönetimi ele almasını bekler. Erkeğin başka gruptaki kadınlarla ilişkisinde de aynı durum geçerlidir.

4. GRUP
NİSAN AYINDA DOĞANLAR

"Çalışkan - Ciddi - Titiz"

Genel Özellikleri:

Çalışkan, ciddi ve son terece titiz insanlardır. Yaptıkları bütün işlere ciddiyetle yaklaşırlar. Kolay tarafına kaçmadan, büyük bir sabır örneği göstererek ellerindeki işleri sonlandırırlar. Duygularını çok zor belli ederler. Zevke ve eğlenceye çok fazla düşkünlükleri yoktur. Fakat yine de yakın çevreleri ve dostlarıyla birlikte olmaktan, onlarla birlikte ara sıra eğlenmekten keyif alırlar. Hiçbir zaman tedbiri elden bırakmazlar. Bu yüzden de onun güvenini kazanmak o kadar kolay değildir. Dostlarını seçerken çok dikkatli davranırlar. Bu yüzden az sayıda ve kendi yapısına uygun insanlarla çok sıkı ve güvenilir dostluklar kurarlar.

Kısaca söylemek gerekirse, sosyal yaşantıları çok renkli değildir ve pek göze batmak istemezler. Ancak iş yaşantısı bunun tam tersidir. Bu konuda her zaman en önde olmak ve en iyiler arasında olmak isterler. İstemekten öte bu isteklerini gerçekleştirirler. Bu grubun insanları için, hayatlarının merkezi işleridir demek yalnış bir ifade olmaz.

İş Hayatları:

Çalışmak ve iş hayatında üst seviyelere ulaşmak için yaratılmış gibilerdir. Çok erken dönemlerde iş hayatına atılırlar, yavaş fakat çok emin adımlarla, çok önemli mevkilere ulaşırlar. Başarısızlık onlar için tahammülü zor bir sonuçtur.

Dışarıdan baktığınızda sert mizaçları ile hemen dikkat çekerler. Gördükleri hatalar karşısından hemen sinirlenirler ve bazen karşılarındaki insanı kırabilirler. Ancak onlar bunu kötülük olsun diye yapmazlar. Tek istedikleri önem verdikleri işlerin zamanında ve doğru bir şekilde yapılmasıdır.

Aşk ve Evlilik Hayatları:

Duygusal hayatlarında iş hayatlarında olduğu gibi ciddi ve samimidirler. Kolay kolay aşık olmazlar. Ancak aşık olduklarında kendilerinden son derece emin ve kararlı davranırlar. Evlilikleri, düzenli dengeli ve mutludur.

4. GRUP
MAYIS AYINDA DOĞANLAR

"Meraklı - Zeki - Dürüst"

Genel Özellikleri:

Sürekli yeniliklerin peşinde koşan, meraklı, araştırmacı ve zeki insanlardır. Maddi imkanlarını yükseltmek, büyük mevkilere ulaşmak isterler ve çok çaba gösterirler. Dürüst, kuralcı ve iş konusunda son derece girişimcidirler. Buna rağmen iş duygusal konulara gelince, utangaç davranırlar ve duygularını dışarıya göstermekte zorlanırlar. Eğlenmeyi çok seven bir yapıları olsa da, eğlenecekleri ve çalışacakları zamanı çok iyi dengeler, birbirine karıştırmazlar. Dostlarını özenle seçer ve çok değer verirler. Karşılarındaki insanlardan da aynı özeni ve bağlılığı beklerler.

İş Hayatları:

İşlerinde son derece titiz ve kuralcıdırlar. Başladıkları tüm işleri bitirmeden asla vazgeçmezler. Hayata sımsıkı bağlıdırlar. Bütün işlerinde tek başlarına hareket eder, kimseyi işlerine karıştırmak istemezler. Özellikle hakim oldukları ve üzerinde çalıştıkları konularda yapılan yüzeysel yorumlar ve eleştirilere katlanamazlar. Çalışkan ve yetenekli yapılarıyla birlikte, idareci ve yönetici yönleri de oldukça gelişmiştir. Kıvrak zekâları sayesinde kimin hangi işi ne şekilde ve ne ölçüde yapabileceğini çok iyi kestirirler ve ona göre iş bölümü yaparlar. Özellikle politika konusunda son derece başarılı olabilirler. Çünkü yapabileceklerinin en iyisini işlerine yansıttıkları gibi, adalet ve eşitlik duyguları da karakterlerinin önemli özelliklerinden biridir.

Aşk ve Evlilik Hayatları:

Eşleriyle çok uyumlu, sakin bir yaşantıları olur. Son derece bağlı oldukları eşlerinin kendi düşünce yapılarına uygun biri olmasına özen gösterirler. Yani hemen aşık olup, kapılıp gitmezler. Araştırmacı yapıları evlenecekleri insanı seçerken de açığa çıkar ve her şeyi ince eler sık dokurlar.

4. GRUP
HAZİRAN AYINDA DOĞANLAR

"Duygusal - Zeki - Meraklı"

Genel Özellikleri:

Duygusal, zeki ve meraklı insanlardır. Bu grubun insanları genellikle kendileriyle ve toplumla barışık insanlardır ve öz güvenleri tamdır. Yeni girdikleri çevrelere çok çabuk uyum sağlarlar. Ancak içlerindeki merak ve arayış duygusu daima farklılıkların ve değişik ortamların peşinde koşmalarına neden olur. Çevrelerinde her zaman birileri bulunur. Mümkün olduğunca yalnız yaşamaktan kaçınırlar. Bütün bu aktif yaşantının içerisinde mesleki sorumluluklarını hiçbir zaman unutmazlar ve işlerini aksatacak dengesizliklerden uzak duracak iradeyi gösterirler.

İş Hayatları:

Bütün işlerinde ulaşabilecekleri en yüksek noktaya ulaşmak isterler. Hiçbir zaman bulundukları mevki onları tatmin etmez. Lider yaradılışlı oldukları için her zaman zirvede olmak isterler. İsteklerini gerçekleştirmek için var güçleriyle çalışırlar. Her zaman kendi işlerinin sahibi olmak isterler ve çoğunlukla da başarılı olurlar. Kıvrak zekâları, meraklı yapıları ve büyük işler yapmak konusundaki istekleri nedeniyle, aynı anda birbirinden bağımsız işleri yapacak ve yönetecek yeteneğe sahiptirler.

Her tür işte başarılı olabilecekleri gibi, politika alanında da çok başarılı olurlar. Zaten lider yapıları, onları bu ve benzeri konularda aktif olmaya zorlar. Yoğun çalışma ortamı içersinde bile kendilerine eğlenecek zaman yaratırlar. Hatta onlar için eğlence hayatının aranan insanları bile demek yanlış tanım olmayacaktır.

Aşk ve Evlilik Hayatları:

Aşk ve duygusal hayatları son derece aktiftir. Bu aktivitenin arkasında ise sürekli bir arayış duygusu vardır. Ancak bu arayış boş ve bilinçsiz bir arayış değildir. Hayatlarını birleştirecekleri ve mutlu olabilecekleri eşlerini bulduklarına gerçekten inanır ve o kişiye aşık olurlarsa, hemen evlilik hazırlıklarına girişirler.

Evlilik yaşantıları çok hareketli, renkli ve mutlu olur. Gerçekten sevdikleri eşleri için, her türlü fedakârlığı yaparlar. Hayatlarının merkezi olan eşlerini mutlu etmek her şeyden daha önemlidir

4. GRUP
TEMMUZ AYINDA DOĞANLAR

"Hırslı - Zeki - Zarif"

Genel Özellikleri:

Hırslı, zeki ve oldukça çalışkan insanlardır. Yaradılışlarındaki zarafet; hayatlarının her aşamasında ve yaptıkları seçimlerle kendini gösterir. Ne yaparlarsa yapsınlar bunu hissedersiniz. Ancak bazen dışarıdan bakan insanlarda kibirli bir izlenim bırakabilirler. Fakat gerçekte öyle değillerdir. Yapılarındaki titizlik, plânlı davranışları ve hata yapmaktan kaçınmaları bu tip yanlış anlamaları kaçınılmaz kılabilir. Ancak gerçekte sevecen ve merhametli insanlardır.

İnsanlarla iç içe yaşamaktan ve eğlenmekten çok büyük keyif alırlar. Sevdikleri insanlara karşı özel bir özen gösterdiklerini söyleyebiliriz.Ancak diğer insanlara karşı da, her zaman eşit ve adaletli davranırlar. Eğlenceli ve kalabalık ortamlarda bulunmaktan ve eğlenmekten büyük haz duyarlar.

Sevdiklerine karşı son derece sevecendirler. Yakınlarına kol kanat germek, koruyucu olmak onlar için ayrı bir mutluluktur.

İş Hayatları:

Özgürlüklerine çok düşkün insanlardır. Bu yüzden iş hayatındaki en büyük istekleri kendi işlerini kurup başarılı olmaktır. Bu isteklerini hayatlarında bir kere dahi olsa denerler. Bu onlar için o kadar önemlidir ki, bunun için risk almak gerekiyorsa alırlar ve çoğunlukla da başarılı olurlar.

Her konuda titiz davrandıkları gibi, karşılarındaki insanlardan da aynı titizliği beklerler. Hatta bu konuda onları zorlarlar. Kafalarında her zaman birkaç işi birlikte düşünürler. Her türlü zorluğu göze alarak ve katlanarak bu işlerin hepsini aynı anda yapmaya çalışırlar. Sabretmeyi bildikleri takdirde başaramayacakları iş yok gibidir. Yaptıkları iş gibi bulundukları çevre de onlara yetmez. Farklı ve değişik ortamlar onları daima cezbetmiştir. Bu grubun insanlarının büyük çoğunluğunda yurtdışı tecrübesi vardır. İçlerinden gelen bu dayanılmaz istek onları bu tecrübeye mutlaka zorlayacaktır. Başarı bu grubun insanları için bir hayat tarzıdır.

Aşk ve Evlilik Hayatları:

Evlilik hayatları oldukça mutlu ve huzurludur. Eşlerine karşı son derece bağlı ve anlayışlı olurlar. Mutlu olduklarından çok daha fazla mutlu etmek için gayret sarf ederler.

4. GRUP
AĞUSTOS AYINDA DOĞANLAR

"Duygusal - Çalışkan - Dışa Dönük"

Genel Özellikleri:

Duygusal, çalışkan, oldukça zeki ve toplumla iç içe yaşamaktan hoşlanan, dışa dönük insanlardır. Bulundukları çevrelere çok çabuk uyum sağlar, sevecen ve samimi tavırlarıyla kendilerini kabul ettirirler. Bu yüzden de kısa süre sonra içinde bulundukları toplumun sevilen ve aranılan siması haline geliverirler. Kendileriyle ilişkide olan insanlarda hemen bir güven hissi uyandırırlar. Çünkü duygularında ve davranışlarında gerçekten de bir samimiyet vardır.

Çok zor elde ettikleri kazançları bile, ihtiyacı olanlara düşünmeden verirler. Bazen kendi işlerini bile erteleyip başkalarına yardım etmekten kaçınmazlar. Bu onlar için çok doğal davranışlardır ve üzerinde düşünmezler bile. Aşırı duygusal olduklarından, kendileri için yapmayacakları fedakârlıkları başkaları için bir an bile düşünmeden zevkle yaparlar. Çünkü insanlara yardım etmek onlar için tarif edilmez bir mutluluktur. Bununla beraber, inanılmaz bir iradeyle başladıkları işleri bitirir ve hedefledikleri şeylere mutlaka ulaşmaya çalışırlar. Sabırları, azimleri ve pratik zekâları sayesinde, neredeyse başarmak için yaratılmışlardır.

İş Hayatları:

Liderlik özelliklerini bünyelerinde barındırmaları, onların çok iyi bir yönetici olmalarında fazlasıyla etkilidir. Ancak idareciliği hiçbir zaman yukarıdan emirler verip bir kenara çekilmek gibi algılamazlar. İradeleri altındaki işlerin her aşamasında, bizzat işin içerisindedirler. En ufak ayrıntıyla bizzat uğraşır ve iş sonuçlanana kadar da ellerini işin üzerinden çekmezler.

Boş durmak onların yapısına taban tabana zıttır. Bu yüzden onları sürekli faaliyet içerisinde görürsünüz. Ancak bütün yoğunluğu ve iş telaşı içerisinde, onlar için bir ihtiyaç olan eğlenmeyi hiçbir zaman ihmal etmezler. Hatta en ağır iş temposunun ortasında bile, çevresindeki insanları eğlendirecek küçük şeyler bulup çıkarmakta oldukça yeteneklidirler.

Aşk ve Evlilik Hayatları:

Evlilik hayatları için söylenecek çok bir şey yoktur. Kendisi için uyumlu ve sevdiği bir insanla karşılaştığında genel özellikleri mutlu bir evliliği sürdürmesi için zaten yeterlidir.

4. GRUP
EYLÜL AYINDA DOĞANLAR

"Fedakâr - Zeki - Neşeli"

Genel Özellikleri:

Hayat dolu, neşeli ve zeki insanlardır. Herkesle çok iyi geçinirler ve başkaları için yaptıkları fedakârlıktan keyif alırlar. Büyük hayalleri ve idealleri vardır ve bunları gerçekleştirmek için çok çalışırlar. Bu yüzden de erken yaşlarda hayata atılırlar ve bu hayalleri gerçekleştirmek isterler. Ancak ne gariptir ki bir an önce gerçekleştirmek istedikleri hayallerini, sabırsızlıkları ve zamansız hareketelerinin olumsuz sonuçları nedeniyle ertelemek ve ileriki zamanlara bırakmak zorunda kalırlar. İşte belki de tek zaafları da budur. Düşünceleri, idealleri, plânlama ve olayları analiz yetenekleri çok iyi olmasına rağmen; sabırsız yapıları ve zamanlama hataları, onları olumsuz sonuçlara sürükleyebilir.

Oldukça hırslı yapıları olmasına rağmen, iyi niyetli bakış açıları, bazen olaylar karşısında ikilem yaşamalarına, duyguları ve mantıkları arasında sürekli bir savaşa neden olabilir. Bu da onlara zaman zaman zarar verir. Çünkü iyi niyetle yaptıkları yardımları mantık süzgecinden geçirmemişlerdir ve bu duygusal davranış onları bir süre sonra olumsuz yönde etkilemiştir. Bu yüzden yeni tanıştıkları kişilere karşı oldukça temkinli yaklaşmaları ve duygusallığa kapılıp gereksiz fedakârlıkta bulunmamaları, onlar için en doğru davranış biçimi olacaktır. Çünkü iyi niyetlerinin suistimal edilmesi onlar için gerçek anlamda bir hayal kırıklığı ve yıkım anlamına gelir.

Sanatın her hangi bir dalında başarılı olacak yeteneğe sahiptirler. Genellikle kalabalık ortamlarda bulunmaktan, eğlenmekten ve eğlendirmekten büyük keyif alırlar. Sosyal hayattan asla kopamazlar. Renkli ve hareketli yapılarından dolayı kalabalıkları peşlerine takıp, kendilerine hayran bırakırlar. Samimi duyguları ve iyi niyetleri yüzlerinden belli olur. Bu da onların dostları tarafından özel bir yere konmalarına vesile olur.

İş Hayatları:

İçlerindeki bu ikilem ve çalkantıya rağmen iş hayatları genellikle başarılıdır. Bir çok işin kolayına kaçmak isteseler de, başladıkları işi mutlaka bitirirler. Bu azim onlarda vardır.

Aşk ve Evlilik Hayatları:

Hayatlarının her döneminde olduğu gibi; evlenecekleri zaman da aceleci ve sabırsız olmamaları, onlar için en doğru davranış şekli olacaktır. Sevgilerinden ve duygularından kesinlikle emin olduktan sonra evlilik kararını vermeleri gerekir. Bu gurubun insanları gerçekten doğru bir evlilik kararıyla doğru insanı bulmuşsa, o zaman evlendikleri kişinin çok şanslı olduğunu söylemek gerekir.

4. GRUP
EKİM AYINDA DOĞANLAR

"Zeki - Çalışkan - Dengeli"

Genel Özellikleri:

Zeki ve oldukça çalışkan bir yapıya sahiptirler. Yapmaya karar verdikleri bir işi sonuna kadar götürür ve en iyi sonucu almasını bilirler. Bunun için inanılmaz bir azim ve kararlılık gösterirler. Büyük işler yapmak için yaratılmış insanlardır. Hiçbir şeyi şansa bırakmazlar. En ince ayrıntıları bile göz önünde bulundurur ve zamanı geldiğinde her şeyi yeniden değerlendirirler.

Dost edinmek konusunda son derece seçici davranırlar. Fakat edindikleri dostlarına son derece önem verirler ve sadıktırlar. İşlerinde çok ciddi ve otoriter olsalar da, dostları arasında bambaşkadırlar. İşlerinden arta kalan zamanlarını sevdikleriyle birlikte geçirmekten büyük keyif alırlar. Onu sadece iş ortamında tanımış olan birinin, dostlarıyla birlikteyken gördüğünde şaşırması gayet doğaldır. Ancak bu onların ölçüyü kaçırdıkları anlamına hiçbir zaman gelmez. Onlar her hareketlerinde ölçülü davranırlar ve aşırılıktan uzak dururlar.

İş Hayatları:

İş hayatlarında oldukça ciddi ve otoriterdirler. Hangi konumda olurlarsa olsunlar her şeyin kendi idarelerinde olmasını ister. Yanlarında çalışanların yaptıkları işleri de büyük bir titizlikle inceler ve en iyisini yapmaları için onları teşvik ederler. Kendi işlerini yapmayıp her hangi bir yerde çalışıyorlarsa, mutlaka yönetici konumunda bulunmak isterler. Karar aşamalarında kimseyi işlerine karıştırmak istemezler. Çünkü yapılması gerekenin en iyisini yaptıklarından son derece emindirler.

Yaptıkları iş ne olursa olsun, sonunda kendi işlerinin sahibi olmak isterler. Bu guruba ait bir çok insan da hayatlarında bir kere de olsa, risk almayı da göze alarak bunu dener ve çoğunlukla da başarılı olur. Özellikle iş hayatlarında özgürlüklerine olağanüstü düşkündürler. Düşüncelerindeki işleri başarmadan kendilerini rahat hissetmezler.

Aşk ve Evlilik Hayatları:

Evlilik hayatları büyük bir sakinlik ve huzur içinde devam eder. Eşlerini mutlu etmek için ellerinden gelen her şeyi yapmaya çalışırlar. Eşlerine büyük değer verirler.

4. GRUP
KASIM AYINDA DOĞANLAR

"Otoriter - Çalışkan - Mantıklı"

Genel Özellikleri:

Ciddi, otoriter ve oldukça çalışkan insanlardır. Ayrıca son derece mantıklı ve düzenleyicidirler. Zor işlerin insanları diyebileceğimiz bu grup insanları, asla az ile yetinmezler. Sürekli hareket halindedirler ve mutlaka uğraşacakları bir şeyler bulurlar. Toplumsal hayatlarında çok yüksek mevkilere ulaşabildikleri gibi, mesleklerinde de çok büyük başarılara ulaşırlar. Belirgin özelliklerinden biri de kanaatkâr ve sabırlı olmalarıdır. Yaptıkları hiçbir işte aceleci davranmazlar. Yapılması gerekenin en iyisini yapmak için sabırla çalışırlar.

Son derece meraklı ve araştırmacı bir yapıları vardır. Merak ettikleri konularla hakkında en ince detayları bile araştırır, öğrenilmesi gereken her şeyi büyük bir titizlikle bulmaya çalışırlar. İlgilendikleri bütün konulara gerçekten hakim olmak isterler. Çok duygusal olmalarına rağmen, anlaşılmaz bir şekilde duygularını gizlerler. İnsanlarla aralarında mutlaka bir mesafe bırakırlar. Fakat her kese karşı son derece eşit ve adil davranırlar. Haksızlığa asla tahammülleri yoktur. İşkolik olmalarına rağmen rahatlarına da düşkündürler.

Sosyal yaşantılarında son derece ağır ve temkinli olmalarına rağmen, yakın çevrelerinde ve sınırlı sayıdaki dostlarının arasında şaşırtıcı bir şekilde mutlu, huzurlu ve şakacıdırlar. Dostlarını seçerken çok dikkatli davranır ancak kendi kafalarına uyan insanlarla dostluk kurarlar. Fakat dostlukları çok sağlamdır. Dostlarına da son derece önem verirler.

İş Hayatları:

Son derece meraklı ve araştırmacı bir yapıları vardır. Merak ettikleri konular hakkında en ince detayları bile araştırır, öğrenilmesi gereken her şeyi büyük bir titizlikle bulmaya çalışırlar. İlgilendikleri bütün konulara gerçekten hakim olmak isterler. İş arkadaşlarına veya yanında çalışan insanlara her zaman yardımcı olurlar. Yapabileceklerinin en iyisini yaparak adeta ders verirler.

Aşk ve Evlilik Hayatları:

Evlilikleri; kurdukları yuvaları, onlar için çok önemlidir. Eşleri her şeyden önce gelir. Eşlerini mutlu etmek için hiçbir fedakârlıktan kaçınmazlar. Sevgilerinde içten ve samimidirler. Eşlerine karşı duydukları aşk hayatlarının sonuna kadar devam eder.

4. GRUP
ARALIK AYINDA DOĞANLAR

"Azimli - Ölçülü - Neşeli"

Genel Özellikleri:

Duygusal yapılarını garip bir şekilde ciddi ve sert bir görünüşle örterler. Hayatlarının hiçbir döneminde zorluklar karşısında pes ettiklerini göremezsiniz. Her zaman kusursuzun ve mükemmelin peşindedirler. Kafalarına koydukları tüm plânları her ne olursa olsun mutlaka hayata geçirirler. Hayat dolu ve neşeli insanlardır. En yoğun zamanlarında bile kendilerine mutlaka eğlenecekleri bir şeyler bulurlar.

Herkesle çok iyi anlaşabilirler. Ancak yakın dostları başkadır. Kendi yapılarına uygun insanlarla kurdukları dostlukları çok özeldir ve onlar için çok önemlidir. Her koşulda herkese eşit ve adil bir şekilde davranırlar. Fakat tembellik yapanlara asla tahammülleri yoktur. Çünkü onlar için çalışmak hayatın vazgeçilmez bir parçasıdır.

Sosyal hayatları son derece aktif ve eğlencelidir. Her zaman mükemmelin peşinde olduklarından eğlencelerinde bile mutlaka bir ölçü vardır. Fakat yakın çevrelerinde içlerinden geldiği gibi, gönüllerince eğlenirler. Son derece değer verdikleri dostlarına karşı, hiçbir fedakârlıktan kaçınmazlar.

İş Hayatları:

İş hayatının vazgeçilmez insanlarıdır. Akla gelebilecek tüm zor işlerde insanı şaşırtacak derecede başarılar gösterirler. İş hayatında yükselmek, yönetmek ve idare etmek için yaratılmış gibilerdir. Yaptıkları her işte mutlak başarı sağlarlar. Fakat tüm başarılarına rağmen, hiç kimseden emir almaksızın kendi bildiklerini işleri yaparak, bağımsız işlerini kurmak isterler.

Aşk ve Evlilik Hayatları:

İdeal eş portresini en güzel dolduran insanlardandır. Evlilik hayatları oldukça mutlu ve huzurludur. Eşlerine gerçekten değer verirler ve yuvalarının mutluluğu için hiçbir fedakârlıktan kaçınmazlar.

5. GRUP
OCAK AYINDA DOĞANLAR

"Zeki - Meraklı - Özgür"

Genel Özellikleri:

Keskin zekâya sahip, meraklı ve çalışkan insanlardır. Özel hayatlarında ve iş hayatlarında özgürlüklerine son derece düşkündürler. Özellikle iş hayatlarında olumlu özelliklerini çok daha iyi sergilerler. Sosyal yaşantıları da iş hayatları kadar başarılıdır. Hükmedici yapılarıyla bulundukları çevreyi etkiler ve kendilerini kabul ettirirler. Özellikle politika alanında son derece başarılı olurlar.

İş Hayatları:

İş hayatının hemen her dalında başarılı olmak için yaratılmış gibidirler. Merak sardıkları bir iş veya konu üzerinde, sonuca ulaşıncaya kadar sınır tanımaz bir inatla çalışırlar. Sert ve ciddi bir mizaca sahiptirler. Buna rağmen bulundukları her çevreye çok çabuk uyum sağlarlar ve kendilerini kabul ettirirler.

Özgürlüklerine çok düşkün olduklarından, yapacakları tüm işleri tek başlarına başarmak isterler ve işlerine hiçbir şekilde kimsenin müdahale etmesine izin vermezler. Hemen hemen her işte başarılı olduklarından kendi işlerini kurmasalar da, çalıştıkları işlerde mutlaka yönetici konumunda olmak isterler. Bu konuda oldukça da başarılıdırlar.

Meraklı yapıları, kendilerini çok yönlü işlerin içinde bulmalarına neden olur. Çünkü rutin işler onları çok sıkar. Yapacakları işleri uzun süre devam ettireceklerse mutlaka durağanlıktan uzak olmalıdır.

Aşk ve Evlilik Hayatları:

Bağlılık onları sıkabilir. Özgürlüğe olan düşkünlüklerinden dolayı, evliliği çok iyi düşünmeleri gerekir. İyi düşünülmüş ve gerçek aşkın sonunda gerçekleşen uyumlu bir evlilik içerisinde ise çok ideal bir eş olurlar. Ancak yine de zaman zaman yaşayacakları bağımlılık krizleri kritik anlar yaşamalarına neden olacaktır. Bu zamanların geçici olduğunu düşünüp ani çıkışlardan ve ani kararlardan kaçınmaları gerekmektedir.

5. GRUP
ŞUBAT AYINDA DOĞANLAR

"Araştırıcı - Mantıklı - Duygusal"

Genel Özellikleri:

Araştırmacı, mantıklı ve oldukça duygusal insanlardır. Hayatlarının tüm aşamalarında, devamlı bir faaliyet ve hareketlilik içerisindedirler. Oldukça meraklı bir yapıya sahip olan bu grup insanları, olaylarla iç içe yaşamak isterler. Her şeyden çok çabuk sıkılır ve yeni arayışlara girerler. Yapacakları iş konusunda her zaman ilginç olanı seçerler.

Hayat dolu ve neşeli insanlardır. Daima aynı şeyleri yapmak, aynı yerlerde bulunmak onları sıkar. Aşırı duygusal ve merhametli yapıları nedeniyle, duyguları ve mantıkları arasında çelişkiler yaşarlar. Çok büyük idealleri olmasına rağmen, duygusallıkları yüzünden bunlara ulaşmaları biraz gecikebilir.

Çok yetenekli olmalarına rağmen, karar vermek konusunda zorlanmaları onların başarısızlığına neden olabilir. Kendileri için istedikleri bir çok şeyden, muhtaç olan başkaları için kolayca vazgeçebilecek kadar da merhametli ve fedakârdırlar.

Sosyal hayatları her zaman renkli ve hareketlidir. Bulundukları tüm çevrelerde samimi dostluklar kurarlar. Dostlarına son derece bağlıdırlar. Onlar için ellerinden gelen her türlü yardımı yapmaya hazırdırlar. Neşeli ve eğlenceye düşkün olduklarından ellerine geçen her fırsatta dostlarıyla eğlenmekten büyük keyif alırlar.

İş Hayatları:

Olağanüstü pratik zekâları vardır. Bu özellikleriyle karar aşamasını geçebilirlerse ve başladıkları işin gereği olarak net ve doğru kararlar alabilecek iradeyi gösterebilirlerse, büyük başarılara ulaşmaları çok kolay olacaktır.

Aşk ve Evlilik Hayatları:

Sevmek ve sevilmek bu insanlar için vazgeçilmez bir ihtiyaçtır. Bu özellikleri onların evlenmeden önce çok emin olmalarını gerektirmektedir. Kararlarının geçici bir heves olma ihtimaline karşı, kendilerini çok titiz bir şekilde dinlemelerinde fayda vardır. Aradıkları aşkı gerçekten bulduklarına emin olurlarsa, bu da evlilikle sonuçlanırsa, gerçekten gönülden bağlı bir eş olurlar ve çok mutlu bir evlilik hayatları olur.

5. GRUP
MART AYINDA DOĞANLAR

"Zeki - Meraklı - Çalışkan"

Genel Özellikleri:

Zeki ve meraklı özellikleri nedeniyle araştırmacı bir kişiliğe sahiptirler. Her konuyu didik dikik edip en ince ayrıntısını öğrenmek isterler. Eğlenceye düşkün olmalarına rağmen iş konusunda oldukça ciddidirler. Çok neşeli ve eğlenceli bir anlarında işleri ile ilgili bir konu karşılarına geldiğinde, hemen ciddiyetlerini takınırlar. Adeta bir önceki kişi gitmiş yerine bambaşka biri gelmiştir. Geniş bir çevreleri olmasına rağmen, sıkı dost oldukları kişilerin sayısı oldukça azdır. İş konusundaki tüm ciddiyetlerine rağmen bazen duyguları öne geçerek, yanlış kararlar almalarına da neden olabilir. Bu konuda dikkatli olmaları gerekir. Her konudaki titiz yaklaşımları, karşılarındaki insanlardan da bekler, onların da kendileri gibi davranmalarını isterler. Çevrelerindeki insanlar, onları danışılacakları ve fikirlerine başvuracakları kişiler olarak görürler ve önerileri de bir çok kez işe yarar.

İş Hayatları:

Zeki ve meraklı özellikleri nedeniyle çok farklı iş alanlarında başarılı olabilirler. Olayları analiz etme ve sonuçlandırma yetenekleri sayesinde çok zor gibi görünen bir çok işin üstesinden başarıyla gelirler. Aranan bir yöneticide bulunması gereken bütün özellikler bu kişilerde mevcuttur. İş konusundaki tek dikkat etmeleri gereken konu duygusal yapılarıdır. Bazen karşılarındaki insanları kırmamak için aldıkları duygusal kararlar, risk almalarına neden olabilir. Bu da zaman zaman olumsuz sonuçlara yol açabilir.

Aşk ve Evlilik Hayatları:

İlişkilerinde her zaman baskın olan taraf olmak isterler ve genellikle de böyle olur. Çok duygusal bir yapıya sahip olmalarına rağmen, daima son sözü kendileri söylemek isterler. Bir eşin yapması gereken her fedakarlığa katlanır ve örnek bir eş olurlar. İlişkilerinde fazla ısrarcı davranmamaları ve karşılarındaki kişinin de fikirlerini almaları daha dengeli bir ilişki yaşamalarını sağlayabilir.

5. GRUP
NİSAN AYINDA DOĞANLAR

"Yönetici - Otoriter - Kararlı"

Genel Özellikleri:

Ciddi, sert ve otoriter yapıları olmasına rağmen, asıl olarak duygusal insanlardır. Fakat bu özelliklerini belli etmekten özenle kaçınırlar. Yönetmek idare etmek ve büyük işler yapmak için yaratılmış gibilerdir. Severek ve isteyerek yapacakları bütün işlerde mutlak bir başarı elde ederler. Sabırlı ve kendilerinden son derece emindirler. Zor olan şeylerle uğraşmaktan ve üstesinden gelmekten büyük keyif alırlar.

Sosyal hayatlarında son derece aktif insanlardır. Çevreleriyle çok kolay ve iyi iletişim kurarlar. Bildiklerini çevreleriyle paylaşmaktan hoşlanırlar. Herkesle çok iyi anlaşabilmeleriyle birlikte, dost seçimlerinde oldukça seçicidirler. Sağlam ve kalıcı dostluklar kurarlar. Ancak yakın dostları ve yakın çevreleri arasında eğlenirler.

İş Hayatları:

İş konusunda başarısızlığı affetmeyen bir yapıları vardır. Her türlü zorluğun üzerine inatla gittikleri gibi, başkalarından da aynı şeyleri beklerler. Aksi taktirde çok çabuk sinirlendiklerine ve etrafa emirler yağdırdıklarına şahit olursunuz. Onlar için başlanan bir iş kesinlikle yarım bırakılamaz.

Yaptıkları her işte başarılı olabilecek yeteneğe sahiptirler. Ancak çalıştıkları işlerde ne kadar başarılı ve huzurlu olsalar da, akıllarının bir tarafında mutlaka kendi işlerini kurmak fikri vardır. Bu fikrin, içi boş bir istek olduğu kesinlikle zannedilmesin. Bu isteğin içi başlayacakları işte en üst noktaya ulaşmak için inceden inceye yapılmış plân ve projelerle doludur.

Ciddi ve sert görüntülerine rağmen, tembellik ve boş vermişlik olmadıkça, insanlarla ilişkileri son derece iyidir. Kime nasıl davranacaklarını çok iyi bilirler. Kırdıkları insanların bile gönüllerini çok kısa bir sürede alırlar. Çünkü içlerinde kötülük olmadığını karşılarındaki insana mutlaka hissettirirler.

Kendilerinin olduğu kadar, diğer insanların da mutlu olmalarını isterler. Bu yüzden ihtiyacı olana ellerinden gelen yardımı yapmaktan kaçınmazlar.

Aşk ve Evlilik Hayatları:

Evlilik hayatları genellikle huzurlu ve mutludur. İş hayatlarındaki sorunları hiçbir zaman evlerine taşımazlar. Eşlerine karşı sevecen ve bağlıdırlar.

5. GRUP
MAYIS AYINDA DOĞANLAR

"Çalışkan - Zeki - Ciddi"

Genel Özellikleri:

Çalışkan, zeki ve ciddi bir yapıları vardır. Lider yaradılışlı insanlardır ve duygularını dışarıya pek belli etmezler. İdeallerini gerçekleştirmek için yorulmadan büyük bir iradeyle çalışırlar. Kafalarına koydukları bütün düşünceleri tek tek gerçekleştirirler ve hedefledikleri zirveye emin adımlarla ulaşırlar. Çok büyük idealleriyle birlikte son derce dürüst ve kuralcı insanlardır. Verdikleri sözleri mutlaka yerine getirirler. Mümkün olduğunca belirledikleri kuralların dışına çıkmamaya çalışırlar.

Çevreleriyle iletişimleri son derece başarılıdır. Sert mizaçlarına ve hata affetmeyen yapılarına rağmen, insanlara yaklaşımları her zaman samimi ve içtendir. En yoğun zamanlarında bile kendilerinden istenen yardımı geri çevirmez, ellerinden gelen fedakârlığı yapmaktan kaçınmazlar. Sosyal ilişkileri gelişmiştir. Kalabalık ortamlarda her zaman ön plânda olmak, eğitici ve öğretici konumlarda bulunmak isterler. Bunu da başarırlar. Eğlenceye fazla düşkün olmadıkları halde, fırsat buldukça yakın çevreleriyle birlikte olmaktan keyif alırlar.

İş Hayatları:

Çok iyi yönetici olabilecekleri gibi, iş hayatında ve politikada da büyük başarılar elde edebilirler. Başaramayacaklarını düşündükleri ve kurallarının dışına çıktıklarını hissettikleri işlere asla girmezler. Fakat kendilerince ışık gördükleri en zor işlere girmekten, kesinlikle kaçınmazlar. Başladıkları işi de ne kadar zor olursa olsun, inatla üzerine giderek mutlaka sonlandırırlar.

Aşk ve Evlilik Hayatları:

Kendi yapılarına uygun bir insanla evlendikleri takdirde; hiçbir sorun yaşamadan, hayatlarının sonuna kadar mutlu ve huzurlu bir hayat sürerler. Eşlerinin rahatı ve mutluluğu için fedakârlar yapmak onlar için ayrı bir zevktir.

5. GRUP
HAZİRAN AYINDA DOĞANLAR

"Zeki - Meraklı - Hassas"

Genel Özellikleri:

Zeki, meraklı, çalışkan ve hassas insanlardır. Kendilerine ulaşılması zor gibi görünen hedefler seçseler de, dışarıdan yok artık ayakların yere bassın tepkileri aslalar da, çalışkan ve inatçı yapıları gereği kafalarına koydukları bir çok şeyi gerçekleştirir ve insanları şaşırtırlar. Lider yaradılışlıdırlar ve bunun gereği olumlu ve olumsuz tüm özellikleri bünyelerinde taşırlar. Zorluklarla ulaştıkları hedeflerine vardıklarında artık heyecanları bitmiştir. Bundan sonrası artık yeni heyecanlar ve hedeflere koşmak zamanıdır. Bulundukları mevki makam onları hiçbir zaman tatmin etmez. Bulundukları konumda tek olmak için sürekli bir faaliyet ve çaba içerisindedirler.

Sosyal yaşantıları son derece neşeli ve hareketlidir. İnsanlar arasında olmaktan, yerine göre şakalaşıp eğlenmekten keyif alırlar. Duygusal ve merhametli yapılarından dolayı, kendilerinden istenen yardımları geri çevirmez, ellerinden gelen fedakârlığa yaparlar. Bu grubun insanları kalabalık ortamların aranılan simalarıdır.

İş Hayatları:

Girdikleri bütün ortamlara çok çabuk alışırlar ve kendilerini kabul ettirirler. İnsan ilişkileri ve diplomasi konusunda inanılmaz derecede başarılıdırlar. İkna kabiliyetleri oldukça iyidir. Serbest hareket etmek istedikleri ve özgürlüklerine düşkün oldukları için her zaman kendi işlerinin sahibi olmak isterler ve bunun için büyük çaba harcarlar. Bu çabalarının esas nedeni de emir almak konusundaki rahatsızlıklarıdır. Sürekli bir değişikli isteği içerisinde olurlar. Bu yüzden değişik çevreler ve farklı iş konuları her zaman ilgilerini çeker. Mümkün olabildiğince seyahat etmelerini gerektiren işleri tercih ederler. Bu sayede hem işlerini yapmış hem farklı çevreleri tanıma imkânı bulmuş olurlar hem de içlerindeki değişiklik isteğini gidermiş olurlar. Bütün bunlarla birlikte, kafalarına koydukları her şeyi, başarmak için yaratılmış gibidirler. Yeter ki sabırlı olsunlar.

Aşk ve Evlilik Hayatları:

Sürekli bir değişiklik arayışı içerisinde olan bu grup insanları, evlenecekleri zaman gerçekten çok iyi düşünmelidirler. Duygularından gerçekten emin olmadan ve gerçekten hazır olduklarını hissetmeden yapacakları evlilik, ileride sorunlar yaşamalarına neden olabilir. Ancak uyumlu ve severek yapacakları evlilik eşleri ve kendisi için mükemmel bir birlikteliğe de dönüşebilir. Canlılığı ve hareketliliği paylaşacağı eşleriyle çok renkli ve mutlu bir birlikteliği hayatlarının sonuna kadar devam ettirebilirler.

5. GRUP
TEMMUZ AYINDA DOĞANLAR

"Zeki - Duygusal - Sabırsız"

Genel Özellikleri:

Oldukça zeki, hırslı, duygusal ve çalışkan olmalarına rağmen, sabırsız yapıları bazen zorluklar yaşamalarına neden olabilir. Akıllarından geçen her şeyi bir an önce yapmak, hayata geçirmek isterler. Çok büyük idealleri olduğu gibi, hayatı da dolu dolu yaşamak arzusundadırlar ve bunun için gerçekten çok çalışırlar. Bütün işlerinde en mükemmeli ve kusursuzu hedeflerler. Yaptıkları her işte tek ve ulaşılmaz olmak onların temel özelliklerindendir.

İş hayatında başarılı olabildikleri gibi, sanatın bir çok dalında da başarılı olabilirler. Genel olarak başlarına buyruk bir görüntü sergilerler ve özgürlüklerine son derece düşkündürler. Başarılı olmak, başarmak için çalışmak onlar için çok önemlidir. Lider yaradılışlarından dolayı olaylara hakim bir konumda olmak isterler. Genellikle de onları bu konumlarda görürüz. Bulundukları çevre ve yaptıkları rutin işler onları çoğunlukla sıkar. Yeni çevreler, yeni insanlar yeni imkânlar ararlar.

Sosyal hayatlarında son derece aktif, neşeli ve eğlencelidirler. İnsanlarla iç içe yaşamak, eğlenmekten büyük keyif alırlar. Bulundukları her çevreye çabucak alışır, samimi ve sağlam dostluklar kurarlar. Dostlarına büyük önem verirler ve sadıktırlar.

İş Hayatları:

İnsanları ikna etme yetenekleri son derece gelişmiş olduğundan, insan ilişkilerinde çok başarılıdırlar. İş hayatında son derece atılgan ve cesurdurlar. İdeallerini gerçekleştirmek için gerekirse bazı tehlikeleri dahi göze alırlar. Fakat şaşırtıcı bir şekilde hedefledikleri sonuca ulaşırlar. Kısaca bu gruba dahil olanlar, büyük işlerin insanlarıdır.

Aşk ve Evlilik Hayatları:

Hızlı ve hareketli yaşamlarına paralel olarak, devamlı değişiklikten hoşlanan bir yapıya sahiptirler. Bu yüzden evlenmeye karar verdikleri zaman kendilerinden ve duygularından son derece emin olmaları gerekmektedir. Ancak bu takdirde mutlu bir evliliği sürdürebilirler. Eğer evlilikleri sağlam temeller üzerine oturmuşsa, eşleri için bulunmaz insanlar olurlar. Onlar için yapmayacakları fedakârlık yoktur. Her ne kadar eğlenceye düşkün olsalar da en büyük huzuru ve mutluluğu evlerinde eşlerinin yanında bulurlar.

5. GRUP
AĞUSTOS AYINDA DOĞANLAR

"Pratik Zekâlı - Girişimci - Meraklı"

Genel Özellikleri:

Pratik zekânın temsilcileri olan bu grubun insanları, aynı

zamanda atılgan, meraklı ve çalışkan bir yapıya sahiptirler. Yapacakları bütün işleri en küçük ayrıntılarına kadar inceler, en ufak hataya yer vermeyecek şekilde plânlarlar ve işe başlarlar. Kafalarında sürekli olarak bir çok iş, bir çok plân aynı anda yer alır. Bıraksanız bunların hepsini birden aynı anda yapmaya kalkar. Ancak rahatlarına düşkün olmaları bunların zaman zaman lafta kalmasına neden olabilir. Bu yüzden yapacaklarını erteleyebilirler. Bu da ilk heyecanlarını sönümlendirir ve olaylara daha mantıklı bakmaya başlarlar. Rahatlarına olan düşkünlüklerinden bahsederken, onlara haksızlık da yapmış olmayalım. Bu rahatlık aslında her zaman boş vermişlik anlamına gelmez. İnandıkları ve sorumluluğunu üstlendikleri işleri, sonlandıracak iradeye sahiptirler.

Oldukça duygusal ve merhametli yapılarından dolayı; kendi işlerini dahi bir kenara bırakıp, başkalarına yardıma koşarlar. Sosyal yaşantıları oldukça renklidir. Dostları arasında inanılmaz neşeli ve şakacı olarak bilinirler. Her zaman kalabalık ortamları tercih ederler ve eğlenirler. Asla yalnızlığa tahammülleri yoktur. Genel olarak insancıl yaradılışlı olan bu grubun insanları, neşeli ve hayat doludur. Tanıştıkları insanlarla çok kolay ve iyi ilişkiler kurarlar.

İş Hayatları:

Yaptıkları en ciddi işlerde bile eğlenceli bir taraf bulurlar ve işlerini keyifle yaparlar. Olağanüstü pratik zekâları sayesinde; bir çok insana imkânsız gibi görünen işleri şaşırtıcı bir biçimde bitirip, yeni arayışlara girerler. Her ne kadar yönetici ve lider vasıflarına sahip olsalar da, mutlaka bütün işlerde kendi emeklerinin olmasını isterler ve beden güçlerini işlerine katarlar. Her zaman ve her yerde kendilerine uğraşacakları bir iş yaratırlar ve boş durmaktan kesinlikle hoşlanmazlar.

Aşk ve Evlilik Hayatları:

Evlilik hayatları son derece başarılıdır. Mutlu ve huzurlu

bir şekilde devam eder. Hayat dolu insanlar olduklarından, bulundukları ortamları ve özellikle evlerini her zaman neşe ve sevinçle doldururlar.

5. GRUP
EYLÜL AYINDA DOĞANLAR

"Neşeli - Zeki - Fedakâr"

Genel Özellikleri:

Neşeli, zeki ve hayat dolu insanlardır. Çok çalışkan ve zeki olmalarına rağmen, her zaman rahat bir yaşam özlemi içerisindedirler. Oldukça duygusal bir yapıları vardır. Bu yüzden kendi işlerini erteleyerek başkalarına yardım ederler ve bundan da büyük mutluluk duyarlar. Her zaman çok büyük idealleri vardır ve bunları gerçekleştirmek için yaşadıkları her anı değerlendirirler. Karşılarına çıkabilecek engellerin üzerine cesaretle giderler. Onları başarıya götüren en önemli özelliklerinden biri de işte budur.

Hem iş dünyasında hem de sanat alanında da yetenekli insanlardır. Zarif ve çekici kişiliklerinin yanı sıra bitmek bilmez bir enerji ile, kalabalık topluluklarda her zaman en ön sıralarda bulunur ve dikkatleri üzerlerine çekerler. Kendilerini her konuda başarılı ve lider konuma getirmeyi çok iyi bilirler. Sabırsız ve aceleci yapıları onların en büyük kusurudur. Bu özelliklerini dizginleyebildikleri taktirde hayatları daha kolaylaşacak ve hedeflerine çok daha kolay ulaşacaklardır.

Sosyal yaşantıları son derece renkli ve eğlencelidir. Dost toplantılarının aranılan renkli simaları arasında her zaman yerlerini alırlar.

İş Hayatları:

Her zaman kendi çevrelerinin dışına açılmak; yeni yerler, yeni insanlar tanımak ve farklı çevrelerde değişik işler yapmak isterler. En zor işleri bile başarıyla tamamladıktan sonra ise yeni ve heyecanlı işlerin arayışı içerisine girerler. Her zaman erişilmesi zor olanın peşinde olduklarından; ne kadar büyük başarılara ulaşsalar da, bulundukları yer onlara yetmez. Daha büyük işler yapmak ve başarmak arzusundadırlar.

Aşk ve Evlilik Hayatları:

Hızlı ve renkli yaşamlarına ayak uydurabilecek bir insanla evlendikleri taktirde inanılmaz derecede mutlu ve huzurlu bir yaşamları olur. Kendilerinden çok eşlerini mutlu etmek için çok büyük fedakârlıklar yapmaktan kaçınmazlar.

5. GRUP
EKİM AYINDA DOĞANLAR

"Zeki - Çalışkan - Kararlı"

Genel Özellikleri:

Zeki, çalışkan ve kararlı insanlardır. Kafalarına koydukları bütün plânlarını hayata geçirmek için yorulmak bilmez bir irade ve kararlılıkla çalışırlar. Hayal güçleri oldukça gelişmiş olduğundan, ilginç konular üzerinde çalışmalar yapar ve mutlaka başarıya ulaşırlar. Ağırbaşlı, gururlu fakat bir o kadar da duygusaldırlar. İşlerini ve duygularını birbirinden karıştırmamayı çok iyi bilirler. En ağır işlerin bile üzerine kararlılıkla giderler ve başladıkları işleri mutlaka bitirirler.

Sosyal hayatlarında kendilerini işlerine verip, başlarını işlerinden kaldırmayan bir yapı sergileseler de, aslında oldukça hareketli ve neşelidirler. Dostlarını büyük bir titizlikle seçer, güvenebilecekleri insanlarla yakın dostluklar kurarlar. Ancak kendine yakın buldukları dostları ve yakınlarıyla çok neşeli ve eğlenceli zaman geçirirler.

İş Hayatları:

Her ne kadar kendi işlerinde başarılı olsalar da, kafalarında farklı işlerin plânlarını kurar, ve zamanı geldiğinde uygulamaya koyarlar. Yöneticilik ve idarecilik yetenekleri mükemmel olup, insanlarla ile olan iletişimleri çok başarılıdır. Çevreleriyle çok iyi iletişim kurar ve insanların kafalarındaki düşünceleri, güçlü sezgileriyle anlayabilirler. Sorumluluklarının farkında olup, çevrelerine her konuda eşit ve adil bir şekilde davranırlar.

Aşk ve Evlilik Hayatları:

Evlilik hayatları her zaman sevgi, saygı çerçevesinde sürer ve mükemmel düzeyde huzurludur. Eşlerinin mutluluğu ve huzuru için hiç bir fedâkarlıktan kaçınmazlar. Ciddi yapılarının tersine oldukça romantiktirler. Fakat bu taraflarını kalabalık ortamlarda sergilemekten özellikle kaçınırlar. Her zaman için ideal bir eştirler.

5. GRUP
KASIM AYINDA DOĞANLAR

"Ciddi - Titiz - Kararlı"

Genel Özellikleri:

Ciddi, sert ve otoriter görünüşleri vardır. Ancak bu görüntünün altında bir o kadar merhametli ve insancıl bir yapı gizlerler. Bütün işlerinde titiz ve kararlıdırlar. Başladıkları en ağır işlerin bile üzerine ısrarla gider ve mutlaka sonuca ulaşırlar. Basit ve sıradan olan hiçbir iş ilgilerini çekmez. Genelde zor ve ağır işlerden hoşlanırlar. Çalışkanlıklarından dolayı onları sürekli bir faaliyet içerisinde görürsünüz. Kendilerine verilen görevleri büyük bir sorumluluk duygusuyla yerine getirmek için olağanüstü çaba harcarlar.

Ciddi yapılarına rağmen sosyal hayatları her zaman hareketlidir. İşlerinden artan zamanlarında dostlarıyla ve yakın çevreleriyle eğlenmekten hoşlanırlar. Dışarıya verdikleri görüntünün aksine yakın çevreleriyle birlikteyken sevecen ve eğlencelidirler. Adaletli, içten davranışları ve samimiyetleriyle her ortamda sevilen ve saygı duyulan insanlardır.

İş Hayatları:

Basit ve sıradan olan hiçbir iş ilgilerini çekmez. Genelde zor ve ağır işlerden hoşlanırlar. Çalışkanlıklarından dolayı onları sürekli bir faaliyet içerisinde görürsünüz. Kendilerine verilen görevleri büyük bir sorumluluk duygusuyla yerine getirmek için büyük çaba harcarlar. Kendi işlerinde ya da görevli oldukları yerlerde; yapılan işlerle ve çalışanlarla yakından ilgilidirler. Yaptıkları işin en doğru şekilde sonuçlanması için, bildikleri her şeyi diğer insanlarla paylaşır ve öğretirler. Etraflarındaki insanların da başarılı olmaları için ellerinden gelen her türlü desteği gösterirler.

Aşk ve Evlilik Hayatları:

Evlilik hayatları huzurludur. Otoriter yapılarıyla ailenin hakimi olmalarıyla birlikte, ailelerine karşı sevecen ve anlayışlılardır. Eşlerine ve yakın çevrelerine karşı, bütün sorumluluklarını yerine getirmeyi adeta kendilerine bir görev kabul ederler ve bunları fazlasıyla yerine getirirler.

5. GRUP
ARALIK AYINDA DOĞANLAR

"Zeki - Enerjik - Duygusal"

Genel Özellikleri:

Oldukça zeki, hareketli, duygusal ve lider yaradılışlı insanlardır. Sarsılmaz bir iradeleriyle bitmez tükenmez bir enerjiye sahiptirler. Duygusal ve merhametli bir yapıları olmasına rağmen, ciddi ve sert bir görüntü sergilerler. Bulundukları ortamlarda saygı ve hayranlık uyandıran ve dışarıdan net bir biçimde fark edilen zarafetleri vardır. Sözlerinde ve davranışlarında her zaman güven veren bir tavır ve kararlılık vardır.

Yoğun işlerine ve kısıtlı zamanlarına rağmen sosyal etkinliklerden ve faaliyetlerden uzak kalmazlar. Buldukları her fırsatta dostlarıyla hoşça vakit geçirmeye ve eğelenmeye gayret ederler. Aslında amaçları çalışma temposunun getirmiş olduğu stresten biraz olsun uzaklaşmaktır. Bazen kısa bir yürüyüş bile bunu sağlayabilir.

Arkadaşlarını ve dostlarını seçerken son derece dikkatli ve titiz hareket ederler. Mümkün olabildiğince kendi yapılarına ve düşüncelerine uygun insanlarla dostluk kurmaya özellikle dikkat ederler.

İş Hayatları:

Yöneticilik konusunda ve diplomatik alanlarda oldukça yetenekli insanlardır. Bütün işlerinde son derece ihtiyatlı davranırlar. Onların, her zaman akılcı ve kalıcı işlere imza attıklarına şahit oluruz.

Başladıkları bir işi bitirmek için gerekirse dış dünyayla ilgilerini keserler. Aldıkları sorumlulukları yerine getirmek için müthiş bir konsantrasyonla çalışırlar. İstekleri doğrultusunda verdikleri kararlardan geri dönmeleri mümkün değildir. Her ne olursa olsun kararlarını mutlaka uygularlar.

Aşk ve Evlilik Hayatları:

Evlilikleri, hayatlarının sonuna kadar mutlu ve huzurlu bir şekilde devam eder. Her ne kadar kendi kurallarını koyup inisiyatifin ellerinde olmasını isteseler de, eşlerine karşı olan sevgi ve saygılarından dolayı ve ailelerinin huzuru için prensiplerini bir kenara bırakmasını bilirler.

6. GRUBUN GENEL ÖZELLİKLERİ:

Altıncı grubun insanları, lider özelliklerini bünyelerinde taşırlar. Onlar, hangi ayda doğmuş olurlarsa olsunlar paylaştıkları benzer özellikler vardır. Liderlik vasıflarının dışında oldukça hassas insanlardır.

Hayatta insanlara iki şans tanınır cümlesi bu grubun insanları için çok doğru bir ifadedir. Altıncı gruba ait insanların, doğum tarihlerine göre elde ettikleri şansları yüksekse pek bir sorun yaşamazlar. Ancak Kritik yıllara denk gelen zamanlara özellikle dikkat etmeleri gerekir. Dikkat etmeleri gereken konulardan bir tanesi iş hayatlarındaki iniş ve çıkışlar olacaktır. Bir diğeri ise onlar için çok belirleyici bir özellik olan evlilikleridir. Bu grubun insanları, kritik yıllarında karşılaşabilecekleri sorunlar nedeniyle, çoğunlukla ikinci evliliklerini yaparlar. Bu tür olumsuzlukların yaşanmaması için, kritik yıllarına çok dikkat etmeleri, en az hasarla atlatabilmek için sabırla ve anlayışla hareket etmeleri gerekir.

6. GRUP
OCAK AYINDA DOĞANLAR

"Zeki - Çalışkan - Atılımcı"

Genel Özellikleri:

Zeki, çalışkan ve atılımcı insanlardır. Yapacakları bütün işlerde son derece seçici davranırlar. Sıradan işlerle asla ilgilenmezler. Zeka ve yetenek gerektiren işler onları daima cezbetmiştir. Bütün işlerinde ve tavırlarında Son derece dengeli ve alçakgönüllüdürler. Her zaman büyük başarılar için çalışır ve isteklerine ulaşırlar. Fakat başarılarından dolayı asla büyüklenmezler.

Ciddi ve sert bir yapıya sahip olsalar da, tam tersine çok duygusal ve estetik yaradılışları vardır. Fakat işlerinde ve toplumsal yaşanlarında mantıklarını ve duygularını asla birbirine karıştırmazlar. O anda durum neyi gerektiriyorsa ona göre hareket ederler.

Mükemmeliyetçi yapıları nedeniyle, yeni tanıştıkları insanlara temkinli yaklaşırlar. Karşılarındaki insanlardan emin olduktan sonra, neşeli ve samimi dostluklar kurabilirler.

Sosyal hayatları, renkli ve hareketlidir. Her ne kadar kendi yapılarına benzeyen insanlarla sıkı dostluklar kursalar da, hemen herkesle çok iyi anlaşırlar. İş hayatlarında durgunluğu sevmedikleri gibi özel hayatlarında da eğlenceli ve hareketli bir yaşamı tercih ederler. Herkesle uyum içerisindedirler.

İş Hayatları:

Lider özellikleri taşıyan insanlar olduklarından yaptıkları ve yapacakları bütün işlerinde yönetimin ve idarenin sadece kendilerinde bulunmasını ister ve her şeyin kendi kontrollerine bulunmasını sağlarlar. Böyle bir imkâna sahip olamadıkları taktirde, kendi bağımsız işlerini kurmaları kaçınılmazdır.

Aşk ve Evlilik Hayatları:

Kendi özelliklerine uyumlu biriyle evlendikleri zaman mükemmel bir beraberlik ortaya çıkar, son derece mutlu ve huzurlu bir evlilikleri olur. Zamanlarının büyük bir bölümünü eşlerini mutlu etmek için geçirirler.

6. GRUP
ŞUBAT AYINDA DOĞANLAR

"Zeki - Hareketli - Yenilikçi"

Genel Özellikleri:

Zeki, son derece hareketli ve yenilikçi insanlardır. Çok çalışkan ve araştırmacı yapılarına rağmen bazen işin kolayına kaçmayı tercih ederler. Olağanüstü pratik zekâya sahiptirler. Bu sayede zor ve karmaşık işlerin içinden çıkmayı başarırlar. Özgürlüklerine çok düşkündürler. Hesap vermekten ve eleştirilmekten hoşlanmazlar. Hayatları boyunca bütün kararlarını tek başlarına vermek isterler. Bu özelliklerine ilişkin; dışarıdan gelecek müdahalelere karşı hemen tepki gösterirler, rahatsız olurlar. Üzerlerine aldıkları sorumlulukları hakkıyla yerine getirmeye çalışırlar. Hatta çoğu zaman istenenden fazlasını bile yaparlar.

Hareketli ve renkli bir yaşam tercih ederler. Bulundukları bütün çevrelerde insanlarla çok iyi ilişkiler kurmaya çalışırlar. İkili ilişkilerde merhametli ve duygusal insanlardır. Estetiğe ve güzelliğe düşkündürler. Ancak güçlü olmak arzusu ve güzel olanı elde etme isteği karakterinin her zaman önemli bir parçası olmuştur.

İş Hayatları:

İş hayatında da karar veren ve yönlendiren olmak isterler. Bu yüzden yalnız çalışmak ve kendi işlerinin sahibi olmak en büyük hayalleridir. Bu grubun insanları çoğunlukla bu deneyimi yaşarlar ve çoğunlukla da başarılı olurlar.

Aşk ve Evlilik Hayatları:

Hızlı ve hareketli yaşamlarına ayak uyduracak biriyle evlenmelidirler. Çabuk sıkılan yapıları, duygularından gerçekten emin olmalarını gerektirmektedir. Ancak bu şekilde mutlu ve huzurlu bir evlilikleri olur.

6. GRUP
MART AYINDA DOĞANLAR

"Duygusal - Zeki - İdealist"

Genel Özellikleri:

Duygusal, zeki, çalışkan ve idealist insanlardır. Tam bir arabulucu ve uzlaştırıcı vazifesi görürler. İnsanlar arasındaki diyaloglarda adeta bir köprü olur, anlaşmazlıkların giderilmesinde önemli bir roller üstlenirler. Yapacakları bütün işlerin önce iyi ve kötü yanlarını inceler, kendilerine zarar gelmeyeceğinden kesinlikle emin olduktan sona, tasarladıkları işe girişirler.

Bazı durumlarda kendini beğenmiş ve kaprisli bir görüntü sergileseler de, aslında hiç de öyle değillerdir. Son derece temkinli ve mükemmeliyetçi olduklarından, başlayacakları işle ilgili karar verme aşamasına geldiklerinde adeta inzivaya çekilirler. Bu kibirli görüntü genellikle böyle zamanlarda ortaya çıkar ve insanları yanıltabilir. Lider ve hükmedici yapılarının yanı sıra son derce duygusal insanlardır. Büyük idealleri için gayret ve çalışma temposunun içerisinde bile olsalar, kendilerinden her hangi bir konuda yardım isteyen hiç kimseyi geri çevirmezler.

Her zaman neşeli ve hareketlidirler. Toplum içinde olmaktan ve eğlenmekten keyif alırlar. Her fırsatta sosyal bir etkinliğin içerisinde yer alırlar. İnsan ilişkilerinde ve politika alanında oldukça yetenekli ve başarılıdırlar. Dostlukları her zaman samimi ve eğlencelidir. Seyahat etmek ve eğlenmek hayatlarının vazgeçilmez bir parçasıdır.

İş Hayatları:

Yaptıkları işlerde ve verdikleri kararlarda son derece plânlı ve ısrarcıdırlar. İnsanlara güven veren bir görüntü çizerler. Sorumluluklarının daima bilincinde olup, kendilerine verilen işleri en iyi şekilde sonuçlandırmaya kararlıdırlar.

Aşk ve Evlilik Hayatları:

Güzelliğe düşkün, sevecen ve fedakâr yapılarıyla evlilikleri çok başarılı ve mutlu geçer. Kendileri için bile katlanamayacakları fedakârlıklara katlanır, eşlerinin ve ailelerinin mutluluğu için ellerinden geleni sonuna kadar yapmaya çalışırlar.

6. GRUP
NİSAN AYINDA DOĞANLAR

"Zeki - Çalışkan - Dürüst"

Genel Özellikleri:

Son derece çalışkan, zeki ve kararlı insanlardır. Her zaman çok büyük idealleri, hayalleri vardır. Bunları gerçekleştirmek için inatla ve kararlılıkla çalışır, kendinden emin bir şekilde hedefledikleri zirveye çıkarlar. Bütün işlerinde dürüst davranır ve zorlukların üzerine ısrarla giderler. Sabırlı ve kanaatkâr kişilikleri, erken yaşlarda büyük işlere ve büyük mevkilere ulaşmalarını sağlar. Aldıkları sorumlulukların bilincinde olup, bunları en iyi şekilde yerine getirirler.

Her ne kadar işleri onlar için çok önemli olsa da, neredeyse bütün zamanlarını işlerine ayırsalar da, sosyal hayattan ve eğlenceden uzak kalmaz, kendilerinden beklenmeyen bir neşe ve samimiyetle eğlenirler. İnsan ilişkileri ve çevreyle uyumları son derece başarılıdır. Eğlenmeyi ve insanları memnun etmeyi çok iyi bilirler.

İş Hayatları:

Ticari işlerde ve yöneticilik konularında çok büyük yetenekleri vardır. Kafalarında her zaman birden fazla iş vardır. Monotonluk ve durgunluk asla tahammül edemedikleri şeylerin başında gelir. Her an bir faaliyette bulunmak ve olumlu sonuçlar almak yaşamlarının önemli bir parçasıdır. Ekip çalışması gerektiren bütün işlerde lider durumda bulunup, uyumlu bir işbirliği kurmakta olağanüstü başarılıdırlar. Fakat bütün başarılarına rağmen her ne olursa olsun, mutlaka kendi sahibi oldukları işleri kurar ve ulaşabilecekleri en yüksek noktaya ulaşırlar. İş çevrelerinin tanınmış simaları arasına girebilirler.

Aşk ve Evlilik Hayatları:

Mutlu ve huzurlu bir evlilik hayatı sürerler. Çok duygusal olmalarına rağmen, lider ve otoriter yanlarıyla her zaman baskın durumdadırlar. Fakat eşlerini mutlu etmeyi de kendilerine bir görev gibi görür, bunun için de var güçleriyle çalışırlar.

6. GRUP
MAYIS AYINDA DOĞANLAR

"Zeki - Meraklı - İdealist"

Genel Özellikleri:

Kıvrak zekâlı, meraklı ve son derece idealist insanlardır. Diplomasi ve idarecilik konusunda olağanüstü yeteneklere sahiplerdir. Üzerinde çalıştıkları herhangi bir konuda ısrarcı davranırlar ve sonuna kadar kararlılıklarından hiçbir şey kaybetmezler. Ancak gururlarına çok düşkün olduklarından; başarısızlığa uğramamak için, her hangi bir işin başlangıcında tereddüt yaşayabilirler. Bu tereddütlerini, konuyu büyük bir ihtiyat ve dikkatle inceleyerek, her şeyi tüm ayrıntılarıyla gözden geçirerek giderir ve işe başlarlar. Ondan sonra da inandıkları şeylerin önünde engel tanımazlar ve kararlılıkla başladıkları işi sonlandırırlar. İstekleri, kıvrak zekâları ve büyük çalışma azimleriyle plânladıkları bütün hedeflere ulaşırlar.

Hassas ve zeki kişiliklerindeki çekicilik ve zarafet hemen göze batar. Son derece duygusaldırlar. İnsanlara samimi ve içten yaklaşırlar ve dostlarına çok değer verirler. Duygularını dışa vurmaktan çekinseler de, bunu saklamaları zordur. Hemen belli ederler. Eğlenceli ortamları ve dost toplantılarını mümkün olduğunca kaçırmak istemezler. Toplumla her zaman uyum içerisindedirler. Arkadaş toplantılarının aranılan simaları arasında yer alırlar. Politikaya düşkün olduklarından her zaman ön plânda olmak isterler. Biz de onların toplum düzeni içerisinde geri kaldıklarını pek göremeyiz.

İş Hayatları:

Kendi işleri ya da çalıştıkları herhangi bir yerde, üzerlerine aldıkları sorumluluklara karşı çok hassas davranırlar ve görevlerinin gereğini yerine getirirler. Kafalarındaki düşünceleri gerçekleştirmek için yaratılmış idealist insanlardır. Verdikleri kararlarda her zaman adil ve eşit davranmaya özen gösterirler.

Aşk ve Evlilik Hayatları:

Mükemmeliyetçi yapılarıyla bazen sorunları olsa da, bu yapılarıyla aileleri için her zaman en iyisini yapmaya gayret ederler. Eşlerine son derece düşkündürler ve Ailelerinin mutluluğu için göze almayacakları fedakârlık yoktur. Dışarıya göstermekten kaçındıkları duygusallıklarını gizlemeleri olanaksızdır. Romantik ve zarif tavırlarını, her davranışlarında rahatça gözlemlemek mümkündür.

6. GRUP
HAZİRAN AYINDA DOĞANLAR

"Lider - Zeki - Girişimci"

Genel Özellikleri:

Lider yaradılışlı, oldukça zeki ve atılımcı insanlardır. Daima başarılması zor büyük hedeflerin peşinde koşarlar. Bu hedeflere ulaşmak bir yana bir çok insan için düşünmek bile zordur. Ancak onlar bu büyük hedeflerini gerçekleştirmek için, enerjilerini sonuna kadar kullanır ve inanılmaz bir şekilde azimle ve adım adım hedeflerine ulaşırlar. Kendilerine sonsuz güvenleri vardır. İnandıkları her hangi bir şeyin üzerine ısrarla ve cesaretle gider, mutlaka sonuca ulaşırlar. Bulundukları yer ve konum onları asla tatmin etmez. Her zaman daha fazlası ve daha iyisi için çaba gösterirler.

Son derece neşeli ve hayat dolu insanlardır. Onları asla küskün ya da yılgın bir şekilde otururken göremezsiniz. Daima kendilerini hayata bağlayacak bir uğraş bulurlar. İnsan ilişkilerinde çok başarılıdırlar. Bulundukları çevrede her zaman onları hayranlıkla dinleyen bir kitle yaratırlar. Çünkü insanları etkilemeyi çok iyi bilirler. Bu özellikleri onların politika alanında oldukça sık görülmelerine neden olur.

Kafalarında plânladıkları hedefler daima zamanın ve imkânların önünde gittiğinden, bir takım sorunlar yaşayabilirler. Yani sabırsızlıkları ve kendilerine olan aşırı güvenleri zamanlama hatası yapmalarına neden olabilir. Bu da onlar için söyleyebileceğimiz bekli de tek olumsuz şey olacaktır.

İş Hayatları:

Kendilerine ait işlerde ya da bir başkası için çalıştıkları işlerde oldukça başarılı olduklarını söyleyebiliriz. Özellikle birebir insan ilişkilerine dayanan işlerde, ikna kabiliyetleri ile oldukça başarılıdırlar. Ayrıca yukarıda da belirttiğimiz gibi politika onlar için uygun bir alandır. İş hayatında da onları tek olumsuz etkileyen şey sabırsızlıkları ve yanlış zamanlama ile erken girişimleridir.

Aşk ve Evlilik Hayatları:

Birlikteliklerinin sorunsuz ve mutlu olabilmesi için bazı özelliklerin bir araya gelmesi gerekmektedir: Aldıkları kararla ilgili zamanlamaları doğruysa, doğru kişiyi bulduklarına inanıyorlarsa, bu kişi onların neşeli ve hayat dolu yaşantısına uyum sağlayabiliyorsa, erişilmesi zor büyük hedeflerini paylaşmaktan sıkıntı duymuyorsa, çok mutlu bir birliktelikleri olur.

6. GRUP
TEMMUZ AYINDA DOĞANLAR

"Hayata Bağlı - Neşeli - Zeki"

Genel Özellikleri:

Hayat dolu, neşeli ve oldukça zeki insanlardır. Her zaman uğraşacakları ilginç konular bulur, yeni atılımların peşinde koşarlar. Pratik zekâları sayesinde bir çok işte başarılı olabilecekleri gibi sanatsal faaliyetlerde de olağanüstü yetenekleri vardır. Yaptıkları ve yapacakları bütün işlerde özel ve tek olmak için büyük çaba harcar. Bu çabaları çoğunlukla da boş değildir. Kafalarına koydukları işleri gerçekleştirmek için, zekâlarını ve enerjilerini sonuna kadar kullanırlar.

Son derece mantıklı olmalarına rağmen, bazen duygularıyla hareket eder, maceralara atılabilirler. Buna rağmen her durumdan kârlı çıkmasını iyi bilirler.

Sanatsal faaliyetlerde ve insan ilişkilerinde çok büyük yetenekleri olduğundan, sosyal yaşantıları son derece renkli ve hareketlidir. Eğlenceye ve dostlarıyla bir arada bulunup hoşça vakit geçirmeye bayılırlar. Gezmek ve eğlenmek hayatlarının bir parçasıdır, bulundukları her ortama çabuk alışır ve sağlam dostluklar kurarlar.

İş Hayatları:

İş ve sanat dünyasının renkli simaları arasında yerlerini alırlar. Çünkü hiçbir zaman arka plânda kalmak istemezler. Yapılacak işlerde ve kalabalık ortamlarda her zaman ön sıralarda yerlerini alırlar. Özgürlüklerine son derece düşkün olduklarından; kendi başlarına serbestçe hareket edebilecekleri, düşüncelerini hayata geçirebilecekleri ve kendi sahibi oldukları işlerini kurar ve ulaşabilecekleri en yüksek noktaya ulaşmak için var güçleriyle çalışırlar.

Aşk ve Evlilik Hayatları:

Lider ruhlu, renkli ve hareketli bir yaşamı tercih ettikleri için ve her anlarını dolu dolu yaşadıklarından, evlenmeye karar verdikleri insanın da kendi yapılarına benzemesi ve kendilerine ayak uydurabilmesi gerekecektir. Ancak bu takdirde hayatlarının sonuna kadar, mutlu ve huzurlu bir evlilik hayatları olabilir.

6. GRUP
AĞUSTOS AYINDA DOĞANLAR

"Adil - Zeki - Çalışkan"

Genel Özellikleri:

Lider yaradılışlı, zeki, duygusal ve çalışkan insanlardır.

Çok yüksek ideallere sahip olup, toplum içerisinde önemli yerlere gelme isteğini daima içlerinde yaşatırlar. Bu amaçlarına ulaşmak için çok çalışmaktan ve mücadele etmekten asla kaçınmazlar. Çalışkan yapılarıyla durmadan dinlenmeden, büyük bir enerji ile çalışırlar. Bu da doğal olarak büyük çoğunlukla hedeflerine ulaştıkları anlamına gelir.

Onları engelleyecek olağanüstü engeller olmadıkça üstün pratik zekâlarıyla, iş ve sosyal yaşantılarında inanılmaz başarılara imza atarlar. Anlaşmazlıklar konusunda çözüm için aradığınızda gözünüze hemen onlardan birisi takılır. Uzlaştırıcı ve arabulucu özellikleri belirleyici özelliklerinden biridir. Verecekleri önemli ve kritik kararlarda daima adaletli ve tutarlıdırlar. Haksızlıklara tahammül edemeyen bir tabiata sahiptirler. Bu uğurda kendilerini ilgilendirmediği halde müdahale ettikleri, bu yüzden de haksızlığa karşı çıkacağım derken haksızlığa uğradıkları çok olmuştur.

Son derece duygusal, merhametli ve insancıldırlar. Tanımasalar dahi yardıma muhtaç biriyle karşılaşmışlarsa, arkalarını dönüp gidemezler. Eğer böyle bir durum olursa rahatsız olurlar. Vicdanlarına karşı hesap veremeyeceklerini düşünürler. Gerçekten de böyle olur. Daha sonra neden böyle yaptığını sorgular ve kendilerini acımasızca yargılarlar.

Özgürlüklerine son derece düşkün insanlardır. Başına buyruk yaşamayı her zaman tercih ederler. Aslında özde çalışkan insanlardır. Ancak onların enerjilerini sarf etmeleri için yapılacak işe gerçekten inanmaları gerekir. Eğer böyle bir durum söz konusu olursa, kendilerini işe vermezler. İşi kolaydan halletme yoluna gidebilirler. O zaman da pratik zekâları onların imdadına yetişir ve öyle ya da böyle sorumluluklarını sonuçlandırırlar.

Coşkulu ve neşeli insanlar olduklarından sosyal hayatları her zaman pırıl pırıldır. Diğer insanlarla çok iyi anlaşırlar ve yeni çevrelere çok çabuk uyum sağlarlar. Dostlarına gerçek anlamda değer verirler. Bu özellikleri onların dostlarını özenle seçtiğinin bir göstergesidir. Bu yüzden de dostlarından da aynı değeri görürler. Tam toplum insanlarıdır diyebiliriz.

İş Hayatları:

Lider yaradılışları ve yüksek idealleriyle her türlü işin üstesinden gelebilecek yapıdadırlar. Uyumlu ve uzlaştırıcı özellikleri pratik zekâlarıyla birleştiğinde bulunmaz bir iş arkadaşı, bulunmaz bir çalışan ve elbette ki bulunmaz bir patrondur.

Aşk ve Evlilik Hayatları:

İnsan ruhundan iyi anladıkları ve herkesle çok iyi anlaşabildiklerinden, evlilikleri hayatları son derece huzurlu ve mutludur. Eşlerini nasıl mutlu edeceklerini çok iyi bilirler. Buna rağmen onların içindeki fırtınalara ve hızlarına ayak uydurmak zaman zaman zor olabilir. Bu yüzden kritik zamanlara dikkat edilmesi gerekir.

6. GRUP
EYLÜL AYINDA DOĞANLAR

"Cazibeli - Zeki - Çalışkan"

Genel Özellikleri:

Çekici bir kişilik, kıvrak bir zekâ, çalışma gücüyle dolu bir insan. Daha ne olsun ki denebilir. Ancak bütün bu özelliklere sahip olacaksınız. Ancak her işin kolayına kaçacaksınız. Bu grubun insanları böyledir. Kafalarında her zaman birbirinden farklı işler ve projeler aynı anda dolaşır durur. Bazen bu projeler birbirine karışır. Bazen birbiriyle çakışır. Bazen de kimileri unutulur gider. Sabırlı olabilseler, bazı şeyleri sıraya koymayı bilebilseler başaramayacakları şey yoktur. Ancak öyle olmaz.

Kafalarına koydukları her şeyi aynı anda ve zamanından önce yapmak istemeleri onların önemli şeyleri ertelemelerine neden olur. Bu girişimleri, zaman zaman hüsranla sonuçlanabilir.

Son derece neşeli, pozitif ve duygusal insanlardır. Dışarıdan bakan insanları etkileyen zarafetleri hemen fark edilir. Bulundukları her ortamda diğer insanları kendilerine hayran bırakabilecek bir cazibeye sahiptirler. Bunu bilirler ve bunu kullanarak insanları etkilemesini çok iyi bilirler. Son derece barışçıl insanlardır. Herkesle iyi anlaşır, insanların kafalarında daima olumlu etkiler bırakırlar. İnsan ilişkilerindeki yetenekleri ve önsezilerinin gücüyle, toplumsal etkinliklerde ve sanatsal faaliyetlerde oldukça başarılı olabilirler.

Sosyal hayatları her zaman neşeli ve eğlencelidir. Her zaman farklı çevrelerin ve kalabalık ortamların aranılan simaları arasında olurlar. Çoğu zaman eğlenebilecekleri ortamlarda olmayı tercih ederler. Dostlarıyla ve sevdikleri insanlarla birlikte olmak onlar için büyük bir keyif vesilesidir.

İş Hayatları:

Mümkün olduğunca aynı zamanda eğlenecekleri işleri yapmayı tercih ederler. Ancak bu yaptıkları işi boşladıkları manasına gelmesin. Başarılıdırlar. Eğer sabırlı ve plânlı-programlı hareket edebilirlerse, olağanüstü başarılıdırlar. Yaptıkları iş ne olursa olsun zirveye çıkmamak için; az önce değindiğimiz nedenler dışında, yani kendileri dışında bir engel yoktur.

Aşk ve Evlilik Hayatları:

Son derece duygusal olduklarından, güzelliğe ve estetiğe düşkünlüklerinden dolayı çabuk aşık olurlar. Ancak uzun süreli bir ilişki ya da evlilik düşünüyorlarsa; yani sorumluluk isteyen bir ilişkiye girmek istiyorlarsa, duygularından gerçekten emin olmalıdırlar. Daha derinlemesine düşünmeliler. Uzun süreli bir ilişkinin mutlu ve huzurlu olması ancak bu şekilde gerçekleşebilir.

6. GRUP
EKİM AYINDA DOĞANLAR

"Düzenli - Kararlı - Zeki"

Genel Özellikleri:

Ciddi, kararlı, zeki ve çalışkan insanlar bu grubun insanlarıdır. Gerçekten çalışkan insanlardır. Bütün işlerinde düzenli ve tertipli oluşları, onların çalışkanlıklarının ödüllerini almalarına neden olur. Ayrıca değişikliklere ve yeniliklere çok çabuk uyum sağlayabilirler. Bu özellikleri; yani yeniliklere açık oluşları, düzenli oluşlarına biraz zıtmış gözükebilir. Yani denebilir ki, kurdukları o düzeni neden yıkıp da başka bir düzene geçsinler ki. Ancak onlar öyle düzenli insanlardır ki, düzen ve tertip onların içine işlemiş bir yaşam biçimi haline gelmiştir. Bu yüzden aynı düzeni, yeni ve değişik bir ortam içerisine taşımakta hiçbir güçlük çekmezler. Gittikleri yeri hemen kendi yaşayacakları ve anlayacakları biçimde düzenler, yenilerler. Değişliklere çabuk uyum sağlayabilmelerinin bir nedeni de, çok kısa sürede kavrama ve hakimiyet yetenekleridir.

Hayatın bütün koşuşturmasına ve yoğunluğuna rağmen, sosyal yaşantılarını asla ihmal etmezler. Eğlenmekten ve yakın çevresindeki dostlarıyla birlikte hoşça vakit geçirmekten büyük keyif alırlar.

İş Hayatları:

Diplomasi ve yöneticilik gerektiren bütün işlerde başarılı olabilecekleri gibi, çalışma güçlerinin ve isteklerinin yoğunluğu nedeniyle bedensel güç gerektiren işlerden de asla kaçınmazlar. Başkalarına bağımlı çalışıyor olsalar da, mutlaka yetenekleriyle doğru orantılı ve kendilerine ait bir işleri olmasını isterler. Bu; bu gruba ait büyük bir çoğunluğun, hiç değilse hayatında bir kere giriştiği bir deneyimdir.

Üzerlerine aldıkları sorumlulukların bilincinde olan insanlardır. Bu yüzden görevlerini en iyi şekilde yerine getirmeye büyük özen gösterirler. Çalıştıkları ortamlarda veya ortak oldukları bütün işlerinde yetki ve idarenin her zaman kendilerinde olmasını isterler. Lider bir gruba dahil olduklarından, bulundukları iş ve konum onlara asla yeterli gelmez. Birbirinden farklı değişik işler ve başarılar peşinde koşarlar ve istedikleri sonuca ulaşana kadar asla pes etmezler. Onlar için imkânsız diye bir şey yoktur.

Aşk ve Evlilik Hayatları:

Yoğun iş yaşamlarından dolayı her zaman huzurlu ortamları tercih ederler ve bu huzuru çoğunlukla da evlerinde bulurlar. Bu yüzden evlilikleri onlar için çok önemli ve değerlidir. Eşlerine son derece sevgi ve saygı ile bağlı olup onların mutluluğu ve huzuru için her fedakârlığı yaparlar.

6. GRUP
KASIM AYINDA DOĞANLAR

"Mükemmelin Peşinde - Ciddi - Çalışkan"

Genel Özellikleri:

Mükemmeliyetçi, ciddi çalışkan ve meraklı insanlardır. Yaptıkları her işe büyük bir özen ve ciddiyetle yaklaşırlar. Yapabileceklerinin en iyisini ve kalıcı olanını yapmak için olağanüstü bir çaba gösterirler. Son derece dengeli ve ağırbaşlı insanlardır. Ciddi ve sert yapılarına rağmen, genellikle sakin bir kişilik sergilerler. Önemli bir hata görmedikleri sürece kolay kolay sinirlenmezler. Herkese karşı hoşgörülü davranırlar.

Oldukça zeki olduklarından, meraklı ve araştırmacı kişilerdir. Merak ettikleri her konuyu enine konuna bilmek isterler. Her araştırdıkları şeye sonuna kadar hakim olmak detaylarıyla öğrenmek isterler. Bu da üzerinde çalıştıkları konularda, son derece başarılı olmalarını kaçınılmaz hale getirir. Kafalarına koydukları kararlardan onları vazgeçirmek oldukça zordur.

Monoton ve sıradan olan hiçbir şey ilgilerini çekmez. Her zaman zor ağır işleri tercih etmişlerdir. Bu nedenle boş oturmak onlar için kabul edilebilir bir şey değildir.

Sosyal yaşantıları oldukça hareketlidir. İnsanlarla yoğun ilişkilerde bulunup bilgi alışverişi yapmak, anlaşmazlıkları çözüme ulaştırmak ve insanları uzlaştırmaktaki yetenekleri, onların hep olayların merkezinde olmalarına neden olur. Bu arada eğlenceyi severler. Yakın çevreleriyle vakit geçirmekten büyük keyif alırlar. İnsanlarla samimi dostluklar kurabilirler. Lider yaradılışları gereği bildikleri her şeyi çevrelerine öğretmekten de büyük keyif alırlar.

İş Hayatları:

İş hayatlarındaki liderlikleri tartışmasızdır. Aynı anda birkaç işin üstesinden gelebilecek, o işlerin idareciliğini ve plânlayıcılığını yapabilecek beceriye sahip insanlardır. İş ilişkilerinde son derece başarılıdırlar. İnsanlarla ilişkileri son derece adil ve dengelidir. Herkese eşit mesafede davranırlar ve verdikleri kararlar her seferinde hedefini bulur.

Aşk ve Evlilik Hayatları:

Evlilik hayatlarında aradıkları her zaman sevgi, saygı ve güvendir. Çok zor beğenirler. Fakat eğer gerçekten aşık olurlarsa, hayatları sakin, mutlu ve huzurlu olur.

6. GRUP
ARALIK AYINDA DOĞANLAR

"Zeki - Kendini Sorgulayan - Dürüst"

Genel Özellikleri:

Zeki, ağırbaşlı, dürüst ve çalışkan insanlardır. İçsel olarak büyük idealleri içlerinde taşımalarına rağmen, gururlarına olan aşırı düşkünlükleri, başlayacakları işlerde kararsızlığa neden olabilir. Bir işe başlarken; biri bana bir şey mi bahşediyor? Başkasının yardımına ihtiyacım yok! Ben bunu kendim de yapabilirim gibi gereksiz düşünceler, bu grubun insanları gibi zeki ve dürüst insanların kolay başarabileceği şeyleri zor hale getirebilir. Hatta her hangi bir işin ya da ilişkinin başlamasına engel olabilir.

Girişecekleri hangi iş olursa olsun kendilerini ve başkalarını riske sokmak istemezler. Eğer başarısız olurlarsa gururları kırılır, kendilerini sürekli sorgularlar. Bu yüzden de hatalı bir şey yapmamak için ince eleyip sık dokurlar. Bu zaman zaman işe yarasa da, bazen ellerini ayaklarını bağlayan bir davranış şekline dönüşebilir. Ancak tüm detaylarını gözden geçirmişlerse ve riski kabul edilebilir düzeye indirmişlerse yeni bir işe girişirler.

Neyi ne zaman yapacaklarını çok iyi bildiklerinden onları etki altına almak oldukça zordur. Sadece kendi bildiklerini, uygun gördükleri zaman yaparlar. Yapıları gereği yanılmaları neredeyse imkânsızdır. Zeki, duygusal ve insancıl yapılarıyla zarif ve güvenilir bir kişilik sergilerler. Bulundukları her ortamda cazibe noktası olurlar.

Yaşantılarının her anında yansıttıkları zarafet fark edilir. Herkese karşı seviyeli bir mesafede ve sıcak yaklaşımları, otoriter yapılarını bile sıcaklıkla dışa vurmaları, toplum tarafından aranılan insanlar olmalarına neden olur. Çok yoğun iş temposu içerisinde bile eğlenmeyi ve bilen insanlardır.

İş Hayatları:

Lider özelliklerinden dolayı zekâ ve yetenek gerektiren işleri tercih ederler. Sıradan ve monoton işlerden mümkün olduğu kadar uzak durmayı tercih ederler. Onların sağlamcı tutumları ticari ilişkilerinde ve insan ilişkilerinde başarılı olmalarına da neden olur. Risksiz, problemsiz ilişkiler kurar, sağlam ticari kararlar alırlar.

Aşk ve Evlilik Hayatları:

Duygularını ne kadar gizlemeye çalışsalar da gözleri her şeyi ele verir. Evlilik hayatları oldukça başarılıdır. Eşleri için hiçbir fedakârlıktan kaçınmazlar.

7. GRUBUN GENEL ÖZELLİKLERİ

Yedinci grubun insanları, lider özelliklerini bünyelerinde taşırlar. Onlar, hangi ayda doğmuş olurlarsa olsunlar paylaştıkları benzer özellikler vardır. Bu insanlar, genel olarak özgürlüklerine son derece düşkündür. Her zaman yeniliklere açık ve meraklı insanlardır. Olanla yetinmemeleri ve her zaman yeni arayışların peşinde koşmaları onların belirgin özelliklerindendir. Genellikle aceleci ve sabırsız insanlardır. Özellikle iş ve evlilik hayatlarında sabırsız ve aceleci davrandıkları taktirde, istenmeyen sonuçlarla karşılaşmaları mümkündür.

Bu gruba ait insanlar için de, doğum tarihlerine göre elde ettikleri rakamlar önem arz etmektedir. Eğer belirledikleri şans rakamına göre şansları yüksekse, pek bir sorunla karşılaşmazlar. Ancak onların da kritik yıllara denk gelen zamanlara özellikle dikkat etmeleri gerekir. Özgürlüklerine son derece düşkün olduklarından kritik yılarında evliliklerinde istenmeyen sonuçlarla karşılaşabilirler. Bu nedenle Altıncı Grup'ta olduğu gibi onlar da büyük bir çoğunlukla ikinci evliliklerini yapmak zorunda kalabilirler. Bu tür olumsuzlukların yaşanmaması için, kritik yıllarına çok dikkat etmeleri gerekir. Kritik yılların hayatlarının hangi dönemine denk geldiğini biliyorlarsa; önsezileri ve güçlü yapılarıyla, bu dönemleri atlatabilecek yeteneğe sahip insanlardır.

7. GRUP
OCAK AYINDA DOĞANLAR

"Lider - Zor Beğenen - Koruyucu"

Genel Özellikleri:

Lider, zor beğenen ve son derece çalışkan insanlardır. Yaptıkları her işte kusursuzluk ararlar ve tek başlarına hareket etmek isterler. Yapacakları her şeyin ilk ve tek olmasını isterler ve mükemmel sonuçlar elde etmek için gayret gösterirler. Bunu başarabilmek için zekâlarını ve enerjilerini sonuna kadar kullanmaktan kaçınmazlar.

Lider yaradılışlarından dolayı, insanların mutlu ve huzurlu yaşamaları için ellerinden geleni yaparlar. Çünkü liderlikleri onlara, kendilerini insanların hamisiymiş gibi hissettirir. Bu hamiliğin gereğini de her fedakârlığa katlanarak yerine getirmeye çalışırlar.

İş Hayatları:

Önemli kararların öncesinde bütün ihtimalleri düşünmek için yalnız kalır, adeta inzivaya çekilirler. Dış dünyayla ilişkilerini kestikleri bu dönemde ise tüm dikkatlerini plânladıkları işe verir, bütün ihtimalleri gözden geçirirler. Çünkü onlar kendilerini kusursuz işlerin mimarları olarak görürler. Bu kendilerine has davranış şekilleri bazen çevresi tarafından yadırgansa da, şaşırtıcı bir biçimde başarılı olurlar. Sadece iş hayatında değil normal yaşantılarında da her şeyin kusursuz olmasını ister, insanları bu yönde hareket etmeleri için teşvik ederler.

Aşk ve Evlilik Hayatları:

Hayatlarının her aşamasında kendilerine prensip edindikleri mükemmeliyetçi tavırları, beraber oldukları insana da hissettirirler. Bu özellikleri her ne kadar birlikte olduğu insan ya da eşi için bazen zor olsa da, onlar karşılarındaki insana mümkün olduğu kadar kusursuz davranmaya gayret ederler. Bu da, onların kusursuzluk beklentilerini bir nebze olsun haklı kılar. Eşlerinin mutluluğu için her fedakârlığa katlanır, onunla en mükemmeli paylaşmayı kendilerine görev edinirler.

7. GRUP
ŞUBAT AYINDA DOĞANLAR

"Zeki - Hassas - Zarif"

Genel Özellikleri:

Zeki ve hassas insanlardır. Hassasiyetleri ve duygusal yapılarıyla, lider özelliklerini çok başarılı bir şekilde dengelerler. Onları her zaman coşkulu ve hayat dolu görürsünüz. Olağanüstü pratik zekâlarıyla, neredeyse imkânsızı başarabilecek güçtedirler. Sıradan ve basit işlerle uğraşmayı hiçbir zaman tercih etmezler. Sürekli hareket halinde olmaları; düşüncelerindeki yüksek idealleri gerçekleştirmek için giriştikleri ve hayatları boyunca bitmeyecek bir faaliyetin göstergesidir.

Tavır ve davranışlarında daima bir çekicilik ve kişiliklerinde insanları kendilerine hayran bırakan bir zarafet vardır. Duygusal ve samimi yapılarıyla ve lider özellikleriyle kitleleri peşlerinden sürüklemek konusunda doğal bir yeteneğe sahiptirler.

Kafalarına koydukları her işi başarabilecek özelliklere sahip oldukları gibi, sanatsal faaliyetlere oldukça yatkın insanlardır. Bu özellikleri onların insan ilişkilerindeki doğal başarılarıyla paralellik gösterir.

Pratik zekâlarıyla, bir çok insanın gözünden kaçan ayrıntıları görebilecek kadar dikkatli ve önsezi sahibidirler. Bu tespitlerini patavatsız bir şekilde ortaya koymaktansa, yerinde ve zamanında kullanarak tespitlerin gerçekten işe yaramasını tercih ederler.

İnsancıl ve coşkulu yapılarından dolayı; her zaman insanlarla birlikte olmak, gönüllerince eğlenmek, onlar için bir tutkudur. Bulundukları çevrelere çok çabuk uyum sağlarlar. Samimi ve kalıcı dostluklar kurar, dostlarına büyük önem verirler. Zarif davranışları çevrelerindeki insanları cezbeder.

İş Hayatları:

Özgürlüklerine son derece düşkün olan bu grubun insanları, mutlaka kendi bağımsız işlerini kurmak için fırsat kollarlar. Bu konuda kararlıdırlar ve büyük çoğunlukla da bunu başarırlar.

Aşk ve Evlilik Hayatları:

Duygusal ve merhametli olan bu grubun insanları beraber oldukları insanı mutlu etmeyi çok iyi bilirler. Eşlerine karşı büyük bir tutkuyla bağlanır, onların rahatı ve mutluluğu için hiçbir fedakârlıktan kaçınmazlar.

7. GRUP
MART AYINDA DOĞANLAR

"Duygusal - Zeki - Önsezileri Kuvvetli"

Genel Özellikleri:

Zeki, duygusal ve gerçekten çok çalışkan insanlardır. Büyük işler için yaratılmış, büyük düşünen insanlardır. Gerçekleştirmek istedikleri büyük idealler için, neredeyse bütün zamanlarını ve bütün enerjilerini zekâlarıyla birleştirip kullanırlar. Yaptıkları işlerde ilk ve tek olmak için çaba gösterirler. Bu konuda hep başarılıdırlar.

Sosyal yaşantıları renkli ve hareketlidir. Gezmek ve yeni yerler görmek onların tutkuları arasındadır. Arkadaşlarına ve dostlarına son derece bağlıdırlar ve büyük değer verirler. Samimi ve dostça yaklaşımlarından dolayı bulundukları çevrelerin aranılan simaları arasında yer alırlar.

İş Hayatları:

İş hayatlarında liderdirler ve bu özellikleri herkes tarafından kabul edilir. Çok güçlü önsezileri vardır. Bu önsezileri; olayları zekânın da ötesinde bir çabuklukla kavramalarına ve özümsemelerine neden olur. Sürekli yeni arayışlar içinde olmaları, yeni iş alanları yaratmaları bu özelliklerinin bir sonucudur. Ancak bunu suistimal etme olasılıkları da vardır. Bu konuda dikkatli olmalıdırlar.

Yöneticilik yetenekleri son derece gelişmiş olmasına rağmen, özgürlüklerine düşkün olmalarından ve yenilik arayışları içerisinde bulunmalarından dolayı, bağımlı çalışmak istemezler. Bir fırsatını bulup kendi bağımsız işlerini kurmak ve başına geçmek için yanıp tutuşurlar.

Genel olarak iş hayatında başarılıdırlar. İnsanlarla olan ilişkileri oldukça sıcak ve içten olan bu insanların, sanatsal yetenekleri de oldukça gelişmiştir. Bu alanda da başarılı olmamaları için hiçbir neden yoktur.

Aşk ve Evlilik Hayatları:

Hızlı ve hareketli yaşamlarına ayak uydurabilecek, onlarla hızlı bir tempoyu paylaşabilecek biriye birlikte iseler, hiçbir sorun yoktur. Böyle bir birliktelik, hayatlarının sonuna kadar mutlu ve huzurlu bir şekilde devam eder. Fedakâr ve merhametli yapılarıyla, birlikte oldukları insana hak ettiği değeri verirler.

7. GRUP
NİSAN AYINDA DOĞANLAR

"Meraklı - Zeki - Atılımcı"

Genel Özellikleri:

Çalışkan, zeki ve atılımcı insanlardır. Son derece meraklıdırlar. Bu meraklarını; enerjik ve çok çalışkan yapılarıyla, boş bir merak olmaktan öteye götürmeyi başarırlar. Ciddi ve sert görünürler. Ancak bu daha çok çalışma ortamının getirdiği bir sonuçtur. Çünkü üzerlerine aldıkları sorumluluğa büyük önem verirler.

Bu özel hayatlarında da aynı sertliği gösterdikleri anlamına gelmez. Özel hayatlarında oldukça rahat ve anlayışlıdırlar. İnsanlarla iyi ilişkiler kurabilir, çevrelerine uyum sağlayabilirler. Hatta kendisini iş ortamında tanımış insanları, özel hayatlarındaki kendilerinden beklenmeyecek ince şakalarıyla şaşırtabilirler. Özenle seçtikleri dostlarına büyük değer verirler.

İş Hayatları:

İş ve çalışma hayatında meraklı özellikleri daima kendini gösterir. Her şeyi en ince ayrıntılarına kadar bilmek ve öğrenmek isterler. İş dünyasının liderleri arasında yer almak için güçlerini ve zekâlarını sonuna kadar kullanırlar. İşlerine son derece sadık, prensipli ve dürüst insanlardır. Hiçbir işin kolayına kaçmazlar. Sabırla ve ısrarla en zor işlerin bile üzerine gider, ve kaçınılmaz başarıyı yakalarlar.

Yetenekleri doğrultusunda yapacakları işleri belirlerler ve işlerine asla kimseyi karıştırmazlar. Çok yoğun çalışabilecek enerjileri ve istekleri olduğundan dolayı, bir çok işi aynı anda başlatacak ve başarıyla sonlandıracak yeteneğe sahiptirler. Eğer dikkatlerini işlerine vermişlerse; son derece ciddi, sert ve otoriter bir yapıya bürünür, hata yapmamak için bütün ihtimalleri değerlendirirler.

Aşk ve Evlilik Hayatları:

Birlikte oldukları insana her zaman bağlı ve sadıktırlar. Eşlerine karşı besledikleri sevgi ve saygı hayatlarının sonuna kadar devam eder. Birlikteliklerinde her zaman söz sahibi olmak isteyen bir yapıları olsa da, bunu büyük bir uyum ve nezaket içerisinde gerçekleştirmeye gayret ederler.

7. GRUP
MAYIS AYINDA DOĞANLAR

"Hassas - Çözümleyici - Sabırsız"

Genel Özellikleri:

Hassas, zeki, mükemmeli arayan ve oldukça çalışkan insanlardır. Özgürlüklerine son derece düşkündürler. Hangi konumda olurlarsa olsunlar, yapacaklarına anında karar verebilen, bir çok ihtimali anında değerlendirip analiz edebilen olağanüstü hızlı bir tahlil yetenekleri vardır. Hatta bu yetenekleri bazen onları zor durumda bırakacak kadar gelişmiştir diyebiliriz. Çünkü zekâları ve analiz yetenekleriyle, kafalarında plânladıkları işleri başıyla sonuyla birlikte düşünür ve kafalarında bitirirler. Ancak düşünce henüz hayata geçmemiştir. Bir sürece ihtiyacı vardır. Bu süreç onları sıkabilir ya da konuya karşı heyecanlarının kaybolmasına neden olabilir. Doğru kullanıldığında mükemmel sonuçlar veren bu yetenekleri, sabırsız davrandıklarında aksi sonuçlar doğurabilir. Ancak bunu genelde doğru kullanmaya çalışırlar ve başarılı ve kalıcı işlerin insanlarıdır diyebiliriz.

İş yaşamları hayatlarının önemli bir bölümünü işgal etse de, eğlenceye zaman ayırmayı bilirler. Özellikle de gezmek ve yeni yerler görmek onlar için vazgeçilmez bir tutkudur. Bu, onların meraklı ve araştırmacı yanlarını tatmin etmek için vazgeçilmez bir yoldur.

İş Hayatları:

Yaptıkları işleri sonlandırmak için çok çalışırlar. Eğer işveren ya da idareci konumunda iseler, yanlarında çalışan insanlardan da kendi performanslarını beklerler. İşlerinde son derece dürüst ve kuralcıdırlar. Emir almaktan hoşlanmazlar. Yeteneklerinden ve başarılarından son derece emin oldukları için, işlerine karışılmasına asla izin vermezler.

Sıradan işleri sevmezler. Akıllarında hep yüksek mevkiler vardır. Her zaman kaliteli olanı yapmak ve kalıcı olmak isterler. İdarecilik ve yöneticilik yetenekleri son derece gelişmiş olduğundan çalıştıkları işlerde çok başarılı olurlar. Ancak bu onlara yetmez. Lider yaradılışlarının etkisiyle her zaman kendi bağımsız işlerinin başında olmak isterler ve bunu başarmak için ellerinden gelen gayreti gösterirler.

Aşk ve Evlilik Hayatları:

Birlikteliklerinde duygularını gizlemeyi tercih ederler. Ancak çok iyi bir eş, çok iyi bir hayat arkadaşı olurlar. Fedakârdırlar ve sevdikleri insanın mutluluğu onlar için çok önemlidir.

7. GRUP
HAZİRAN AYINDA DOĞANLAR

"Neşeli - Meraklı - Yaratıcı"

Genel Özellikleri:

Neşeli, çalışkan ve oldukça zeki insanlardır. İnsanların karşısına sürekli yaratıcı fikirlerle çıkarlar. Büyük hayallerini ve büyük ideallerini hayatları boyunca içlerinde taşırlar. Meraklı ve araştırmacı yapıları gereği hiçbir zaman yerlerinde durmaz, devamlı bir faaliyetin içerisinde bulunurlar.

Son derece duygusal ve hayat doludurlar. Bu yüzden yapacakları iş ne olursa olsun eğlenceli olmasını tercih ederler. Eğer yoksa bile, her işte mutlaka eğlenceli bir taraf yaratırlar. En ağır işleri yaparken bile onların neşeli ve hayat dolu olduklarını görürsünüz. Eğer yaptıkları işi başkalarıyla paylaşıyorlarsa, bu enerji mutlaka onlara da geçer ve zor işler kolay oluverir.

İş Hayatları:

Olayları kavrama yetenekleri ve önsezileri oldukça gelişmiştir. Bu nedenle olası zorlukları önceden kestirmekte ve önlem olmakta uzman insanlardır. Plânlama ve uygulama konusunda çok büyük yetenekleri vardır ve neyi ne zaman yapacaklarını çok iyi bilirler. Bu yetenekleri, onların iş hayatındaki hedefledikleri zirveye ulaşmalarını oldukça kolaylaştırır. Tabii sadece istek ve plânlama değil, bu düşüncelerini doğal bir irade ve kararlılık içinde gerçekleştirirler.

Aşk ve Evlilik Hayatları:

Duygusal ve romantik bir birlikteliğin baş aktörüdürler. Severler ve kendilerini sevdirirler. Eşlerine karşı verdikleri güven duygusu beraberliklerinin, hayatlarının sonuna kadar sürmesinde en büyük etkenlerden bir tanesidir.

7. GRUP
TEMMUZ AYINDA DOĞANLAR

"Coşkulu - Zarif - Gururlu"

Genel Özellikleri:

Neşeli, coşkulu, hayat dolu ve oldukça zeki insanlardır. Ne yapıyor olurlarsa olsunlar, diğer insanlar onlardaki zarafeti görmezden gelemezler. Kusursuzu ve mükemmeli yapmak için olağanüstü bir çaba gösterirler. Yaptıkları her işte ilk ve tek olmak, örnek olmak isterler. Bu yüzden hep ilginç projelerin, ilginç organizasyonların, ilginç işlerin içinde yer alırlar. Bu tip faaliyetlerin içinde onlardan birini mutlaka görürsünüz.

Gururlarına ve özgürlüklerine çok düşkün insanlardır. Asla kimseden emir almak istemezler. Başkalarına hesap vermekten nefret ederler. Her zaman büyük olan ideallerini gerçekleştirmek için, beyinleri sürekli faaliyet halindedir. Sabırla ve ısrarla hedefledikleri noktaya çıkarlar.

Güce ve güzelliğe son derece düşkündürler. Tavırlarında ve davranışlarında insanları kendine hayran bırakacak bir zarafet vardır. Etraflarındaki insanlarda daima samimi ve sıcak bir etki bırakırlar.

Yaratıcılık isteyen konularda ve sanatsal faaliyetlerde olağanüstü yetenekleri olduğu gibi insan ilişkilerinde de çok başarılıdırlar. Sosyal hayatları son derece neşeli ve hareketlidir. Dost ve arkadaş toplantılarının vazgeçilmez simaları arasında ilk sıralarda yerlerini alırlar. Her zaman hayat dolu oldukları için eğlence onlar için vazgeçilmez bir tutkudur.

İş Hayatları:

Daima kendi sahibi oldukları işlerle ilgilenmek ister ve ulaşılabilecek en yüksek noktaya çıkmak için güçlerini ve zekâlarını sonuna kadar kullanırlar.

Aşk ve Evlilik Hayatları:

Kendi yapılarına uygun, neşeli ve hayatı dolu dolu yaşayan biriyle birliktelerse, bu ilişki uzun süreli bir ilişki olur. Evlilik yaşamları ise mutlu ve huzurludur. Evliliklerinde verici insanlardır. Asla bencil davranmazlar, eşlerinin mutluluğu en az kendilerininki kadar önemlidir ve bunun için çaba göstermek gerektiğini çok iyi bilirler.

7. GRUP
AĞUSTOS AYINDA DOĞANLAR

"Zeki - Lider - Güvenilir"

Genel Özellikleri:

Duygusal, lider zeki ve çalışkan insanlardır.daima çok yüksek ideallerin ve parlak bir geleceğin peşinde koşar, isteklerini gerçekleştirmek için devamlı bir uğraş içerisinde olurlar. Çok gelişmiş kıvrak zekâları, hayatları boyunca en büyük yardımcılarıdır. Bu sayede elde edemeyecekleri şey yok gibidir. Rahatlarına olan düşkünlükleri, eğlenmeyi çok seviyor olmaları, kafalarındaki yapacakları işlerle ilgili plânları engellemez. Uygun zaman ve uygun bir zemin bulduklarında bu plânları hayata geçirmeyi çok iyi bilirler.

Lider karakterleri onların daima önde ve tek olmalarını sağlar. Bu konuda istekli ve inanılmaz derecede başarılıdırlar. Sanat faaliyetlerinde ve insan ilişkilerinde çok yetenekli insanlardır. Bu özellikleriyle insanlar arasındaki problemlerin çözümünde aranılan ve başvuran güvenilir insanlardır.

Sosyal ilişkilerinde son derece girişken, insanlarla iç içe yaşamaktan ve her anlarını eğlenceli bir şekilde geçirmekten hoşlanan insanlardır. Eğlenirken bile çevrelerindeki insanlara ders verebilecek kadar örnek davranışlar sergileyen, hayatı dolu dolu yaşayan, coşkulu bir kişilikleri vardır. Bulundukları çevrelere çok çabuk uyum sağlarlar ve insanlarla sıcak ilişkiler kurmakta doğal bir yeteneğe sahiptirler. Dostlarına karşı çok samimi davranırlar ve dostları için güvenilir insanlardır.

İş Hayatları:

Birden fazla işi aynı anda plânlayıp altından kalkabilecek yeteneğe sahip insanlardır. Hiçbir zaman tek bir işle yetinmezler. Yetenekleri doğrultusunda yapabilecekleri tüm işleri aynı zaman dilimine sığdırıp, başarıyla altından kalkacak kadar çalışkan ve yetenekli insanlardır.

Aşk ve Evlilik Hayatları:

İyi niyetli, duygusal ve coşkulu yaşam tarzları, özellikle evlilikle sonlanabilecek ilişkiler için düşündürücüdür. Böyle bir karar verecekleri zaman gerçekten iyi düşünmelidirler. Evlenecekleri kişiyi gerçekten sevdiklerinden emin olmalıdırlar. Duygularından ve karşılarındaki insandan da bağımsız olmak üzere, evliliği düşünüp düşünmediklerini kendilerine sormalıdırlar. Bütün bunlara rağmen evlenmişlerse ve bu gerçekten sevdikleri ve sevgiyi paylaştıkları biriyse, onunla evlenen kişi gerçekten mutlu olur.

7. GRUP
EYLÜL AYINDA DOĞANLAR

"Önsezileri Kuvvetli - Hayat Dolu - Sabırsız"

Genel Özellikleri:

Hayat dolu, neşeli, zeki insanlardır. Bunların dışında en belirgin özellikleri, doğal yapılarında bulunan çok güçlü önsezileridir. Son derece hırslı ve çalışkan insanlar olmalarına rağmen, istedikleri sonucu hemen anında elde etmek için sabırsızlanırlar. Bu nedenle bir çok işi kolay yoldan halletme yoluna gidebilirler ve bu yolda üzücü tecrübelerle karşılaşabilirler.

Sosyal yaşantıları doğal olarak renkli, hareketli ve coşkuludur. İnsan ilişkilerinde ve iletişimde çok büyük yetenekleri vardır. Sanatsal faaliyetlerde de oldukça başarılı ve yaratıcı özelliklere sahip insanlardır. Zarif ve çekici kişilikleriyle her zaman çevrelerinin ilgi odağı olmayı başarırlar. Genel olarak gururlu ve duygusaldırlar.

İş Hayatları:

Çalışma hayatlarında her zaman büyük ve parlak idealleri, hayalleri vardır. Sabırsız yapılarıyla bir an önce bu hayallerini gerçekleştirmek, ideallerine ulaşmak isterler. Bunun için de parlak zekâlarını sonuna kadar kullanırlar. Sabretmeyi öğrendikleri takdirde, başladıkları işleri rahatlıkla bitirebilecek yeteneğe sahip insanlardır. Ancak bu taktirde bekledikleri fırsatlar karşılarına çıkacaktır. Fakat iş sadece sabretmekle biterse. Çünkü bu grubun insanlarının bir zaafı da rahatlarına olan aşırı düşkünlükleridir. Bu da başladıkları işin ortasında konsantrasyonlarının kaybolmasına, enerjilerinin dağılmasına neden olur ki, bu da dikkat etmeleri gereken bir başka özellikleridir.

Eğer ellerindeki fırsatları değerlendirmek hayallerini gerçekleştirmek istiyorlarsa, işi ve eğlenceyi birbirinden ayırmayı çok iyi öğrenmek zorundadırlar. Bu kadar zeki, bu kadar coşkulu insanların hayatlarındaki dengeyi kuramaması gerçekten üzücüdür. Halbuki onlarda gerçekten bir cevher vardır. Onlara kalan bu cevheri bulup çıkarmak ve çıkarırken sabırlı olmaktan başka bir şey değildir.

Aşk ve Evlilik Hayatları:

Duygusal, güzelliğe ve estetiğe düşkün yapılarından dolayı, evlilik gibi önemli bir karar verirken ince eleyip sık dokumaları gerekir. Çünkü karşı cinsle olan ilişkilerde genellikle çabuk sıkılırlar. Bu acele alınmış şıpsevdi duygularının bir sonucu olarak ortaya çıkar. Ancak doğru alınmış bir karar ve bulunan doğru kişiyle paylaşılan bir birliktelikte ise, karşısındaki insanı gerçekten mutlu edebilecek çok önemli özelliklere sahiptirler.

7. GRUP
EKİM AYINDA DOĞANLAR

"Zeki - Kararlı - Çalışkan"

Genel Özellikleri:

Zeki, kararlı ve son derece çalışkan insanlardır. Hiçbir zaman durağan ve monoton bir ortamda bulunmak istemezler. Zekâlarını ve tüm enerjilerini daha iyiyi yapmak, daima ön önde olmak ve başarılı olmak için kullanırlar. Lider grubunun etkisiyle, iş hayatlarında ve özel hayatlarında daima önde ve karar mekanizmalarının içerisinde yer alırlar.

Hayatlarının her aşamasında elde edecekleri başarı çok önemlidir. Başarısızlık ve aksaklıkların getirdiği gecikme-ler, onlara büyük rahatsızlık verir. İstediklerini elde etmeden asla rahat edemezler. İş hayatlarındaki hareketli ve faal yaşam tarzları, aynı şekilde özel hayatlarında da devam eder. Özgürlüklerine düşkün olmalarına rağmen, toplumla son derece uyumludurlar ve insanlarla çok iyi anlaşırlar. Samimi dostluklar kurarlar ve dostlarıyla eğlenmekten, onlarla birlikte vakit geçirmekten büyük keyif alırlar.

İş Hayatları:

İş hayatında, kararlı ve azimli kişiliklerinin yanı sıra, meraklı ve araştırmacı bir yapıya da sahiptirler. Kafalarına koydukları hedeflerini gerçekleştirmemeleri imkânsız gibidir. Çünkü onlar zeki, kararlı, ve çalışkandırlar. Onlar bu özelliklerinin farkındadır ve bu özellikleri çok iyi kullanırlar. O zaman da başarı kaçınılmaz olur.

Kafaları daima yeni ve ilginç projelerle doludur. Zamanı geldiğinde ve fırsatını buldukları ilk anda bunları hayata geçirirler. Özgürlüklerine son derece düşkün olduklarından hangi konumda olurlarsa olsunlar, mutlaka kendi işlerinin sahibi olmak isteyeceklerdir. Çoğunluğu da bunu başaracaktır.

Aşk ve Evlilik Hayatları:

Birliktelikleri ve evlilikleri sakin ve mutludur. Eşlerine karşı büyük sevgi ve saygı duyarlar. Onların mutluluğu için hep ekstra bir şeyler yapmaları gerektiğini düşünürler ve bunun için özel bir çaba harcarlar.

7. GRUP
KASIM AYINDA DOĞANLAR

"Otoriter - Sabırlı - İnatçı"

Genel Özellikleri:

Ciddi, otoriter, meraklı ve araştırmacı kişiliklerinin yanı sıra son derece çalışkan insanlardır. Yaptıkları her işte inanılmaz derecede inatçı ve ısrarlıdırlar. Fakat bu ısrar ve inat müthiş bir sabırla birlikte gerçekleşir.

Özel hayatlarını ve iş hayatlarını birbirinden ayırmayı başarabilirlerse; ciddi yapılarının altındaki neşeli, duygusal ve eğlenceyi seven yapıları açığa çıkabilir. Ancak her şeye rağmen insanlara yaklaşımları temelde sıcak ve samimidir. Her ne olursa olsun insan ilişkilerine çok değer verirler.

İş Hayatları:

Son derece kanaatkâr bir yapıya sahip olmalarına rağmen; lider bir grubun etkisinde olduklarından, her zaman iş hayatının zirvesinde olmak arzusundadırlar. Bu isteklerini başarabilmek için gerçekten çok çalışırlar.

Zeki, çalışkan ve ısrarcı kişiliklerinden dolayı kafalarına koydukları bütün işleri başaracaklardır. Yaptıkları bütün işlerde daima tek başlarına hareket etmek isterler ve mümkün olabildiğince işlerine hiç kimsenin müdahale etmesine izin vermezler. Her zaman mükemmel ve kalıcı işlerde imzaları olsun isterler. İş hayatlarında hangi kademede olursa olsun, mutlaka yönetimde ve plânlama bölümünde yer almak isterler. Eğer böyle bir şey mümkün değilse, kendilerine ait bir iş yapabilmek için hayaller kurmaya başlar, fırsat beklerler. Ancak hırslı ve çalışkan yapılarından dolayı, daha çok fırsatları beklemeyi değil fırsatları yaratmayı tercih ederler.

Aşk ve Evlilik Hayatları:

Beraber oldukları insandan ya da evliliklerinden bekledikleri; sevgi, saygı ve huzurdur. Bu nedenle iş hayatlarındaki olayları ve yaşadıkları stresleri mümkün olabildiğince özel hayatlarından uzak tutmaya çalışırlar. Eğer bunu başaramazlarsa bir takım problemler yaşayabilirler. Bu konuya özellikle dikkat etmeleri gerekir. Çünkü çalışma azimleri ve aldıkları sorumluluklar, bazen işe karşı aşırı bir konsantrasyon yaratabilir. Bu da özel hayatlarının ve eşlerinin ihmaline neden olabilir. Böyle bir yaşam tarzı da farkında olmadan önemli problemlerin başlangıcını oluşturabilir. Bu zaaflarından dolayı iş ve özel hayatlarının, baştan ve kesin bir şekilde ayrılması daha doğru olacaktır.

7. GRUP
ARALIK AYINDA DOĞANLAR

"Heyecanlı - Plâncı - Öğretici"

Genel Özellikleri:

Heyecanlı, zeki, mükemmeliyetçi ve son derece çalışkan

insanlardır. Büyük ve kalıcı işleri başarmak için bütün özellikleri bünyelerinde taşırlar. Mükemmel plânlayıca ve uygulayıcı özellikleri bulunmaktadır. Son derece duygusal olmalarına rağmen, hiçbir zaman duygularının esiri olmazlar. Duygularını ve mantıklarını birbirinden ayırmayı, ikisini de yerinde ve zamanında kullanmayı çok iyi becerirler. Hem iş hayatında, hem de özel hayatlarında son derece başarılı ve girişken bir kişilik sergilerler. Hatalı gördükleri bir çok olaya, müdahale etmekten kendilerini alı koyamazlar. Bu eğitici yanlarının bir yansımasıdır. Onların bu özellikleri, her şeyin tam bir düzen ve tertip içerisinde olmasına da sebep olmaktadır.

İş Hayatları:

İş hayatının bir çok dalında başarılı olabilirler. Ayrıca sanat alanındaki yatkınlıkları, insan ilişkilerindeki başarıları onların zaman zaman bu yönde de meslek tercihlerine neden olmaktadır. Sıradan ve basit işlerden adeta kaçar, zor ve heyecan veren işleri tercih ederler. Bütün işlerini kusursuz ve mükemmel bir şekilde yaptıklarından ve bundan son derece emin olduklarından dolayı, kimseye hesap vermek istemezler. Ya da hesap vermekten çekinmezler demek belki daha doğru olacaktır. Eğer bu konuda üzerine gidecek olursanız, bulunduğu yerdeki çalışma hayatının çok uzun olmamasına neden olabilirsiniz. Bu da belki hep hayalini kurduğu kendi bağımsız işinin kurulmasına bir vesile olabilir.

Aşk ve Evlilik Hayatları:

Hangi düzeyde olursa olsun birlikteliklerinde iplerin kendi ellerinde olması isterler. Bu olumlu ya da olumsuz bir çok sonucu içinde barındıran özellikleridir. Ancak şurası bir gerçek ki, bu onların evinde gerçek bir huzur ortamının devam etmesini sağlar. Eğer dengelerini koruyabilirlerse ki, çoğunlukla korurlar; onların birliktelikleri ya da evlilikleri, mutlu, huzurlu ve sevgi dolu olur.

8. GRUP
OCAK AYINDA DOĞANLAR

"Lider - Çalışkan - Pratik"

Genel Özellikleri:

Lider karakterli, çalışkan ve oldukça pratik düşünen insanlardır. Ciddi ve sert yapılarının yanında daima duygusal ve merhametli özelliklerini de birlikte taşırlar. Her zaman çok büyük ideallerin sahibi, büyük hayallerin peşinde koşan insanlardır. Zihinleri, bu hayallerini gerçekleştirmek için kurdukları plânlarla sürekli faaliyet halindedir.

Özel hayatlarında son derece neşeli ve eğlenceli insanlardır. Kalabalık ortamları ve eğlenceyi severler. Dostlarına önem verir, onlarla birlikte vakit geçirmekten büyük keyif alırlar.

İş Hayatları:

Yaptıkları iş ne olursa olsun tek başlarına karar vermek ve sonuçlandırmak isterler. Kararlı ve azimli yapılarıyla başladıkları bütün işleri zamanından önce bitirmeye özen gösterirler. Bunları gerçekleştirirken de, her zaman yeni ve pratik yolları yaratırlar. Bu arayışlar ve sonucunda gelen başarı onları ayrıcı motive eder. Yaptıkları işten keyif almalarına neden olur.

Tatlı sert yapılarına ve görünüşlerine rağmen, yakın ilişkide olanlar, onun insancıl yanlarına sürekli tanık olur.

Yaptıkları iş ne olursa olsun, bulundukları mevki onlara yeterli gelmez. Bulundukları işin zirvesinde dahi olsalar, onlar ulaşılacak başka zirveler ararlar ve bulurlar. İdeallerini gerçekleştirmek konusunda daima ısrarcı ve inatçıdırlar. Lider yapılarına uygun, zekâ ve beceri isteyen, zor fakat eğlenceli işleri tercih ederler. Ancak bu şekilde kendilerini huzurlu hissederler.

Aşk ve Evlilik Hayatları:

Onlar daima mutlu bir yuva hayaliyle yaşarlar. Bu yüzden ilişkilerinde, karşılarındaki insana hemen bir rol biçerler, kendileri de onun karşısına geçip mutlu bir senaryoyu hayallerinde oynarlar. Bu yüzden evlilikleri, onların hayallerinin gerçekleştiği bir sahnedir. Onlar bu sahnede olmaktan ve bu mutu aile filminde rol almaktan büyük keyif alırlar. Bu mutluluğu ailelerindeki insanlara da doğal olarak yaşatırlar.

8. GRUP
ŞUBAT AYINDA DOĞANLAR

"Duygusal - Hayat Dolu - Zeki"

Genel Özellikleri:

Duygusal, hayat dolu ve oldukça pratik bir zekâya sahip insanlardır. Her zaman büyük hayalleri büyük idealleri vardır. İnsancıl yanları nedeniyle, başarılarını ve elde ettiklerini başkalarıyla paylaşacak kadar iyi niyetli ve hayata pozitif bakan insanlardır. Girişimcilikleri karakterlerinin belirleyici bir diğer özelliğidir.

Kafalarına koydukları her ne olursa olsun gerçekleştirmek isterler. Ancak bunun için sabırsızca davranırlar. İşte bu tarafları onların zaman zaman hata yapmalarına ve hayal kırıklıkları yaşamalarına neden olabilir. Düşündüklerini bir an önce gerçekleştirmek için aldıkları acele kararlar, yaptıkları zamansız uygulamalar, başladıkları işin sonuçlanmasına engel olabilir. Bu da onlarda motivasyonun kaybolmasına sebep olur. Halbuki yapılması gereken oldukça basittir. Biraz duygularına hakim olacak, verdiği acele kararları bir kere daha düşünmeye kendilerini alıştıracaklar bu kadar. Çünkü onlarda bu cevher mevcut. Kavrama yetenekleri ve pratik zekâları bunlardan sadece iki tanesi

Bu zaafları aslında biraz da maceracı yapılarından kaynaklanıyor. Ya da maceracı yapıları onların hata yapmasına neden oluyor. Evet bu grubun insanları macerayı severler. Heyecan veren ne olursa olsun onların ilgisini çeker. Yeni yerler görmek, alışılmadık sporlara ilgi duymak onları tanımlayan özelliklerdir.

İçine girdikleri çevrelere çok çabuk uyum sağlar, insanlarla çok iyi ilişkiler kurarlar. Durgun ve monoton bir hayat onlar için çekilmez olduğundan, sürekli farklı arayışlar içindedirler. Gezmeyi, seyahat etmeyi ve eğlenceyi severler.

İş Hayatları:

İnsanlarla yakın ilişki kurabilecekleri ve maceracı ruhlarını tatmin edecekleri işler onları mutlu eder. Özgürlüklerine olan düşkünlükleri, onların çoğunlukla serbest olabilecekleri ya da kendi bağımsız işleriyle bu duygularını tatmin edecekleri işlere yönlendirir. Özelliklerini iyice sorgulayarak doğru bir karara varıp, bu kararlarında sabırlı ve ısrarcı olmalarında fayda vardır.

Aşk ve Evlilik Hayatları:

Estetik ve güzellik onların bir konu hakkında fikir yürütürken başvurdukları kriterlerdir. Bu onların duygusal yapılarının bir yansımasıdır. Ancak bu duygusal yapı, onların karşı cinsle olan birlikteliğinde, hele evlilik kararlarında çok dikkatli davranmalarını gerektirmektedir. Bu konuda da vermeleri muhtemel acele ve yanlış kararların üzüntüsünü yaşamak istemiyorlarsa, mantıklarını devreye sokup, duygularını sorgulamaları gerekir.

8. GRUP
MART AYINDA DOĞANLAR

"Açık Yürekli - Zeki - Çalışkan"

Genel Özellikleri:

Açık yürekli, zeki, oldukça çalışkan ve atılımcı insanlardır. Hayallerindeki büyük idealler, olağanüstü pratik zekâlarıyla birleştiğinde, üstesinden gelemeyecekleri güçlük yoktur. Bu grubun insanları son derece coşkulu ve sabırsızdır. Her şeyi en kısa zamanda hatta düşündükleri anda olsun isterler. Bu onların henüz düşünce aşamasında olan bir işi olmuş gibi düşünmelerine neden olabilir. Bu da işin enerjisinin, heyecanının kaybolmasına sebep olur. Henüz düşünce aşamasındaki bir işin sonuçlanması için bir çok zorluğun aşılması gerekirken, onlardaki bu güç kaybı ve motivasyon eksikliği olumsuz sonuçlar doğurabilir.

Onlar için sarf ettiğimiz bu olumsuz cümlelerden başarısızlık sonucu asla çıkarılmamalıdır. Sadece herkeste olduğu gibi dikkat etmeleri gereken zaafları vardır. Bunlar da onlara işaret etmektedir. Yoksa En küçük ayrıntıları bile gözden geçiren değerlendirme ve analiz yetenekleri sayesinde olağanüstü başarılı olabilirler.

Ayrıca önsezileri çok kuvvetlidir. İnsanları kolayca tahlil eder, onlar hakkında derinlemesine fikir sahibi olurlar. Ancak karşı karşıya geldiklerinde, eğer kişi hakkında olumsuz düşünceleri varsa bunu unuturlar. Çünkü önyargısız ve iyi niyetli insanlardır.

Çok duygusal ve coşkulu olduklarından dolayı, renkli ve eğlenceli hayatı severler. Dostlarıyla geçirecekleri eğlenceli bir kaç saat, tüm olumsuzlukları bir anda silebilir. Estetik ve güzellik onlar için değerli iki kavramdır ve her davranışın ve her konunun arkasında bu kriterleri ararlar.

İş Hayatları:

Aldıkları sorumluluklara karşı aşırı özen gösterirler. En iyisini hatta daha da iyisini yapmak için büyük bir özveriyle çalışırlar. İnsan ilişkilerindeki başarıları, onları bu özelliklerini sergileyebilecekleri işlere yönlendirir. Genel olarak zeki, cesur ve atılımcıdırlar ve kaybetmeye tahammülleri yoktur.

Aşk ve Evlilik Hayatları:

Birliktelikleri genellikle çok ince bir ipe bağlı gibidir. Bir çok insana çok önemsiz gibi gelen şeyler, onların ilişkiden soğumalarına sebep olabilir. Ancak kendi içlerinde olan doğrulara uygun biri çıkar da gönlünü fethederse, bu ince ip hiçbir zaman koparılamayacak bir bağ haline gelebilir. O zaman bu grubun insanlarıyla birlikte olan ya da evlenen insan için şanslı demekten başka söyleyecek söz kalmaz.

8. GRUP
NİSAN AYINDA DOĞANLAR

"Ciddi - Ağırbaşlı - Zeki"

Genel Özellikleri:

Ciddi, ağırbaşlı, zeki ve çalışkan insanlardır. Ciddi ve sert yapılarına rağmen, insanlara büyük değer verir ve onlar için ellerinden gelen yardımı yapmaktan kaçınmazlar. Daima iyi niyetli ve özde duygusal insanlardır. Fakat anlaşılmaz bir şekilde duygularını gizlerler. İnsan ilişkilerinde her zaman ölçülü ve son derece dikkatlidirler. Dostlarına ve ailelerine karşı çok sadıktırlar ve değer verirler.

İş Hayatları:

Yönetici ve girişimci özellikleri üst düzeyde olup, başarılı ve kalıcı işlerde daima ön sıralarda yerlerini alırlar. İş hayatlarında maceraya atılmaktan özellikle kaçınırlar. Fakat en karmaşık işlerde bile kendi kriterlerine uygun bir ışık gördüklerinde; ne gerekiyorsa yapar, girişimci ruhlarını açığa çıkarırlar. Bilerek yaptıkları tüm atılımlardan yüzlerinin akıyla çıkmasını bilirler. İş yapabilme kapasitelerinin çok güçlü olması kendilerini iş dünyasının liderleri arasına yerleştirecektir. Onlar iş hayatında yükselmek için yaratılmış insanlardır. Bulundukları görevlerde çok yüksek mevkilere çıkmış olsalar dahi, içlerinde hep kendilerine ait bir şeyler yapmak arzusu vardır. Çünkü onlar özgürlüklerine düşkün insanlardır ve serbestçe hareket etmek isterler.

Çok iyi bir plânlayıcı ve düzenleyicidirler. Bu özelliklerini bildiklerinden işlerine karışılmasından hoşlanmazlar. Daha doğrusu akıl vereni dinlerler. Ancak sözlerin ya da tavırların içinde ukala tavırlar hissederlerse, işte bu onları çileden çıkarır. Objektif ve yapıcı fikirlere değer verir, kendi süzgeçlerinden geçirirler. Onlar neyi ne zaman yapacaklarını çok iyi bildiklerini ve zamanlamalarının mükemmel olduğunu düşünürler. Bu konuda da haksız sayılmazlar.

Aşk ve Evlilik Hayatları:

Birlikteliklerinde; özellikle de evliliklerinde, hemen ilk günden onun otoritesi ve yönetim paylaşımı kendini gösterir. Onlar bu paylaşımda her zaman başat olan, yönetendir. Bu özelliklerini kabullenen ve paylaşan eş, kendini aslında çok düzenli ve nerede başlayıp nerede bittiği belli olan bir ilişkinin içinde bulur. Yani düzenli, uyumlu, sorumlulukların paylaşıldığı ve elbetteki sevginin de olduğu bir birlikteliği birlikte yaşarlar.

8. GRUP
MAYIS AYINDA DOĞANLAR

"Lider - Zeki - Duygusal"

Genel Özellikleri:

Liderlik vasıflarına sahip, zeki, duygusal ve son derece çalışkan insanlardır. Ağırbaşlı, ne istediğini bilen, maceradan mümkün olduğu kadar uzak ve sakin bir hayatı tercih ederler. Çalışma hayatı konusundaki başarıları ve yoğun tempolarına rağmen, sosyal hayattan kopuk insanlar değillerdir. Aksine yakınlarıyla birlikte olmaktan, onlarla birlikte plânlar yapıp eğlenmekten büyük keyif alırlar. İnsan ilişkilerindeki başarıları; onların hem iş hayatlarında, hem de özel hayatlarında aranılan insanlar olmalarına neden olur.

İş Hayatları:

İşlerinde son derece sebatkâr, yapabileceklerinin en iyisini yapmaya kararlı ve azimlidirler. Plânlayıcı ve düzenleyici yetenekleri son derece gelişmiş olup, yapacakları bütün işlerinde son derece titizdirler. Başladıkları her işte mutlak bir başarı ve mükemmellik hedeflerler. Birlikte çalıştıkları insanlardan da aynı titizliği ve özeni beklerler. İş dünyasında başarılı olmak için bütün özellikleri bünyelerinde taşırlar. Lider vasıflarına sahip olduklarından, iş hayatının zirvesinde ve büyük mevkilerde bulunmak için çok büyük çaba harcarlar. Dürüst ve samimi çalışmaları sonuncuda, bu amaçlarına ulaşırlar.

Aşk ve Evlilik Hayatları:

Dışarıdan ilk bakışta belli olmayan ya da belli etmedikleri duygusal bir tarafları vardır. Bu birlikteliklerinde ve evliliklerinde açığa çıkar. Hatta onlar için tutkulu ve romantik insanlar bile diyebiliriz. Ancak onları sadece iş ortamında tanımış biri için, bu şaşırtıcı bir durum olabilir. Ancak ne olursa olsun eşlerine karşı büyük bir sadakatle bağlanır ve onların mutluluğu için ellerinden geleni yaparlar.

8. GRUP
HAZİRAN AYINDA DOĞANLAR

"Çalışkan - Neşeli - Duygusal"

Genel Özellikleri:

Çalışkan ve neşeli insanlardır. Duygusal yapılarını ve zekâlarını bütün olayların içerisine katar, ikisini dengeli bir şekilde harmanlamasını bilirler. Duygusal ve neşeli insanlar olduklarından, bütün davranışlarında ve insan ilişkilerinde bir samimiyet, içtenlik ve insanlara güven veren bir kişilik sergilerler. Çok büyük idealleri olmasına ve bu ideallerini gerçekleştirmek için olağanüstü bir çaba göstermelerine rağmen ve bu çabanın getirdiği bütün kargaşalara ve strese rağmen dürüstlüklerinden bir şey kaybetmezler.

İş Hayatları:

Oldukça kıvrak zekâları ve coşkularıyla iş dünyasının renkli simaları arasına girebilirler. Bunun için büyük holdinglerde yönetici olmalarına gerek yoktur. Küçük işler de yapıyor olsalar kendi çaplarında, o camianın renkli simalarıdırlar.

Hiçbir işin kolayına kaçmadan, ısrarla ve sabırla hedefledikleri noktaya doğru yol alırlar. En zor anlarında bile ümitsizliğe kapılmaz, inadına zorlukların üzerine cesaretle giderler. En karmaşık sorunları bile olağanüstü pratik zekâları sayesinde çözüme kavuştururlar ve kaçınılmaz başarıyı elde ederler. Bir çok konuda yeteneklidirler. Ancak insan ilişkilerinde ve diplomasi gerektiren bütün konularda özellikle başarılıdırlar.

Karmaşık olayların ve anlaşmazlıkların çözümünde her zaman etkin rol oynar ve barışçı yönlerini ortaya koyarlar. Herkes için büyük başarı sayılabilecek konumlara ulaşırlar. Ulaştıkları nokta, bir çok insan için zirve anlamına gelebilir ama onlar için yeterli değildir. Bu yüzden kendilerine hep yeni hedefler koyarlar.

Aşk ve Evlilik Hayatları:

Neşeli ve sevimli yapıları özellikle ev hayatında kendini gösterir. Evlerinde bir başka mutlu olurlar. Evlilikleri son derece mutlu ve huzurludur. Ailelerine tutkuyla bağlı olurlar.

8. GRUP
TEMMUZ AYINDA DOĞANLAR

"Lider - Duygusal - Zeki"

Genel Özellikleri:

Liderlik vasıflarına sahip, duygusal, hayat dolu ve olağanüstü pratik zeki insanlardır. Çok büyük ideallerin yanı sıra pratik zekâlarını hayatlarının her anında kullanarak, onlar için kaçınılmaz olan başarıyı elde edebilirler. Son derece hırslı, zeki insanlardır ve önsezileri oldukça gelişmiştir. Kimsenin aklına gelmeyen ayrıntılardan olmadık sonuçlar çıkarır, şaşırtıcı başarılara imza atabilirler. Her zaman alışılmışın dışında hareket ederler ve ilginç olanı denerler. Amaçlarına ulaşmak için insan üstü bir çabayla çalışırlar.

Hayat dolu, neşeli insanlardır. Yaşamaktan keyif alırlar ve sosyal ilişkileri en üst düzeyde gelişmiştir. İnsan ilişkilerinde, toplumsal olayların organizasyonunda ve politika alanına oldukça yeteneklidirler. Çevrelerindeki insanlarla içten ve samimi dostluklar kurar, bulundukları her ortamda ilgi odağı olmayı başarırlar. Tavırlarıyla ve davranışlarıyla, insanları kendilerine hayran bırakan bir zarafet ve etki alanı yaratırlar.

İş Hayatları:

İş hayatlarında üzerlerine aldıkları sorumlulukların her zaman bilincindedirler. Bu yüzden son derece mantıklı bir şekilde pratik zekâlarının yardımıyla sorumluluklarını zamanından önce yerine getirmeye gayret ederler. Bulundukları mevki onları tatmin etmez. Toplumun en üst sıralarında bulunmak isterler ve bir çoğu bunu başarır. Son derece dürüst insanlardır. Kafalarına koydukları işleri başarmak için gerekli donanıma sahiptirler. Adeta bunun için yaratılmışlardır.

Aşk ve Evlilik Hayatları:

Bu konuda çok seçici insanlardır. Birlikte olacakları insanda bir çok özelliğin bir arada olmasını isterler. Bu seçici özellikleri onları zaman zaman özellikle bu konuda kararsızlığa itebilir. Bu yüzden bu insanların bir ilişki yaşayabilmeleri için aşık olmaları gerekir. Ancak o zaman karşılarındaki insanın kendilerine uygun olup olmadığını keşfedebilirler. Güvendikleri taktirde iç sesleri yani güçlü önsezileri onlara doğru yolu gösterecektir.

8. GRUP
AĞUSTOS AYINDA DOĞANLAR

"Zeki - Hırslı - Duygusal"

Genel Özellikleri:

Son derece zeki, hırslı, duygusal ve çalışkan insanlardır.

Hayat dolu ve coşkulu olmakla beraber, yeteneklidirler. Bir çok konuda bu özelliklerini hayata geçirmeyi başarırlar.

Lider yaradılışlı insanlardır. Bu yüzden hep önde ve toplumun iyi kademelerinde olmayı arzularlar. Çabaları bu isteklerini gerçekleştirmelerine yardımcı olur. İş hayatında olduğu kadar, toplumsal olaylar ve insan ilişkilerinde de çok yeteneklidirler. Karşılarındaki insanlarada, yaklaşımlarıyla ve tavırlarıyla, daima içtenlik ve samimiyet hissi uyandırırlar. Duygusal ve merhametli yapılarından dolayı insanlara yardım etmekten ayrıca bir mutluluk ve huzur duyarlar. İşlerinden artan zamanlarında gezmek, seyahat etmek ve dostlarıyla birlikte vakit geçirmekten büyük haz duyarlar.

Sosyal hayatları her zaman renkli ve hareketli olduğu kadar neşelidir. Bulundukları her çevreye ve topluluğa çok çabuk uyum sağlar, samimi dostlukları çok kolay kurarlar. Her ortamda insanlar üzerinde olumlu etkiler bırakırlar.

İş Hayatları:

Yönetici ve girişimci yapıları nedeniyle asla yerlerinde duramaz, devamlı yeni arayışlar içinde bulunurlar. Sürekli olarak kurdukları yeni plânları hayata geçirmek için uygun zaman, uygun zemin beklerler. Ancak böyle zamanlarda dahi akıllarında daha başka, daha yeni yatırımlar belirir.

Oldukça sabırsız yapıları olsa da, daima akılcı bir şekilde hareket ederler ve ihtiyatı elden bırakmazlar. En yoğun zamanlarında bile karşılaşabilecekleri aksiliklere karşı hazırlıklıdırlar ve kafalarında birkaç çözüm plânı birlikte vardır.

Çok güçlü önsezileriyle, ince eleyip sık dokuyan, bir anda bütün olasılıkları değerlendirebilen yapılarıyla ve üstün pratik zekâlarıyla bir olayın veya yeni başlanan bir işin sonucunu çok rahat bir şekilde görebilirler. Bitip tükenmez enerjileriyle çok büyük ideallerini gerçekleştirmeleri kaçınılmazdır. Daima büyük düşünür ve büyük işlerin altına imza atmak isterler.

Aşk ve Evlilik Hayatları:

Beraberliklerinde ve evliliklerinde neşeli ve mutlu bir hava hakimdir. Önsezileriyle ve olayların arkasındakileri görme kabiliyetleriyle, sorunları bütünsel olarak değerlendirirler ve fazla dert etmezler. Bu şekilde ilişkilerinin kolaylaşmasını sağlarlar. Küçük ayrıntılara takılıp, içinden çıkılmaz tartışmalara girmektense konuşmamayı tercih eder, sorunu kökten halletmeye çalışırlar. Eğer yapabiliyorlarsa ki, yapabilecek yetenekleri vardır. Olaylara karşı net tavırlarını sürdürmeli, bu şekilde birliktelikleri ya da evliliklerinin huzurlu ve mutlu bir şekilde devamını sağlamalıdırlar.

8. GRUP
EYLÜL AYINDA DOĞANLAR

"Zeki - Atılımcı - Duygusal"

Genel Özellikleri:

Son derece zeki, girişimci, duygusal ve çalışkan insanlardır. Hayatta hep büyük hayaller ve büyük ideallerin peşinden koşarlar. Gerçekleştirilmesi zor olan bu hedeflerini hayata geçirmek için, sınır tanımaz bir gayretle yılmadan çalışırlar.

Lider yaradılışlı yapıları ve özgürlüklerine düşkün olmaları nedeniyle özel hayatlarına müdahale edilmesine asla izin vermezler. Aynı zamanda yaptıklarından dolayı hesap sorulması da onlar için katlanılmaz bir durumdur. Onlar yaptıkları hatalar için dahi olsa, kendi özeleştirilerini yaptıklarından, kendilerine göre doğruyu ve yanlışı görürler. Bu yanlışların tekrar kendilerine hatırlatılması onları rahatsız eder.

Sosyal yaşantıları hızlı ve hareketlidir. Duygusal, coşkulu ve neşeli yapılarından dolayı hayatlarının her anını mutlu ve neşeli bir şekilde geçirmek ister, buldukları her fırsatta eğlenmekten keyif alırlar. İnsanlarla çok iyi anlaşır, sıcak ilişkiler kurarlar. Dostluklara büyük önem verir, çevrelerindeki insanlara ellerinden geldiğince yardımcı olmaktan ayrıca keyif alırlar. Kişiliklerindeki ve tavırlarındaki zarafeti karşılarındakilere her zaman hissettirirler.

İş Hayatları:

Genel anlamda yetenekli insanlardır. Bu yeteneklerine bir çok konuda ve aynı anda sahiptirler. Bu yüzden bir çok işi aynı anda düşünüp sonuçlandırabilecek beceriye sahiptirler. Sabırsız ve enerjik yapıları pratik zekâlarıyla birleştiğinde, çok kısa sürede büyük başarılar elde etmemeleri için bir neden yoktur.

Hiçbir yere bağlı kalmak istemezler. Bu yüzden özgürce ve rahat hareket edip kendi kararlarını rahatça uygulayabilecek ortamlarda çalışmayı tercih ederler.

Aşk ve Evlilik Hayatları:

Son derece duygusal, coşkulu ve güzelliğe düşkün olduklarından dolayı, birlikteliklerinde özellikle de evlilik kararı öncesinde çok iyi düşünmelidirler. Özgürlüklerinden fedakârlık etmeleri gerektiğini, hayatı paylaşacaklarını ve hiçbir şeyin eskisi gibi olmayacağını iyice ölçüp tartmalıdırlar. Doğru verilmiş karar sonrasında oluşturulacak birlikteliğin; zarif, romantik ve fedakâr tarafı olurlar.

8. GRUP
EKİM AYINDA DOĞANLAR

"Girişimci - Yönetici - Zeki"

Genel Özellikleri:

Son derece çalışkan ve işlek bir zekâya sahip olduklarından, hayatlarının her aşamasında başarılı olurlar. Yetenekleri doğrultusunda yapacakları her işin üzerine büyük bir istek ve kararlılıkla gider, neredeyse imkânsızı başarırlar. Sözlerinde, tavırlarında ve hareketlerinde tam bir kararlılık hakimdir. Karar verdikleri bir şeyden onları vazgeçirmek neredeyse imkânsız gibidir. İnce eleyip sık dokuyan yapılarından dolayı, en küçük ayrıntıları bile görüp değerlendirirler.

İş hayatlarında olduğu kadar sosyal hayatlarında da son derece hareketlidirler, yerlerinde duramazlar. İnsanlarla olan ilişkilerinde, her zaman samimi ve içten davranırlar. Dostluklarına ve arkadaşlarına her zaman büyük değer verirler. Duygusal ve coşkulu yapıları nedeniyle her anlarını eğlenerek geçirmek isterler. Bulundukları ortamlara çok çabuk uyum sağlarlar ve diğer insanlarda bıraktıkları izlenim her zaman olumludur. Çünkü onlar insan ilişkilerinde son derece başarılıdırlar.

İş Hayatları:

Yaptıkları işlerde ve aldıkları kararlarda hep tek başlarına hareket etmek isterler. Mümkün olduğunca kimsenin işlerine karışmasını istemezler. Liderlik yaradılışlı insanlardır. Özgürlüklerine son derece düşkün olduklarından, aynı yerde uzun süre kalmaktan sıkılırlar ve yeni arayışlarda bulunurlar. Bu hayatlarının her alanında olduğu gibi iş yaşamlarında da böyledir.

Aşk ve Evlilik Hayatları:

Hareketli ve hızlı yaşam tarzlarına bakarak onların uçarı insanlar oldukları sonucunu çıkarmak doğru olmaz. Eğer gerçekten bağlanırlarsa bulunmaz bir eş olurlar. Birlikteliklerinde daima söz sahibi kendileri olmak isterler. Bunun dengesini iyi kurarlarsa bu özellikleri ilişkinin düzeni açısından iyi sonuçlar bile verebilir. Çünkü bu onların zoraki ya da inadına yaptıkları bir şey değil, doğalarının gereği olarak böyledir.

8. GRUP
KASIM AYINDA DOĞANLAR

"Ciddi - Çalışkan - Zeki"

Genel Özellikleri:

Ciddi çalışkan, zeki ve atılımcı insanlardır. Son derece fedakâr ve kanaatkâr olmalarıyla birlikte; lider özellikleriyle, toplumun ve iş hayatının, zirvesinde bulunmak isterler. Bu isteklerini gerçekleştirmek için gerçekten çok çalışırlar. Bir çoğu da bu gayretin sonuçlarını alır. Başladıkları işi yarım bırakmak onlarda gerçek bir rahatsızlığa neden olur. Bu özellikleri onların başarısızlıkla çok nadir karşılaşmalarının en önemli sebeplerindendir.

Otoriter fakat aynı zamanda duygusaldırlar. Ama duygularını mümkün olabildiğince dışarıya yansıtmak istemezler. Daima ölçülü ve seviyeli davranışlar sergilerler. İnsanlarla ilişkileri genel olarak iyi olsa da, dostlarını özenle seçer, herkesle sıkı dostluklar kurmaktan kaçınırlar. Bu özel dostlarına karşı olan duyguları her zaman samimidir. Ancak aynı sadakati ve samimiyeti onlarda da görmek isterler. Zaten seçici olmaları da bunu gerektirir.

Bir çok konuda yanılma paylarının olmadığını düşünürler. Bu başta biraz itici bir durum gibi görünse de, onların doğal bir özelliğidir. Çoğunlukla böyle düşünür, böyle yaşarlar. Aslında çoğunlukla haklı olduklarını düşünmelerinin haklı bir sebebi de vardır. Çünkü onlar, her şeyi ince eleyip sık dokurlar ve emin olmadan karar vermezler. Bu yapıları onlara hayatları boyunca yardımcı olur.

Yoğun iş tempoları, hayattan zevk almalarına hiçbir zaman engel değildir. Buldukları her fırsatı değerlendirir, dostlarıyla birlikte eğlenir. Böyle ortamlarda otoriter yapılarından beklenmeyen bir duygusallık ve sevecenlikle etrafa neşe saçarlar. Kısacası böyle ortamların aranılan insanlarıdır

İş Hayatları:

Bütün işlerinde titiz ve sabırlıdırlar. Yönetici ve idareci oldukları durumlarda bile, bir kenarda oturup emirler vermek yerine, bizzat ilgilenip kendi beden güçlerini de işin içine katarlar ve bundan da mutluluk duyarlar. Son derece enerjik yapılarını zekâlarıyla birleştirdiklerinde adeta imkânsızı gerçekleştirirler.

Aşk ve Evlilik Hayatları:

Uyumlu ve dengeli insanlardır ve birlikteliklerini de özetle bu özellikleri etkiler. Birlikte oldukları insana gerçekten çok değer verir. Evlilik hayatları olağanüstü bir şey olmadıkça mutludur ve huzurludur.

8. GRUP
ARALIK AYINDA DOĞANLAR

"Meraklı - Araştırmacı - Zeki"

Genel Özellikleri:

Meraklı, araştırmacı ve zeki insanlardır. Her konuyu merak ederler ve merak ettikleri şeyler hakkında en küçük detaylara kadar bilgi sahibi olmak isterler. Bu yüzden onlara ansiklopedi muamelesi yapabilir, her konuda soru sorabilirsiniz. Onlar da bundan keyif alırlar.

İdeallerinde daima büyük hedefler vardır ve her zaman zirvede olmak arzusundadırlar. Bu hedefler onlar için ulaşılmaz şeyler değildir. Çünkü onlar bunun için gerçekten çok çalışırlar. Hayatlarının hiçbir aşamasında zorluklardan kaçmaz, aksine ısrarla üzerine giderler ve başladıkları işi mutlaka sonuçlandırırlar.

İş Hayatları:

Kendi işlerinde olduğu gibi, idarecilik ve yöneticilik gerektiren bütün işlerde başarılı olurlar. Yeter ki yeteneklerine uygun işlerle uğraşsınlar. İnsanlarla olan ilişkilerine büyük önem verir, yaklaşımlarına dikkat ederler. Böylece hemen herkesle iyi anlaşırlar. Bu yönlerini kullanabilecekleri meslekleri seçmeleri başarılarını bir kat daha artıracaktır.

Duygusal ve hayat dolu olmalarına rağmen üzerlerine bir sorumluluk almışlarsa; bir işi bitirmeleri gerekiyorsa, adeta dış dünyayla ilişkilerini keser o işi bitirirler. Çünkü onlar için en önemli şey başlanılan işin bitirilmesidir. Yoksa rahatsız olurlar. İçlerinde bir eksiklik yarımlık duygusu hakim olur. Bu yüzden sarsılmaz bir iradeleri vardır ve başaramayacakları iş yok gibidir.

Aşk ve Evlilik Hayatları:

Hangi düzeyde olursa olsun birlikteliklerinde iplerin kendi ellerinde olması isterler. Bu olumlu ya da olumsuz bir çok sonucu içinde barındıran özellikleridir. Ancak şurası bir gerçek ki, bu onların evinde gerçek bir huzur ortamının devam etmesini sağlar. Eğer dengeleri koruyabilirlerse ki, çoğunlukla korurlar; onların birliktelikleri ya da evlilikleri, mutlu, huzurlu ve sevgi dolu olur.

9. GRUP

"Özel Grup"

Dokuzuncu gurup, insanlar üzerinde çok özel bir etkiye sahip olup; bu gruba ait olan tüm insanlar hangi ayda doğmuş olurlarsa olsunlar, kesinlikle benzer özellikler gösterirler. Bulundukları her yerde ve her ortamda lider kişiliklerini ortaya koyarlar. Bir çok konuda, iş hayatında ve sanat hayatında ulaşılabilecek en yüksek noktaya ulaşır ve toplumun üst sıralarında yerlerini alırlar.

Dokuzuncu gurup, bu gruba dahil olan insanlara; gerek iş hayatında, gerek sanat hayatında ya da her hangi bir konuda başarının kapısını ardına kadar açar. İçeri girip girmemek tamamen onlara kalmıştır. Ancak bir çoğu bu kapıdan içeri girer ve şanslı yollarına devam ederler.

Son derece mantıklı ve bir o kadar da duygusal insanlardır. Zaman zaman bu iki konuda ikilemler yaşasalar da kendilerini çabuk toparlayacak iradeye sahip olduklarından dengeyi kurmasını bilirler. İnsancıl yanları çok gelişmiştir. Özgürlüklerine son derece düşkündürler. Bu yüzden hesap ve izahat vermekten hoşlanmazlar. Bir çok konuda sabırsız olmalarına rağmen; ne zaman ve ne şekilde davranacaklarının ayrımını çok iyi yaparlar.

Hiçbir zaman sıradan ve basit işlerle ilgilenmek istemezler. Daima en iyi konumlarda ve kendi işlerinin zirvesinde bulunmak isterler. Hayatlarıyla ilgili her kararı kendileri verir ve uygulamaya koyarlar. Güce ve güzelliğe düşkün olan bu insanlar, bunları elde etmek için çaba gösterirler. İstedikleri şey ne olursa olsun sınır tanımaz bir gayret içerisine girer ve mutlaka elde ederler. Hırsları, meraklı yapıları ve istekleri inanılmaz derecede kıvrak zekâlarıyla birleşince imkânsızı bile başarabilecek bir güç ortaya çıkar. Onlar da bunu kullanmayı çok iyi bilirler.

İdareci, yönetici ve hükmedici bir yapıları vardır. İş hayatının ve sanat hayatının zirvesine ulaşmak, onlar için imkânsız olmadığı gibi, zor da değildir. Çünkü bu insanlar, olayları kendi lehlerine çevirmesini çok iyi bilir, her durumda kârlı çıkarlar.

İnsan ilişkilerinde de son derece başarılıdırlar. Çok güçlü önsezileriyle insanlar hakkında çok isabetli tahlillerde bulunurlar. İnsanlara dostça ve samimi duygularla yaklaşırlar ve herkesin üzerlerinde son derece olumlu etkiler bırakırlar.

Şanslı olmaları durumunda hiçbir sorun yaşamazken, şans sayısı düşük olanların olabilecek kritik zamanlara hazırlıklı olmaları dikkat etmeleri gerekecektir. Bu kritik zamanlarda iş durumlarında veya evlilik hayatlarında son olarak da sağlık durumlarında bazı problemlerle karşılaşabilirler. Hazırlıklı ve tedbirli oldukları takdirde, kritik yıllarını zarar görmeden atlatabilirler.

11. GRUP

"Gerçek Liderlerin Grubu"

Bu grubun insanları hangi yaşta olurlarsa olsunlar, nerede yaşıyor olurlarsa olsunlar her zaman lider vasıflarını üzerlerinde taşırlar. Bu gruptakilerin hangi ayda doğdukları önemli değildir. Çünkü onlar öyle belirgin ve baskın özelliklere sahiptirlerdir ki, bunlar tüm olumsuz gibi görünen özellikleri bastırır ve öne çıkar. Bir kere tam bir liderdirler. Şans her zaman onların yanındadır. Adeta onların bir şey yapmasına gerek yok gibidir. En karanlık, en engebeli, en tehlikeli yollardan geçiyor bile olsalar, şefkatli ve koruyucu bir el onları alır ve o yolun karşısına geçirir.

Birçok insan için imkânsız gibi görünen birçok şeyi, onlar büyük bir rahatlık içerisinde yapar ve bitirirler. Aynı anda bir çok yeteneğe sahiptirler. Politika, sanat, iş dünyası, yöneticilik, spor, insan ilişkileri vs. Aslında hangi alanda çalıştıkları ya da nerede yaşadıkları çok da önemli değildir. Bu özel grubun insanları her yerde şanslarıyla birlikte yaşarlar. Hangi işi yapıyor olurlarsa olsunlar hedeflerine büyük bir kararlılık ve azimle yürürler ve mutlak başarıya ulaşırlar.

Çoğunlukla bulundukları çevreler onlara yeterli gelmez. Değişiklik peşinde koşarlar ve farklı yeteneklerini hayata geçirebilecekleri alanları yaratmasını bilirler. En önemli özelliklerinden birisi yeni girdikleri ortamlara çok çabuk uyum sağlamalarıdır. Bu özellikleri, başarıları arttıkça açılacakları ülke dışındaki arayışlarında ve yatırımlarında çok yardımcı olacaktır.

Yetenekleri doğrultusunda yaptıkları işin zirvesinde olmak onlar için yeterli olmaz. Lider özelliklerinin tamamını üzerlerinde taşıdıklarından, örneğin politikaya atılır, çok daha büyük kitlelere hitap etmek isterler. Bunu yaparken de, kıyısından köşesinden bulaşmak şeklinde yapmazlar. Aksine daima zirveye, olabilecek en yüksek mevkiye çıkmaya çalışırlar.

Bulundukları her türlü ortamda liderlik vasıflarını ortaya koyar, insanlara bunu hissettirirler ve ön sıralardaki yerlerini mutlaka alırlar. İnsanlarla olan ilişkilerinde son derece dikkatli ve başarılıdırlar. Herkesle çok iyi anlaşabilirler. İş yapma ve yaptırma konusunda ayrı bir yetenekleri vardır.

11. gurubun insanları hangi ayda doğmuş olurlarsa olsunlar liderlik vasıflarına sahiptirler. Bu özelliklerini her zaman ve her yerde ortaya koyarlar ve farklılıklarını hemen hissettirirler. İş hayatlarında ve sosyal yaşantılarında çok hareketli ve coşkuludurlar. Plânladıkları şeyleri hemen hayata geçirmek isterler, bunun için sabırsızlanırlar. Ancak bu sabırsızlık duydukları heyecandan kaynaklanır. İşin gidişatına engel olacak kadar kendilerini kaybetmezler.

Coşkulu insanlardır ve bu coşkuları aşk hayatlarında da aynı şekilde devam eder. Beraberliklerinde, özellikle de evlilikle ilgili kararlarında kesinlikle aceleci davranmamaları gerekir. Hiçbir şey onları alt edemez, ama karşı cinsle giriştikleri birliktelikte, eğer acele ve yanlış kararlar almışlarsa çok zor ve sıkıntılı zamanlar geçirebilirler. Bu da özellikle kritik yıllarında ortaya çıkan sorunlara neden olabilir. Yapmaları gereken tek şey acele etmeden doğru karar verdiklerine kendi kendilerine kani olmaktır.

Özellikle kendilerini iyi hissettikleri zaman çevrelerindekiler, onların sohbetlerinden çok hoşlanırlar. Fakat bu konuşmalar sırasında karşılarındaki kişiye iyice güveninceye kadar kendi gerçek benlikleriyle ilgili bir ipucu vermezler. Başkalarının düşüncelerini sezme yeteneğine sahip oldukları için, diğer insanların hoşlandıkları ya da ilgilendikleri konuları da hızla kavrar ve onlara yardımcı olmak amacıyla bu konulardaki görüş ve düşüncelerini tatlı bir dille açıklarlar.

Bütün bunların dışında hayatları son derece renkli ve hareketlidir. Eğlenmekten ve özellikle seyahat etmekten, yeni yerler görmekten büyük keyif alır. Yoğun iş hayatlarından geriye kalan zamanlarda yakın çevreleri ve dostlarıyla birlikte olmak, onlarla birlikte eğlenmek bütün yorgunluklarını unutmalarına vesile olur. Her zaman hayatı dolu dolu yaşayan, çevresindeki insanlara güven ve ümit veren insanlardır.

Son zamanlarda Atatürk ile ilgili rüya görenlerin sayısında çok ciddi bir artış olduğunu gözlemlemiş bulunmaktayım..

Okuyucularımdan gelen bu rüyaları bir kitap hâline getirmeyi düşündüm ve bu düşüncemi facebook'daki Sınır Ötesi Yayınları sayfamızda paylaştım. Bu çalışmayı okurlarımla el birliğiyle yürütüyoruz. Atatürk ile ilgili rüyalarınız varsa, *erguncandan@sinirotesi.com* mail adresimden bana iletebilirsiniz.

Tek tek gördüğünüz bu rüyaları bir kitapta birleştirdiğimizde göreceksiniz ki, ortaya büyük bir tablo çıkacak.. O tabloda yüce önderin mesajı olacak..

Kitabı Eylül ayında yayınlamış olacağız... Önümüzdeki süre içinde ne kadar çok rüyayı bir araya getirebilirsek ortaya o kadar büyük bir tablo çıkartabiliriz.

Kitap basıldıktan sonra da rüyalarınızı bana iletebilirsiniz. Çünkü bu kitabın yazılması uzun yıllar sürecek ve gelen rüyalarla zenginleşerek büyüyecek. Sonradan gelen bu rüyaları sonraki baskılarında kitapta değerlendireceğiz.

Kitap özel tasarlanmış renkli bir kağıda basılacak.. Kitabı elinize aldığınızda, o içindeki mesajları daha okumadan hissedebileceksiniz..

Hiç yapılmamış bir şeyi el birliğiyle yapıyoruz..

II. Dünya Savaşı'nın en yoğun geçtiği 1940'lı yıllarda "Amerika'nın Sesi Radyosu" Türkiye'de yayın yapmaktaydı. Amaç Türkiye'yi Amerika'nın yanına çekmekti. Ve böylece Türkiye de savaşa girmiş olacaktı. Bir gün canlı yayına dönemin ünlü sinema yıldızı Charlie Chaplin davet edilir.

7 Aralık 1942 tarihinde bütün Türkiye radyo başında programı beklemeye başlamıştı. Spiker programı şu sözlerle açar: "Şu an bütün Türkiye sizi dinliyor. Onlara ne söylemek istersiniz?"

Charlie Chaplin de, sizlere bir Nasreddin Hoca fıkrası anlatmak istiyorum diyerek fıkrayı anlatmaya başlar:

Bir gün komşusu Hoca'dan eşeğini birkaç saatliğine ödünç ister. Hoca "Eşek şu anda burada değil." der. O esnada eşek içeriden anırmaya başlar.

Bunun üzerine adam: "Efendi, sen eşek yok diyorsun ama bak eşeğin ahırdan sesi geliyor!"

Hoca başını sallayarak sitemli bir ses tonuyla şöyle der:

- "Allah Allah... Yahu sen ne acayip adamsın! Eşeğin sözüne inanıyorsun da, ak sakalımla benim sözüme mi inanmıyorsun?"

Charlie Chaplin fıkrayı bitirdikten sonra sözlerine şöyle devam eder: "Türkiye'den beni sevenlerime şunu söylemek istiyorum: İnsanlık artık bir karara varsın. İnsanların sesini mi dinleyecekler? Yoksa eşeklerin anırmalarını mı?"

2017 yılında biz de yeniden Hocamız'ın fıkralarını birlikte hissetmeye, anlamaya, anlatmaya çalışıyoruz.. Anlayanlar Hocamızı yıllar önce anlamış zaten. Bazen biz değerlerimizin kıymetini ya bilmiyor, ya unutuyor, ya da birileri bu değerleri bize unutturuyor.

Sufi Bilgesi

- "Türkiye'den beni sevenlerime şunu söylemek istiyorum: İnsanlık artık bir karara varsın. İnsanların sesini mi dinleyecekler? Yoksa eşeklerin anırmalarını mı?"

Mevlâna'nın müritlerinden Seyyid Mahmud Hayrani tarafından yetiştirilen ve Hacı Bektaş Veli'nin özel sohbetlerine katılan, Sufi Dergâhlarında bâtıni öğretiyle eğitilmiş olan bir dervişti.

Mizahi üslubu tam bir bilgelik örneğidir. Kendisine özeldir. Aldığı eğitimi halka anlatırken, o mizahı seçmiştir. Güldürerek öğretmiştir.. Ama o da diğer Sufi önderleri gibi sırlarını açıklarken sembolizmi kullanmıştır. Ancak onun sembolizmi, mizahın güldüren diline gizlenmiştir. İlk kez kullanılmış ve sadece ona özeldir...

Türkiye'de ilk kez!... Kur'an-ı Kerim'in sembolik bilgileri, Bâtıni İslam Tasavvufu'nun ışığında sizlerle buluşuyor.

Hz. Muhammed'in vahyi alırken yaşadıkları... Cennetten kovuluş... Cennet ve Cehennem Sembolleri...Cehennem ateşi bilinen bir ateş değildir...

Melek sembolizmi... Evrensel İdare Mekanizması... Kozmik hiyerarşi... Gelen kozmik ziyaretçiler... Cebrail'in gökyüzünden inişi... Sahabiler de Cebrail'i görüyordu... Kutsal Ruh... Gökyüzünün görünmeyen orduları... Siriusyen Kültür izleri... Eski dönemlere ait saklı bilgiler... Mağarada yaşanan gizemli olaylar... Kozmik tohumlama ve Hz. İsa... Osiris Rahibi Hz. Musa... Tufanda yok olan uygarlıklar... Kur'an-ı Kerim'deki gizli Mu Dili... Miraç olayının ardındaki gerçekler... Ahiret hayatı... Dünya hayatı ancak bir oyun ve bir eğlencedir... Duanın Gücü... Dönüşünüz O'nadır...

Yürekleri hoplatan gün... Kıyamet ve Kıyamet Günü'nde gerçeklerin ortaya çıkışı... Mahşer gününde tekrar dirilme... Büyük sarsıntı... Ey iman edenler her şeye hazırlıklı olun...

Kur'an-ı Kerim ölüler kitabı değildir... Kur'an'daki ve Hadisler'deki iki farklı İslam...

Kâbe ve Hac... Kurbanın ezoterik kökeni... Kendini bilen Rabbi'ni bilir... Namaz Kaç vakit... Hz. Muhammed'in meclisindeki özel sohbetler... Hz. Muhammed'in gerçekleşen rüyası... Kutsal vazifenin bitişi... Ve daha yüzlerce konu başlığı...

Kitabın en dikkat çekici özelliğinden biri de, günümüzde hadis kaynaklarına dayandırılan İslamiyet ile ilgili birçok bilginin, gerçeklere uymadığının belgelerle anlatılmış olmasıdır. Bazı Yahudi din adamlarının o devirde Müslümanlığa geçmiş gibi görünerek, yalan hadisleri nasıl günümüze kadar getirmiş olduklarını da tüm ayrıntılarıyla bu kitapta bulacaksınız.

Kur'an-ı Kerim'i anlamada yeni bir pencere açacağını düşündüğümüz bu kitabı yayınlamak için uzun bir süre beklemiştik. Umarız zamanı gelmiştir.

Ezoterizmin ışığına izin verin sizlerle olsun...

SINIR ÖTESİ

GİZLİ SIRLAR ÖĞRETİSİ
Ergun CANDAN, S: 264

Bir zamanlar Orta Asya'nın en büyük gizemlerinden biri olan ve Türk Mitolojisi'nin temelini oluşturan Agarta ve Ergenekon Efsaneleri'nin ezoterik bilgiler ışığında ele alındığı bu kitapta, ilgiyleokuyacağınız konulara yer verilmiştir: Bu kitabın hazırlanmasında şu anda Anıtkabir Kitaplığı'nda bulunan Atatürk'ün Dinler Tarihi'ne ışık Tutan araştırması öncülük etmiştir.

SINIR ÖTESİ

ANTİK MISIR SIRLARI
Ergun CANDAN, S: 496

Mısır Ezoterizmi ile ilgili kadim sırların ele alındığı bu kitapta Mısır mabetlerinin içine girip bir zamanlar buralarda yaşananlara tanıklık edeceksiniz... Kitapta ayrıca Mısır'ın Ölüler Kitabı'nın çok geniş bir özetini ve burada geçen sembollerin ezoterik açılımlarını bulacaksınız.

SINIR ÖTESİ

TÜRKLERİN KÜLTÜR KÖKENLERİ
Ergun CANDAN, S: 584

Dünya'nın en gizemli yörelerinden biri kuşkusuz ki, Orta Asya'dır. Orta Asya Gök Tanrı Dini'nden Anadolu'da yaşam bulmuş Sufizm'e kadar uzanan geniş yelpaze içindeki Türk Kültürü'nü oluşturan unsurlar, tüm ayrıntısıyla bu kitapta ele alınmıştır.

SINIR ÖTESİ

RUHSAL GÜÇLERİ GELİŞTİRME TEKNİKLERİ
Ergun CANDAN, S: 208

İç potansiyel gücünüzü ortaya çıkartmaya yönelik uygulayacağınız pratik metotlarla, yaşam içinde büyük bir etkinliğe ahip olabilir ve yaşamınızı isteğinize bağlı olarak yönlendirebilirsiniz. Ayrıca "Düşünce Gücü"nüzden de azami derecede yararlanabilirsiniz. Ancak bütün bunların olabilmesi için "pratik uygulanabilir metotlara ihtiyacınız bulunmaktadır. İşte bu kitap size bunları veriyor.

MAYA KEHANETLERİ
A. GILBERT, M. COTTERELL, S: 400

Mayalar, kehanetleriyle çağımıza büyük bir mesaj iletmişlerdir. Bu kehanetler ilk kez 1996 yılında bilimsel bir araştırmadan geçirilmiştir. Kitabı "Uluslararası Bestseller" yapan en önemli etken, Mayaların kehanetlerinin astrofizikçilerin bulgularıyla tamamen örtüşmesidir. Ortaya çıkan sonuç gerçekten çok çarpıcı.

SINIR ÖTESİ

ATLANTİS BİLGELİĞİ
Murry HOPE, S: 304

Dünya üzerinde meydana gelen tufanlar sırasında birçok uygarlığın batmış olduğu İncil, Tevrat ve Kur'an-ı Kerim'de uzun uzun anlatılmıştır. Bu uygarlıklardan biri de Atlantis'tir. Bir zamanlar Atlantis'te yaşananlar, gelecekte meydana gelmesi muhtemel olaylara da ışık tutması bakımından ayrı bir öneme sahiptir.

SINIR ÖTESİ

KIYAMET ALAMETLERİ
Ergun CANDAN, S: 344

Kıyamet yokoluş anlamına gelmez. Ancak yanlış bir yorumla Tufanla karıştırılış bir kavramdır. Kıyamet ayağa kalkış anlamına gelir. Bununla anlatılmak istenen insanların uyanışa geçeceği günlerdir.

SINIR ÖTESİ

SON ÜÇ PEYGAMBER
Ergun CANDAN, S: 344

2000 yıldır saklanan "Sırlar Bilgisi" 2000 yıl sonra açılıyor... Şimdiye kadar hiçbir yerde yayınlanmamış çok özel bilgilerin ele alındığı bu kitap; "Dinler Tarihi" nin gizli kalmış önemli bir bölümüne ışık tutacak nitelikte hazırlanmıştır. Son üç dinin bilinmeyen gizli tarihi içinde yolculuk yaparken, o yılları yeniden yaşayacaksınız...

SINIR ÖTESİ

SINIR ÖTESİ

TEVRAT'IN ŞİFRESİ
VE GİZLİ KEHANETLERİ
Joseph NOAH, S: 272

Tevrat'ın gizli sırlarının anlaşılamayacağı, Tevrat'ın içindeki pek çok Bab'ta açıkça ifade edilmiştir. Bu sırlarından biri de içerdiği şifredir. Kutsal kitaplardaki şifreler de eski kehanetler de hep aynı şeyi söylüyor: Büyük değişim 2010'dan sonra...

SINIR ÖTESİ

ÖLÜMDEN SONRA NELER OLUYOR?
Ergun CANDAN, S: 248

Ölüm olgusu hiç bu kadar derinlemesine incelenmedi. Ölümü ele aldığımız bu kitabımızın sonuna geldiğinize göreceksiniz ki doğum da size çok farklı görünmeye başlayacak ve böylelikle ölümden sonra sonsuz evrenin içinde, bu dünyadan çok daha ileri düzeyde bulunan "Galaktik Uygarlıklar" içinde bir gün bizlerin de yer alabileceğimiz gerçeği ile yüzyüze geleceksiniz.

SINIR ÖTESİ

İSA PEYGAMBER İN GİZLİ ÖĞRETİSİ
Ergun CANDAN, S: 400

İsa Peygamber'in gizli kalmış yaşamı ve öğretisi hakkında bilgi edinmek isteyen okuyucularımıza yönelik olarak hazırladığımız bu kitapta geçen konuların içinde; uzun bir süredir gizli kalmış olan ve Türkiye'de ilk kez yayınlanan çok özel bilgilerle karşılaşacaksınız.
Bu kitap bir roman değildir. Kitap, dönemin yaşanmış ama gizli kalmış gerçeklerini ortaya seriyor...

SINIR ÖTESİ

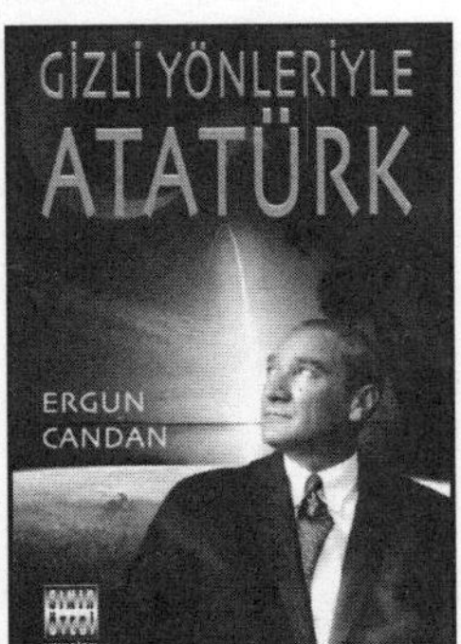

GİZLİ YÖNLERİYLE ATATÜRK
Ergun CANDAN, S: 243

Bu kitabımızda Atatürk'ün sıradışı özelliklerini farklı bir bakış açısıyla ele aldık. Kitabımızın ilerleyen sayfalarında sizlerin de çok açık bir şekilde göreceğiniz gibi, "Atatürk geleceği görüyordu" sözü bile az kalacak ve "Atatürk geleceği görmekle kalmıyor adeta biliyordu" diyeceksiniz.

EFSUNLU KEMAL
Nehir ROGGENDORF, S: 738

Dur durak bilmeyen 57 yıllık yaşam serüvini, ateş ve mermi yağmuru altında fırtınalar şimşeklerle geçmişti. Yaşadığı çağ, imparatorlukların battığı ve yerlerine yeni devletlerin kurulduğu, savaşlarla ihtilalallerle dolu birzaman dönemeciydi. Korku ve dehşetin maskesi tüm insanların yüzünde asılı duruyordu. Düşmanları bile inanamamışlardı. Bunu fark eden Türk Mehmetçiği sonunda ona bir isim taktı: “Efsunlu Kemal”...

SINIR ÖTESİ

YAŞANMIŞ ESRARENGİZ OLAYLAR
Ergun CANDAN, S: 288

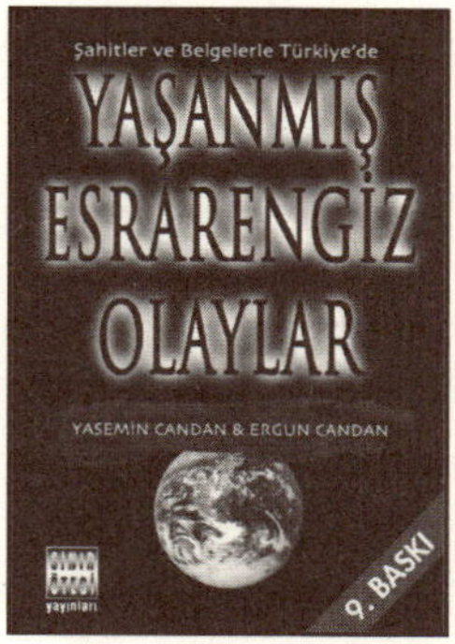

Dünya üzerinde meydana gelen tufanlar sırasında birçok uygarlığın batmış olduğu İncil, Tevrat ve Kur'an-ı Kerim'de uzun uzun anlatılmıştır. Bu uygarlıklardan biri de Atlantis'tir. Bir zamanlar Atlantis'te yaşananlar, gelecekte meydana gelmesi muhtemel olaylara da ışık tutması bakımından ayrı bir öneme sahiptir.

SINIR ÖTESİ

PAPALIĞIN SONU
Harun KOLÇAK, S: 320

Papalık Sona Ermek Üzere. Papalık tarafından aziz ilân edilen Malachy, bundan yaklaşık bin yıl önce bir dizi kehanette bulunmuştu. Bu kehanetlerde, 1143 yılından bu güne kadar görev yapacak olan tüm Papaların kimler olacağı ve Bugünkü papanın son Papa olduğunu yazıyordu. Peki şimdi ne olacak. Bu sorunun cevabı Malach'nin kehanetlerinde gizli ve bu giz perdesinin aralanmasına çok az kaldı.

SINIR ÖTESİ

NUH'UN GEMİLERİ
Ergun CANDAN, S: 217

Bazen bir bilim adamının merceğinde, bazen ise din adamınınkutsal kitabında aranan, bir zamanlar dünyada yaşanan büyükyıkım... Öyle bir yıkım ki, suların yeryüzünü kapladığı, insanlarınhayatta kalmak için yükseklere çıkmaya çalıştıkları, bunu başaramayanlarınise gemilerle kurtulmaya çalıştığı büyük tufan... Mu veAtlantis Uygarlıkları'nın batışını anlatan; hem dinlerde, hem de mitolojilerdeyer alan o büyük trajedi..

SINIR ÖTESİ

SINIR ÖTESİ

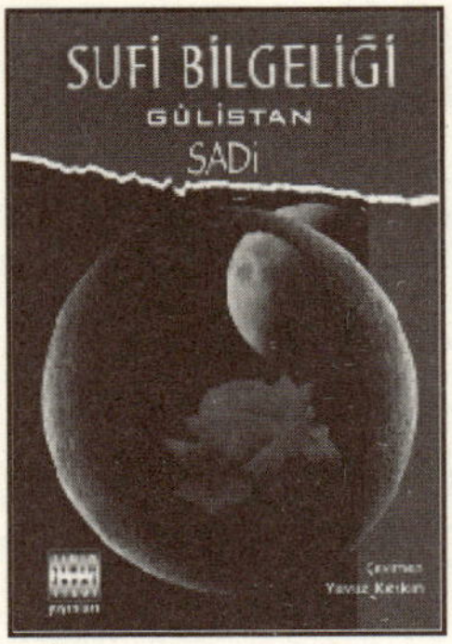

SUFİ BİLGELİĞİ - GÜLİSTAN
Şirazlı SADİ, S: 320

Sufiler'in en büyük özelliği "Ezoterik-Bâtıni Bilgileri"ni halka, hikâyelerle anlatmalarıdır. Bu hikâyeler, "Sufi Yaşam Kültürü"nün temelidir. Bu kültür hakkında doyurucu bir bilgi edinmek isteyenler için, Ferideddin Attar, Mevlânâ Celâleddin-i Rumi gibi Sufiler'le aynı dönemde yaşamış olan Şirazlı üSadi'nin şimdiye kadar yayınlanmış en kapsamlı, eksiksiz ve sansürsüz çevirisini bu kitapta bulabilirsiniz.

SINIR ÖTESİ

BEBEĞİMDİ MELEĞİM OLDU
Gül YALÇINKAYA, S: 208

Hangi öykü anne ile çocuğunun arasında yaşanlardan daha yüce duyguları içinde barındırabilir ki?.. Duyduğumuz hangi hikâye annenin çocuğuna duyduğu sevgiyi tarif edebilmiştir?.. Ya da çocuğun "anneciğim" diyerek sarılışı hangi kelimelerle ifade edilebilir?..Bu hikâye, bir bebeğin özlemle ve sevgi dolu beklenişiyle başlıyor. Ama bir ölüm, yeni başlangıçlara kapı açıyor...

SINIR ÖTESİ

YILDIZLARDAN GELEN TANRILAR
Selman GERÇEKSEVER, S: 264

Selman Gerçeksever yayınevimizden çıkan bu ilk kitabında; eski tarihi belgelerdeki kayıtlardan günümüze kadar Evren'de Zeki Hayat'ın izlerini takip ediyor... "Evren'de Zeki Hayat"ın tarihçesi ve anlamını en güvenilir kaynaklardan sizlere aktarıyor. "Kimbilir, belki de bizimle birlikte bu dünyayı bize görünmeden paylaşan başka yazar, bunları kanıtlarıyla kitabında ele alıyor...

SINIR ÖTESİ

RUHUN YEDİ KAPISI
Kerimali DOĞACI , S: 272

Kadim çakra sistemi, kendimizi anlamanın bir yoludur. Çakralar;bedenimizde bulunan, Yaşam Enerjisi'ni tüm vücuda dağıtan enerji merkezleridir.

IŞIĞIN VE KARANLIĞIN OĞULLARI
Yavuz KESKİN, S: 135

Atlantis'in son döneminde başlayan ve sonrasında bizim kıtalarımıza sıçrayan binlerce yıllık ışıkla karanlığın büyük mücadelesinin anlatıldığı bu kitap; özellikle içinde yaşadığımız günleri tahlil edebilmemizde bize çok büyük bir kılavuzluk yapacak niteliktedir.

ÇİN BİLGELİĞİ- Tai Chi Chuan
Harun M. SOYDAN, S: 176

Taici Çüen (Tai Chi Ch'uan) kökleri 5000 yıl öncesine kadar uzanan Çin kaynaklı bir sağlık sistemi, hareketli meditasyon ve bir savaş sanatıdır.

PARANORMAL FENOMEN
Renan SEÇKİN, S: 312

Telepati, telkin, kehanet, astral, seyahat, telekinezi, regresyon, imajinasyon, levitasyon, ışınlanma aura, psikometri, konsantrasyon gibi parapsikolojik olgulara yer verilen bu kitapta, tarihe geçmiş en önemli paranormal olaylarla ilgili örnekler gösterilmiş ve ortaya atılan bilimsel görüşler okuyucuya aktarılmıştır.

KABE'NİN SIRRI
Erdem ÇETİNKAYA, S: 160

İstanbul - Kudüs - Mekke Altın Hat mucizesi, Kur'an-ı Kerim'de ve Kâbe'nin inşasında Altın Oran ve Kâbe'nin Dünya üzerindeki Altın Oran noktasındaki yeri, Altın Çağ'da İstanbul'un önemi ve uzaydan bakıldığında ortaya çıkan Dünya üzerindeki Altın Silüet... Ve daha pek çok yeni bulgular, ilk kez Türkiye'de yayınlanmakta ve çeşitli dillere çevrilerek yurtdışında yayına hazıranmaktadır.

SINIR ÖTESİ

AYI'I KİMLER YAPTI
Chiristopher Alan BUTLER, S: 290

Sufiler'in en büyük özelliği "Ezoterik-Bâtıni Bilgileri"ni halka, hikâyelerle anlatmalarıdır. Bu hikâyeler, "Sufi Yaşam Kültürü"nün temelidir. Bu kültür hakkında doyurucu bir bilgi edinmek isteyenler için, Ferideddin Attar, Mevlânâ Celâleddin-i Rumi gibi Sufiler'le aynı dönemde yaşamış olan Şirazlı üSadi'nin şimdiye kadar yayınlanmış en kapsamlı, eksiksiz ve sansürsüz çevirisini bu kitapta bulabilirsiniz.

SINIR ÖTESİ

SESLERİN GİZLİ GÜCÜ
Jonathan GOLDMAN, S: 232

Sesin yaşamımızdaki olumlu ve olumsuz etkileri nelerdir. Doğru kullanıldığında sesin gizli gücünden nasıl yararlanabiliriz? Ses nasıl şifa ve dönüşüm için kullanılabilir?
Bugün tüm dünyada ses, tıbbın çeşitli alanlarında ve şifacılıkta kullanılmaktadır. Antik bilgelikte modern bilimi birleştiren bu çalışmada göreceğiniz gibi kuantum fizikçileriyle kutsal metinler aynı şeyi tekrarlamaktadırşar:

SINIR ÖTESİ

Hz. HIZIR KİMDİR
Nilüfer DİNÇ, S: 184

Hızır değil, Hızırlar vardır...
Bu varlıklar ilahi yardımın fiziki elleri gibidir. Ve her yerdedir... Peki onların yardımına nasıl ulaşabiliriz? Hızır ak sakallı bir dede görünümünde gelmeyebilir. Hiç tanımadığınız bir kişi olarak, hatta bazen tanıdığınız bir kişi olarak da yanınıza uğrayabilir... Onları tanıyamazsınız. Hatta bazen bazı olayları ve bazı kişileri vesile ederek de onlar yardım ellerini size ulaştırabilirler...

SINIR ÖTESİ

HALLAC-I MANSUR
ENEL HAK GİZLİ ÖĞRETİSİ
Kevser YEŞİLTAŞ , S: 352

Bu sır, bu kadar açık bir şekilde ilk kez halka ifşa edilmiştir. Bu sır hiçbir zaman dergahların dışına taşmamıştır. Çünkü bu sır tek bir sözle halka açıklandığında anlaşılması mümkün olmayan bir bilgidir. Bu bilginin derinlerine nüfuz edebilmek ve ne anlatmak istediğini kavrayabilmek için inisiyasyondaki o büyük zincirin bir halkası olmak gerekir.

BATINİ MEVLANA
Kevser YEŞİLTAŞ, Nilüfer DİNÇ, S: 272

Mevlana Celaleddin-i Rumi'nin batıni öğretisi, diğer Sufi öğretilerinde olduğu gibi üç aşamadan oluşmuştu. Bu aşamalar Şeriat, Tarikat, Hakikat olarak isimlendirilmiştir.
Şeriat, tarikat, hakikat arasındaki ilişkiyi mum örneğiyle açıklar:
"Şeriat muma benzer; insana yol gösterir. Fakat sadece mumu ele almakla yol aşılmaz. O mumun ışığında yola düştün mü, işte bu gidiş tariktir. Yola çıkıştaki hedefine ve maksadına ulaştın mı, işte bu hakikattir."

SINIR ÖTESİ

IŞIK ERİ HACI BEKTAŞ VELİ
Kevser YEŞİLTAŞ, S: 304

Hararet narda'dır, sac'da değil,
Keramet sendedir, tac'da değil.
Her ne arar isen, kendinde ara,
Kudüs'te, Mekke'de, Hac'da değil.
Bu kitapta Makalat isimli eserinin ezoterik açıklamasıyla beraber, Hacı Bektaş'ın hayatı, Bektaşi öğretisinin sembolleri, Kırk Makam, Tanrı kavramı gibi pek çok konu ele alınmıştır.

SINIR ÖTESİ

TANRI İNSANDA UYUR İNSANDA UYANIR
Emel KESKİNKILIÇ, S: 320

Telepati, telkin, kehanet, astral, seyahat, telekinezi, regresyon, imajinasyon, levitasyon, ışınlanma aura, psikometri, konsantrasyon gibi parapsikolojik olgulara yer verilen bu kitapta, tarihe geçmiş en önemli paranormal olaylarla ilgili örnekler gösterilmiş ve ortaya atılan bilimsel görüşler okuyucuya aktarılmıştır.

SINIR ÖTESİ

ARİF İÇİN DİN YOKTUR
Kevser YİŞİLTAŞ, S: 280

Anadolu'da önemli etkisi olan Muhyiddin İbn-i Arabi'nin bâtıni öğretisi, kökeni binlerce yıl öncesine giden çok köklü bir bilgi edinme ve bilgi aktarma sistemine bağlıdır ve Sufizm'in önemli temel taşlarından biridir.

SINIR ÖTESİ

SINIR ÖTESİ

KADERİN ŞİFRESİ
Celalettin İPEKBAYRAK, S: 304

Nasıl ki, evreni oluşturan her unsur birbiriyle bağlantılı ve birbirini etlimekteyse, insanı oluşturan her unsurun da insanla bir bağlantısı vardır. Bu unsurlar arasına, Doğum Tarihimiz ve İsmimizin enerjetik yapısı da dahildir.
Bu kitapta yer alan bilgilerin kökeni İsa Peygamber'in de mensubu olduğu Esseniler'e aittir.

SINIR ÖTESİ

SÜRÜDEN AYRILANI KURT KAPMAZ
Ekin Duman, S: 264

Sürü bilincinde yaşayan insan gücünü teslim etmeyi, her durumda kurtarıcı beklemeyi, sorumluluğu başkalarına atmayı çok sever. Peki bunun dışına çıkmak mümkün müdür? Buna denemeden cevap vermek imkansızdır. Çünkü ruhun gerçek potansiyeli düşüncede, kağıt üstünde, hayalde değil, gerçek deneyimde açığa çıkar.

SINIR ÖTESİ

KADİM CADILIK ÖĞRETİSİ
Erhan ALTUNAY, S: 284

Hızır değil, Hızırlar vardır...
Bu varlıklar ilahi yardımın fiziki elleri gibidir. Ve her yerdedir... Peki onların yardımına nasıl ulaşabiliriz? Hızır ak sakallı bir dede görünümünde gelmeyebilir. Hiç tanımadığınız bir kişi olarak, hatta bazen tanıdığınız bir kişi olarak da yanınıza uğrayabilir... Onları tanıyamazsınız. Hatta bazen bazı olayları ve bazı kişileri vesile ederek de onlar yardım ellerini size ulaştırabilirler...

SINIR ÖTESİ

İSTANBUL'UN KADİM SIRLARI
Murat İrfan AĞCABAY , S: 432

İstanbul'un Kadim Sırları, siz başka bir İstanbul'la tanıştıracak... Uzun yıllar süren bir araştırmanın sonucunda ortaya çıkan bu kitabı okuduktan sonra, İstanbul'u dolaşmayı bir deneyin. Bakın nelerle karşılacaksınız...

KORUYUCU MELEĞİNİZ SİZİ BEKLİYOR
Aksu BÜYÜKATLI, S: 232

Onlar her zaman yanımızda... Bizleri bekliyorlar... Peki ama meleklerle nasıl iletişim kurabilir ve onlardan nasıl yardım isteyebiliriz?
İşte bu kitap size bu konuda ışık tutmak için hazırlanmış; meleklerin birebir desteği ve telepatik bağlantıları ileyazılmıştır. Kitabın öncü meleği, Altın Melek Hiyerarşisi'ne bağlı olan bir melektir ve kitabın içeriği onun eseridir.

SINIR ÖTESİ

ALTIN ÇAĞ
Ezgi DURAN, S: 224

Şu anda karanlık bir ortamın içinde olduğumuzu gözlemliyoruz. Bu doğru. Ama o karanlığın içinde parıldayan milyonlarca ışığı da görmediğimizi söyleyemeyiz.
Karanlığın içinde aydınlığa doğru yürüyen ve parıldayan ruhların kalpleri hep o özlemle çarpıyor. Bir zamanlar yeryüzünde hakim olan aydınlığa yeniden kavuşmanın özlemiyle...
Bu özlemin, bu değişimin adıdır ALTIN ÇAĞ.

SINIR ÖTESİ

YUNUS EMRE AŞKA VARDIKTAN SONRA
Kevser YEŞİLTAŞ, S: 200

Yunus Emre Bâtıni Öğretisi'ne göre: "Kanat Arşa götürür ancak ötesine geçmek için kanat yüktür, terk edilir. Ondan sonrasına kanatsız devam edilir."
Bilindiği gibi 13. ve 14. yüzyıllar Anadolu'da Sufi çalışmalarının zirve yaptığı bir döneme denk gelir. Yunus Emre de bu dönemler arasında yaşamış çok büyük bir mürşittir.

SINIR ÖTESİ

KUTSAL MAKİNE BEYİN
DR. Güçlü ILDIZ, S: 195

Farkında olarak ya da çoğunlukla olmayarak çocukluktan itibaren beş duyu ile çevreden edinilen tüm bilgiler beyin veri tabanına kaydedilir.
Kayıtlama esnasında veri tabanı bilgilerine duygular da eşgüdümlü olarak eklenir. Kendi hâline bırakılan beyin, kıyaslayarak çalışır.
Yaşadığımız öfke, kıskançlık, inatçılık, heyecan gibi duygusallıklarımızın tümü kontrolümüz dışında kendiliğinden oluşmaktadır. Pişmanlıklarımız, keşkeler, bir şans daha dilekleri ve diğerleri...

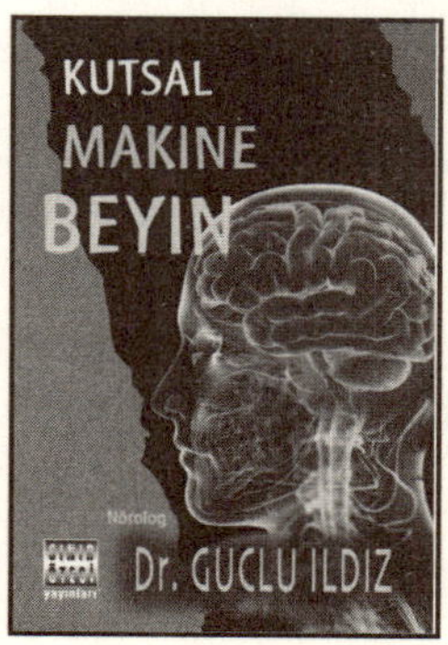

SINIR ÖTESİ

SINIR ÖTESİ

BUDA EZOTERİK ÖĞRETİSİ
Kollektif, S: 182

Dünya üzerinde gelmiş geçmiş ezoterik öğretiler arasında Buda'nın öğretisi'nin çok farklı bir yere vardır.
Son derece sade ve son derece açık bir dille çok köklü inisiyatik bir öğreti Buda vasıtasıyla insanlarla buluşturulmuştur. Bu öğretiden yararlanmak için Budist olmanız gerekmiyor.

SINIR ÖTESİ

EZOTERİK ŞİFA
Kerimali DOĞACI , S: 200

Kadim uygarlıkların bilgelikleri gün ışığına çıkıyor...
Modern dünya ile birlikte kadim uygarlıkların, varlığımızla ilgili sır derecesindeki önemli bilgileri maalesef unutuldu/unutturuldu. Bilimsel olmamakla suçlandı. Şarlatanlık konusu edildi. Ancak 21. yüzyılla birlikte, kadim uygarlıkların aslında çok önemli bilgilere sahip oldukları parapsikolojik, metapsişik ve ezoterik çalışmalarla gözler önüne serilmeye başlandı.

SINIR ÖTESİ

HZ. MUHAMMED'İN VAHYİ ALIŞI
Ergun CANDAN, S: 312

Hz. Muhammed'in dünyaya doğmadan önceki hazırlıkları.. Doğduktan sonra ortaya çıkan sıradışı hâlleri.. Cebrail ile karşılaşmaları ve bu anlarda yaşadıkları...
Vahiy nedir? Bir ayet vahiy kanalıyla peygambere nasıl iletilir? Kim iletir? Bu nasıl işleyen bir mekanizmadır? O anda peygamberde nasıl fiziksel ve ruhsal değişimler meydana gelir?
Hz. Muhammed'in kökeni ile ilgili ne o dönemde ne de sonraları,
halka hiçbir şey açıklanmamıştır. Bu özel bilginin izleri ezoterizmin
içinde takip edilerek sizlerle buluşturuldu...
Ve sana ruh (Cebrail) hakkında soru soruyorlar. De ki: "Ruh, Rabbimin bileceği bir şeydir. Size pek az ilim verilmiştir."
(İSRÂ: 17/85)
Bu kitapta o günlere geri dönecek ve o günlerde olanları, olayların içine girerek yaşayacaksınız...

GÖBEKLİ TEPE
Levent SEPİCİ, S: 160

Göbekli Tepe bizlerden çok daha ileri düzeydeki bir uygarlığın mirasıdır. Bu uygarlığın kökeni tufan öncesine aittir. Bunun en önemli kanıtı "Göbekli Tepe"de bulunan mabet kalıntılarının 12.000 yıl öncesine ait olmasıdır. Bu Atlantis'in batış tarihiyle örtüşen bir tarihtir.

SINIR ÖTESİ

GÖK TANRI
Ergun CANDAN, S: 312

Yerle gök arasında kutsal bir kapı varmış...
Çift başlı kartal bu kapıyı tutarmış...
Bir zamanlar Orta Asya'da yaşananlar, atalarımızın bilinmeyen gizli tarihini oluşturmuş bir süreçtir. Bugün bile hâlâ gizemini koruyan o günlerde yaşananlar, Eski Türk Mitolojisi'ni oluşturan bazı efsanelerle günümüze kadar gelebilmiştir.
Bu efsaneler aynı zamanda atalarımızın dinsel inançları hakkında da önemli bilgilerle doludur. Gök Tanrı Dini'nin kozmik bağlantıları ve inisiyatik içeriği bu mitolojilerin içinde bulunmaktadır. Söz konusu efsanelerin içindeki ezoterik semboller açıklığa kavuşturulduğunda, hem atalarımızın o dönemler yaşadıkları, hemde atalarımızın dinsel inançlarının temelleri gün ışığına çıkabilmektedir.
Atalarımızı hiçbir zaman yalnız bırakmayan Gök – Kurt ve Şamanizm öncesi Gök Tanrı Dini 'nin ağırlıklı olarak ele alındığı bu kitapta efsanelerle geleceğe iletilen mesajları ilgiyle okuyacağınızı düşünüyoruz...

SINIR ÖTESİ

HAYVANLARIN GİZEMLİ DÜNYASI
Kollektif, S: 248

Yakın zamanda yapılan araştırmalar gösteriyor ki hayvanlar düşündüğümüzden çok daha zekiler, problem çözebiliyorlar, işbirliği yapabiliyorlar. Hatta bunların da ötesinde bizlerin bile sahip olmadıkları olağanüstü yeteneklere sahipler. Hayvanların gizemli dünyası birçok gizeme ışık tutacak bilgilerle doludur. İlgiyle okuyacağınızı düşünüyoruz.

SINIR ÖTESİ

KADERİMİZE YÖN VEREN KUTSAL
Sevazer SEÇKİ, S: 458

'Çekim Yasası" kaderimize yön veren çok sayıdaki evrensel yasalardan bir tanesidir. Diğer yasalarla birlikte yaşamınıza uygulayamadığınız müddetçe size hiçbir katkı sağlayamaz. Kaderimize yön veren birçok evrensel yasa vardır. Bunların her biri biz istesek de istemesek de "birlikte" çalışıyorlar ve daha sağlıklı, daha mutlu, daha güçlü olmamız için bizi uyarıyor ve yol gösteriyorlar.

SINIR ÖTESİ

KUŞLARIN DİLİ
Kevser YEŞİLTAŞ, S: 184

Anadolu Tasavvufi çalışmalarında ve Sufi Öğretisi'nde çok büyük etkisi olan Feridüddin Attar'ın, bâtıni bilgilerinin nasıl sembollere büründürülerek insanlara sunulduğunu, bu kitapta o günlerin ruhunu hissederek okuyacaksınız..

SINIR ÖTESİ

LEDÜN İLMİ
Kevser YEŞİLTAŞ, S: 200

Kendi hazine sandığımızın üzerinde oturmaktayız, kilidin anahtarı da, yine kendi elimizde. Eğer ki o kapakları açarsak, bir sağanak geliyor, bu sağanak uyanışa sebeptir. Hazır mısın kendi hazinende neler var bir göz atmaya? Hayy'di.. Erbabı sensin. Esbabı benim. Sen bana Ayn'a, ben sana Ayn'a. Kanatların uçacak hâle geldi, onları Şems Güneşi'nde parlat ve hazırda tut. Yine bir "Yeni"ye doğru uçacaksın. Gönül Dostluğu'na. Hayy'di.

SINIR ÖTESİ

MİSTİK BİLİM
Neslihan ALANTAR , S: 464

Hititler'deki mistik bilgelikten, Yunan, Mısır, Anadolu, Mezopotomya, Uzakdogu ve Mayalar'ın mistisizmine kadar, Dünya üzerindeki sırlar bilimine elinizi uzatacagınız farklı bir çalışma.